실전 백엔드
러스트 Axum 프로그래밍

LUVIT ♥ 실전 백엔드 러스트 Axum 프로그래밍

ⓒ 2025. 윤인도 All rights reserved.

1판 1쇄 발행 2025년 6월19일

지은이 윤인도
펴낸이 장성두
펴낸곳 주식회사 제이펍

출판신고 2009년 11월 10일 제406-2009-000087호
주소 경기도 파주시 회동길 159 3층 / **전화** 070-8201-9010 / **팩스** 02-6280-0405
홈페이지 www.jpub.kr / **투고** submit@jpub.kr / **독자문의** help@jpub.kr / **교재문의** textbook@jpub.kr

소통기획부 김정준, 이상복, 안수정, 박재인, 박새미, 송영화, 김은미, 나준섭, 권유라
소통지원부 민지환, 이승환, 김정미, 서세원 / **디자인부** 이민숙, 최병찬

기획 및 진행 권유라 / **교정·교열** 이정화 / **내지 및 표지 디자인** 이민숙 / **내지 편집** 최병찬
용지 에스에이치페이퍼 / **인쇄** 한승문화사 / **제본** 일진제책사

ISBN 979-11-94587-29-3 (93000)
책값은 뒤표지에 있습니다.

※ 이 책은 저작권법에 따라 보호를 받는 저작물이므로 무단 전재와 무단 복제를 금지하며,
  이 책 내용의 전부 또는 일부를 이용하려면 반드시 저작권자와 제이펍의 서면 동의를 받아야 합니다.
※ 잘못된 책은 구입하신 서점에서 바꾸어드립니다.

제이펍은 여러분의 아이디어와 원고를 기다리고 있습니다. 책으로 펴내고자 하는 아이디어나 원고가 있는 분께서는
책의 간단한 개요와 차례, 구성과 지은이/옮긴이 약력 등을 메일(submit@jpub.kr)로 보내주세요.

러빗: 배움을 사랑하는

실전 백엔드 러스트 Axum 프로그래밍

채팅 앱을 만들면서 배우는
모던 웹 애플리케이션 개발

윤인도 지음

차례

- 머리말 vii
- 베타리더 후기 ix
- 이 책을 읽는 법 x
- 학습 가이드 xiv
- 로드맵 xvi

CHAPTER 1 러스트와 서버 개발

1.1	왜 러스트인가?	2
1.2	러스트 서버 개발 사례	4
1.3	러스트 백엔드 프레임워크 비교	6
1.4	개발 환경 설정하기	9
1.5	러스트 핵심 개념 복습	22

돌아보기/쪽지시험 39

CHAPTER 2 Axum 기초 살펴보기

2.1	HTTP 기초	42
2.2	Axum 프로젝트 만들기	45
2.3	라우터와 핸들러	49
2.4	상태 관리	76
2.5	핸들러 디버깅	86
2.6	예제: 프록시 서버 만들기	88

돌아보기/쪽지시험 94

CHAPTER 3 SeaORM으로 데이터베이스 연동해보기

3.1	ORM이란?	98
3.2	스키마와 모델 만들기	100
3.3	SeaQuery	111
3.4	HTTP 요청에 Users 테이블 연결하기	123
3.5	데이터베이스 연결	126
3.6	모듈화	128
3.7	나머지 엔드포인트 완성하기	141
3.8	DBeaver 사용해보기	148

돌아보기/쪽지시험 154

차례 V

CHAPTER 4 tower 미들웨어
- 4.1 미들웨어란? 158
- 4.2 미들웨어 레이어 추가해보기 160
- 4.3 예제: JWT 인증 레이어 만들기 171
- 돌아보기/쪽지시험 182

CHAPTER 5 웹소켓
- 5.1 웹소켓 살펴보기 184
- 5.2 웹소켓 사용해보기 186
- 5.3 동시 접속 웹소켓 193
- 5.4 인증 헤더 202
- 돌아보기/쪽지시험 206

CHAPTER 6 프로젝트: 채팅 서비스 만들어보기
- 6.1 프로젝트 개요 210
- 6.2 Shuttle로 배포하기 213
- 6.3 도커로 실행하기 241
- 돌아보기 245

찾아보기 247

머리말

불과 몇 년 전만 해도 백엔드 개발은 주로 자바, 파이썬 등 오랜 시간 축적된 생태계를 가진 언어들의 전유물처럼 여겨졌습니다. 그러나 최근 들어 러스트Rust는 뛰어난 성능과 안전성, 그리고 현대적인 개발 경험을 앞세워 백엔드 개발의 새로운 대안으로 빠르게 부상하고 있습니다. 러스트는 C/C++에 근접한 성능을 제공하면서도, 메모리 누수나 스레드 경합과 같은 고질적인 문제를 컴파일 타임에 원천적으로 차단합니다. 이 덕분에 마이크로소프트Microsoft, 아마존Amazon, 클라우드플레어Cloudflare, 메타Meta 등 글로벌 IT 기업들이 러스트를 실무에 적극 도입하고 있으며, 국내에서도 카카오Kakao, 코빗Korbit 등 다양한 기업에서 러스트 기반 백엔드 시스템을 운영하고 있습니다.

러스트의 인기는 단순히 언어의 성능에만 머무르지 않습니다. 개발자를 배려한 직관적인 문법, 강력한 타입 시스템, 그리고 cargo, rust-analyzer처럼 편리한 툴체인은 러스트를 처음 접하는 이들도 빠르게 생산성을 높일 수 있도록 돕습니다. 실제로 Stack Overflow의 설문조사에서 러스트는 8년 연속으로 가장 배우고 싶은 언어 1위에 오르기도 했습니다. 하지만 러스트로 백엔드 개발을 시작하려는 개발자들에게 여전히 높은 진입 장벽이 존재합니다. 러스트 특유의 소유권, 대여, 라이프타임 등은 기존 언어에 익숙한 이들에게 낯설게 다가올 수 있고, 러스트 생태계의 다양한 프레임워크 중 어떤 것을 선택해야 할지도 고민거리입니다.

이 책에서는 러스트의 대표적인 웹 프레임워크인 Axum(액섬)에 대해 자세히 배웁니다. Axum은 비동기 프로그래밍, 상태 관리, 미들웨어 등 현대적인 웹 개발 패러다임을 모두 아우르면서도 러스트의 장점을 극대화할 수 있도록 설계되어 있습니다. Axum은 단순한 API 서버부터 대규모 실시간 서비스까지 유연하게 확장할 수 있는 구조를 갖추고 있어, 러스트로 백엔드를 시작하려는 모든 이들에게 훌륭한 선택지가 될 것입니다. 이 책은 실무에 바로 적용 가능한 백엔드 서버를 구축하는 데 필요한 핵심 개념과 실습 예제를 단계별로 안내합니다. 실전에서 자주 마주치는 데이터베이스 연동, ORM, 에러 처리까지, 백엔드 개발에 꼭 필요한 내용을 체계적으로 다룹니다.

프레임워크와 언어의 트렌드는 빠르게 변하지만, 안정적이고 효율적인 서버 개발의 본질은 변하지 않습니다. 러스트와 Axum은 이 본질에 가장 근접한 해답을 제시합니다. 이 책을 통해 러스트 백엔드 개발의 첫걸음을 내딛고, 더 나은 코드와 더 안전한 시스템을 만들어가는 여정에 함께하기를 바랍니다.

윤인도

≡ 베타리더 후기

제이펍은 책에 대한 애정과 기술에 대한 열정이 뜨거운 베타리더의 도움으로
출간되는 모든 IT 전문서에 사전 검증을 시행하고 있습니다.

김진영

러스트 경험이 없다면 이 책을 펼치기 전에 러스트의 기본 문법과 언어 철학을 먼저 이해하는 것을 권장합니다. 웹 개발 경험이 전혀 없는 분보다는, 이미 다른 언어로 웹 개발 경험이 있으면서 고성능과 안정성을 동시에 갖춘 언어로 새로운 가능성을 탐색하고자 하는 분들에게 더 적합한 책입니다.

김태근(연세대학교 대학원 물리학과)

러스트는 인지도 있는 언어가 되었지만 아직 라이브러리를 활용한 학습 자료가 부족하여 초심자들에게 새로운 것을 만들며 배울 기회가 적었습니다. 이 책은 그런 면에서 가뭄에 단비 같은 존재입니다. Axum 활용은 물론이고 백엔드 프로그래밍에 필요한 기술과 팁이 담겨 있어 쉽고 재밌게 배울 수 있습니다.

김호준(씨큐엔에이)

Axum은 현재 러스트 생태계에서 가장 활발히 개발되고 있는 서버 프레임워크입니다. 책을 따라 REST API를 만들고 ORM으로 데이터베이스를 연동하며 인증, 웹소켓을 이용한 채팅 앱까지 구현하면서 러스트와 Axum의 매력에 빠져들 수 있었습니다. 특히 러스트로 개발된 앱을 배포할 수 있는 무료 클라우드 플랫폼 Shuttle을 알게 되어 더욱 좋았습니다.

이현수(스튜디오 킹덤)

회사 업무에서 사용 중인 러스트 프로젝트가 Axum을 활용해 작성되어 있었는데, 처음에는 잘 몰랐지만 이 책을 통해 실습해보면서 좋은 프레임워크라는 생각이 들었습니다. 러스트 생태계에 대한 이해를 돕는 실용적인 내용이 많아 적극 추천합니다

이 책을 읽는 법

이 책은 러스트 백엔드 프레임워크인 Axum에 대해서 다룹니다. Axum은 러스트에서 가장 유명한 프로젝트인 tokio 프로젝트에서 만든 백엔드 프레임워크로, 가장 빠르게 성장하고 있는 러스트 프레임워크입니다. 아직 국내외를 통틀어 Axum 프레임워크를 전문적으로 다루고 있는 책은 없습니다. 따라서 앞으로 발전 가능성이 매우 높은 Axum을 더 많이 알리고, 사람들이 많이 사용할 수 있도록 하기 위해서 이 책을 집필했습니다.

Axum만의 독특한 사용자 친화적인 사용 방법을 실제 코드를 예시로 들어 설명했습니다. 최대한 현업에서 꼭 사용하는 기능들 위주로 설명하려고 노력했고, 책을 그대로 따라가기만 해도 완성된 백엔드 애플리케이션을 완성할 수 있도록 구성했습니다.

러스트 프로그래밍 언어의 기본적인 사용 방법과 백엔드를 구성하는 기술들에 대해서는 최대한 간결하게 설명하고, Axum 프레임워크의 구성요소를 자연스럽게 이해할 수 있도록 각 기능 단위를 자세하게 다루고 있습니다.

이 책을 통해서 여러분이 러스트와 Axum 프레임워크의 매력을 충분히 느끼기를 바라며, 앞으로 러스트와 Axum을 사용한 프로젝트가 많이 도입되기를 기대합니다.

대상 독자

이 책은 다음과 같은 독자에게 큰 도움이 될 것입니다.

러스트에 입문하고자 하는 독자

이 책을 통해 러스트에 입문하고자 하는 독자분들은 각 장에서 설명하는 핵심 개념을 통해 중요한 문법을 배울 수 있습니다. 특히 각 개념을 실제로 적용해볼 수 있는 예제들을 많이 다루고 있기 때문에 빠르게 러스트를 배울 수 있는 기회가 될 것입니다.

새로운 프로젝트를 해보고 싶은 독자

러스트를 배우고 나서 자신만의 프로젝트를 만들어보고 싶은데, 마침 웹 관련 프로젝트에 관심이 있다면 이 책이 큰 도움이 될 것입니다. Axum은 러스트의 강점인 비동기 프로그래밍을 적극적으로 활용하기 때문에 러스트의 핵심 개념을 복습하면서 새로운 것을 배울 수 있는 기회가 될 것입니다.

고성능 서버 프로그램을 작성해보고 싶은 독자

이 책에서는 데이터베이스 구성, 미들웨어 구축, SSE_{Server Side Event} 기반 엔드포인트 구현 등 실무에서 유용하게 사용할 수 있는 다양한 기술을 다루고 있습니다. 현업이나 사이드 프로젝트로 고성능 서버 프로그램을 만들어보고자 하는 분들은 이 책을 레퍼런스로 삼아 더욱 빠르게 목표를 달성할 수 있을 것입니다.

사전 지식

이 책을 읽기 위해서는 몇 가지 사전 지식을 갖추는 것을 추천합니다. 하지만 이러한 사전 지식이 필수인 것은 아닙니다. 해당 내용을 처음 접하는 독자들을 위해 각 장의 첫머리마다 간단한 배경 지식과 관련 설명을 명시해놓았습니다.

먼저 러스트 기본 문법은 다음과 같은 내용을 이해하고 있으면 됩니다. 러스트를 처음 접하는 독자라면 책을 읽기 전에 러스트 기본 문법과 개념을 쉽게 설명한 책인 《파이썬과 비교하며 배우는 러스트 프로그래밍》(제이펍, 2024)을 통해 먼저 학습할 것을 권장합니다.

- **소유권**: 소유권 이동/대여, 레퍼런스
- **비동기 프로그래밍**: Arc, Mutex, async ~ await(tokio도 알고 있으면 좋지만 필수는 아님)
- **기타**: 구조체, 클로저

백엔드 서버의 기본적인 동작 원리는 다음과 같은 사항을 이해하고 있으면 됩니다. 물론 이것에 익숙하지 않은 독자도 쉽게 이해할 수 있도록 최대한 많은 예시를 추가했고 개념을 자세하게 설명했습니다.

- **관계형 데이터베이스 관리 시스템**_{relational database management system, RDBMS}: 이 책에서는 Postgres(PostgreSQL이라고도 함)를 사용합니다. 다른 관계형 데이터베이스 관리 시스템(MySQL, MariaDB 등)을 사용해보았다면 어렵지 않게 이해할 수 있습니다.
- **SQL**: 테이블 정의, 데이터 조회 및 수정 등의 간단한 SQL 쿼리를 작성하고 실행할 수 있어야 합니다.
- **HTTP**: HTTP 통신을 통해 REST API를 설계하는 데 필요한 쿼리 파라미터, 경로 파라미터, 요청 본문 등의 개념을 이해하고 있어야 합니다.

책의 구성

이 책은 총 6장으로 구성되어 있습니다. 각 장은 이전 내용을 바탕으로 하므로 순서대로 읽기를 권장합니다.

- ✔ 1장에서는 러스트 백엔드 개발의 특징에 대해서 소개합니다. 책에서 실습을 진행하기 위한 환경 설정을 수행합니다.
- ✔ 2장에서는 Axum 프레임워크의 기본적인 구성요소를 살펴봅니다. HTTP 요청을 라우팅하는 방법, 쿼리 파라미터나 JSON 본문 등을 Extractor를 통해 처리하는 방법, State를 통해 앱 전체에 상태를 공유하는 방법 등을 살펴봅니다.
- ✔ 3장에서는 SeaORM으로 Postgres 데이터베이스를 연동하고, 스키마와 마이그레이션을 관리하는 방법을 살펴봅니다. 필요한 전체 엔드포인트를 완성하고 프로젝트를 모듈화하는 방법도 함께 살펴봅니다.
- ✔ 4장에서는 tower 미들웨어의 로깅, 시간 제한, 인증 등 필수적인 기능을 살펴보고 애플리케이션에 적용해봅니다.
- ✔ 5장에서는 Axum에서 웹소켓 프로토콜을 구현해보고, 클라이언트와 서버 사이에 메시지를 어떻게 주고받는지 알아봅니다.
- ✔ 6장에서는 지금까지 배운 내용을 활용해 SSE 기반의 실시간 채팅 애플리케이션을 만들어봅니다. 애플리케이션을 완성한 후에는 퍼블릭 클라우드에 배포해봅니다.

학습 자료 안내

동영상 강의

독자의 학습을 돕기 위해 이 책에서 다루는 내용으로 저자가 직접 강의하는 동영상 강의를 인프런에서 제공하고 있습니다. 해당 강의는 유료 강의이며, 강의를 듣지 않아도 책 내용을 충분히 이해할 수 있습니다. 동영상 강의 링크는 다음과 같습니다.

인프런 동영상 강의
https://inf.run/xoYNr

예제 파일 다운로드

책에 사용된 전체 코드는 깃허브GitHub 저장소에서 확인할 수 있습니다. 책의 내용을 따라 하다가 문제가 발생하거나, 책의 내용에 대한 질문이 있다면 저장소의 Discussion에 남겨주세요. 이 책에서 사용한 예제 코드는 다음 깃허브 저장소에서 확인할 수 있습니다.

깃허브 주소
https://github.com/lndosaram/axum-book-code

채팅 앱 깃허브 주소
https://github.com/lndosaram/axum-react-chat-app

6장에서 빌드한 도커 이미지는 다음 저장소에서 확인할 수 있습니다.

도커 이미지 저장소
https://hub.docker.com/repository/docker/indosaram/axum-chat-app/general

학습 가이드

학습 포인트

해당 장에서 배워야 할 핵심 개념을
요약해 학습 방향을 잡을 수 있습니다.

> **학습 포인트**
> ♥ 러스트로 백엔드 개발을 했을 때의 장점
> ♥ 현재 업계에서 러스트 백엔드로 개발한 사례들

백엔드 서버는 웹 애플리케이션의 매우 핵심적인 요소입니다. 백엔드는 웹 프론트엔드와 데이터베이스를 연결하고, 데이터를 가공해 전달하는 역할을 수행합니다. 그 외에도 보안, 로깅, 모니터링 등 서비스를 운영하고 관리하는 데 필요한 여러 기능을 담당하고 있습니다.

실제로 기업들은 정말 다양한 프로그래밍 언어와 다양한 프레임워크를 사용하고 있습니다. 그렇다면 다른 언어와 비교했을 때 러스트 백엔드의 장점은 무엇이고, 실제로 러스트 백엔드를 구축해 사용하고 있는 사례는 어떤 것이 있을까요?

1.1 왜 러스트인가?

> **키워드** ▶▶▶ 러스트, 백엔드, 장점, 러스트 서버

러스트 서버 개발의 장점을 설명하기 위해서는 먼저 러스트 프로그래밍 언어의 장점을 짚고 넘어가야 합니다.

1.1.1 러스트의 장점

러스트는 빠르고 안정적인 프로그램을 쉽게 만들 수 있는 최신 프로그래밍 언어입니다. C/C++과 같은 저수준 언어로 작성한 것과 99% 정도 비슷한 성능을 내지만, C/C++의 고질적인 문제인 메모리 누수와 스레드 경합 같은 문제를 컴파일 타임에 발견할 수 있습니다. 고성능과 고안전성을 동시에 얻을 수 있다는 점 덕분에, 스택오버플로_{StackOverflow}에서 전 세계 개발자를 대상으로 수행한 설문조사에서 8년 연속으로 가장 배우고 싶은 언어 1위를 달성하기도 했습니다.[1]

러스트가 성능과 안전성을 모두 갖춘 언어이면서 개발자들에게 큰 인기를 얻고 있는 다른 이유는 바로 뛰어난 개발 경험 덕분입니다. 최신 언어인 만큼 코드 문법이 유려하고 스타일 가이드가 명확해 올바른 코드를 작성할 수 있는 가이드가 잘 설계되어 있습니다. 그리고 패턴 매칭이나 클로저_{closure}와 같이 편리하고 간결한 문법을 통해 복잡한 로직을 빠르게 작성할 수 있습니다.

컴파일러가 페어 프로그래머처럼 소스코드의 문제점을 알려주고 해결 방법도 제시해주기 때문에 개발자가 원하는 코드를 빠르게 작성할 수 있습니다. 또한 러스트는 편리한 툴체인_{toolchain}을 제공하고 있습니다. `cargo`라는 CLI_{Command Line Interface} 하나로 빌드, 배포, 의존성 설치 및 업데이트와 같은 개발에 필요한 모든 기능을 수행할 수 있습니다. 게다가 `rust-analyzer`는 소스코드를 실시간으로 분석하고 개발자에게 피드백을 제공해주는 편리한 툴입니다.

1.1.2 러스트로 백엔드를 개발할 때의 장점

러스트로 백엔드 서버를 개발할 때의 장점은 러스트의 장점인 고성능과 안전성을 모두 갖춘 서버를 쉽게 만들 수 있다는 것입니다. 예를 들어 자바스크립트_{Javascript}나 파이썬_{Python}으로 서버를 개발

---

1 https://survey.stackoverflow.co/2023/#technology-admired-and-desired

키워드

학습에 들어가기에 앞서 이 절에서 다루는
중요한 용어를 미리 확인합니다.

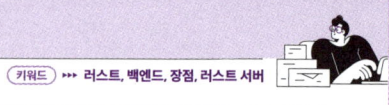

> **키워드** ▶▶▶ 러스트, 백엔드, 장점, 러스트 서버

전문가 TIP

기본 개념을 넘어 실무에서 유용하게 활용할 수 있는 고급 팁과 저자의 노하우를 제공하여 깊이 있는 학습을 돕습니다.

> **전문가 TIP** axum 0.7.4 기준으로 최소 1.66 이상의 러스
> 합니다. 러스트 버전은 터미널에서 `rustc --version`를
> 버전을 업그레이드하려면 `rustup update`를 입력하면
> 설치하는 방법은 https://www.rust-lang.org/tools/in

돌아보기

이번 장에서 배운 내용을 돌아보고 학습 내용을 점검하세요.

> **돌아보기**
> ▶ 러스트는 최신 프로그래밍 언어로, C/C++

쪽지시험

간단한 문제로 실력을 확인해 학습 효과를 극대화할 수 있도록 돕습니다.

> **쪽지시험**
> **문제 1** 러스트가 백엔드 개발에 적합한 이유는?
> ① 인터프리터 기반이기 때문에 빠르다

학습 가이드 **XV**

로드맵

1장 러스트와 서버 개발 [1] [2] [3] [4] [5]
러스트의 장점과 사용 사례를 살펴보고,
핵심 개념을 복습합니다.

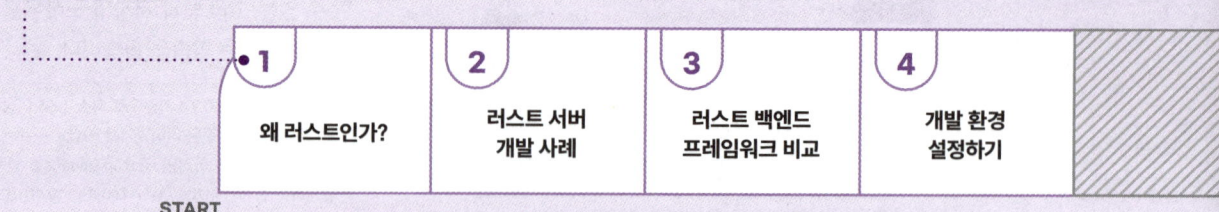

4장 Tower 미들웨어 [20] [21] [22]
미들웨어의 중요성을 알아보고, tower를 활용해
빠르고 편리하게 미들웨어를 구현하는 방법을 살펴봅니다.

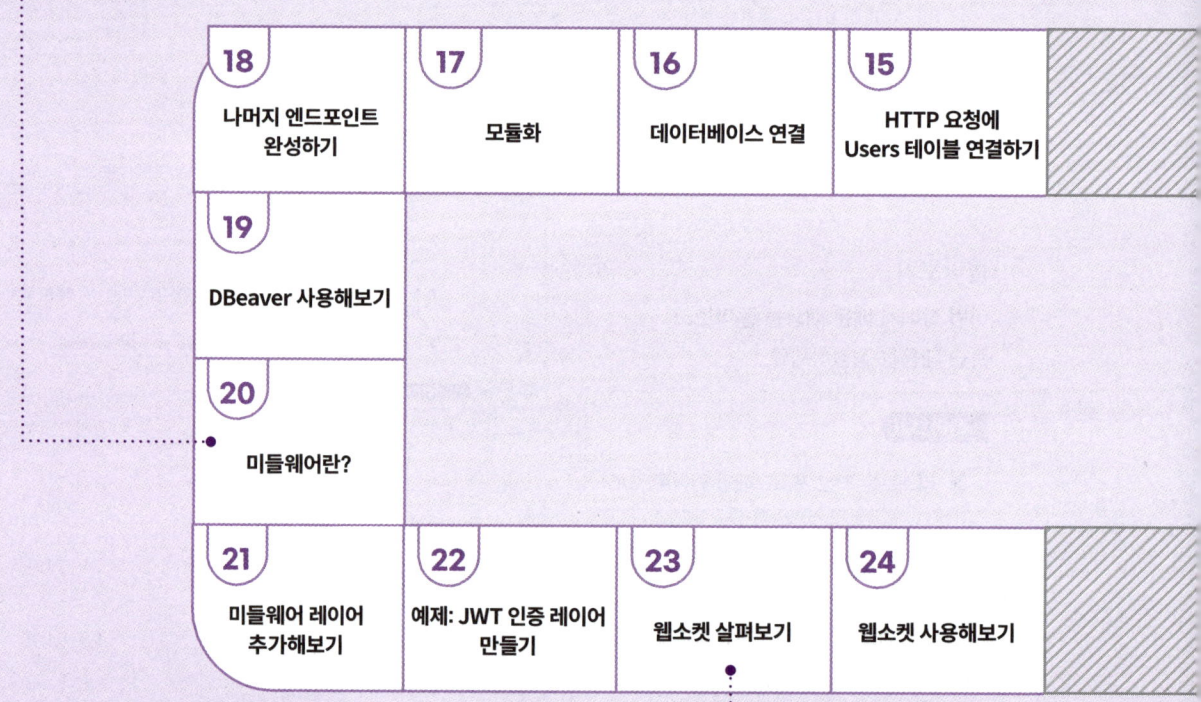

5장 웹소켓 [23] [24] [25] [26]
Axum에서 웹소켓 프로토콜을 구현해보고,
클라이언트와 서버 사이에 메시지를 어떻게 주고받는지 알아봅니다.

2장 Axum 기초 살펴보기 6 7 8 9 10 11

타입스크립트를 설치하고 개발 환경을 구축한 후,
첫 프로젝트를 만들어봅니다.

5	6	7	8
러스트 핵심 개념 복습	HTTP 기초	Axum 프로젝트 만들기	라우터와 핸들러

9
상태 관리

10
핸들러 디버깅

14	13	12	11
SeaQeury	스키마와 모델 만들기	ORM이란?	예제: 프록시 서버 만들기

3장 SeaORM으로 데이터베이스 연동해보기 12 13 14 15 16 17 18 19

ORM 개념을 이해하고, SeaORM으로 데이터베이스 스키마를 정의합니다. SeaQuery를
사용해 데이터베이스에 접근할 수 있는 쿼리 모델을 생성합니다.

FINISH

25	26	27	28	29
동시 접속 웹소켓	인증 헤더	프로젝트 개요	Shuttle로 배포하기	도커로 실행하기

6장 프로젝트: 채팅 서비스 만들어보기 27 28 29

SSE 기반의 실시간 채팅 애플리케이션을 만들어봅니다.
애플리케이션을 완성한 후에는 퍼블릭 클라우드에 배포해봅니다.

로드맵 XVII

러빗 시리즈는 IT를 사랑하게 만드는,
열정과 재미가 가득한 시리즈입니다.

Learn & **U**nderstand 기본 개념을 배우고 깊이 이해합니다.
Visualize 그림과 다이어그램을 통해 직관적으로 학습합니다.
Implement 프로젝트 기반 학습으로 실제 코드를 작성하며 문제를 해결합니다.
Take it as your own 학습한 기술을 자신의 것으로 만들어 실무에 활용합니다.

> **학습 포인트**
> - 러스트로 백엔드 개발을 했을 때의 장점
> - 현재 업계에서 러스트 백엔드로 개발한 사례들
> - 러스트 서버 개발에 필요한 구성요소들

CHAPTER 1
러스트와 서버 개발

백엔드 서버는 웹 애플리케이션의 매우 핵심적인 요소입니다. 백엔드는 웹 프런트엔드와 데이터베이스를 연결하고, 데이터를 가공해 전달하는 역할을 수행합니다. 그 외에도 보안, 로깅, 모니터링 등 서비스를 운영하고 관리하는 데 필요한 여러 기능을 담당하고 있습니다.

실제로 기업들은 정말 다양한 프로그래밍 언어와 다양한 프레임워크를 사용해 백엔드를 개발하고 있습니다. 그렇다면 다른 언어와 비교했을 때 러스트 백엔드의 장점은 무엇일까요? 또 현재 업계에서 실제로 러스트 백엔드를 구축해 사용하고 있는 사례는 어떤 것이 있을까요?

1.1 왜 러스트인가?

`키워드` ▶▶▶ 러스트, 백엔드, 장점, 러스트 서버

러스트 서버 개발의 장점을 설명하기 위해서는 먼저 러스트 프로그래밍 언어의 장점을 짚고 넘어가야 합니다.

1.1.1 러스트의 장점

러스트는 빠르고 안정적인 프로그램을 쉽게 만들 수 있는 최신 프로그래밍 언어입니다. C/C++과 같은 저수준 언어로 작성한 것과 99% 정도 비슷한 성능을 내지만, C/C++의 고질적인 문제인 메모리 누수와 스레드 경합 같은 문제를 컴파일 타임에 발견할 수 있습니다. 고성능과 고안전성을 동시에 얻을 수 있다는 점 덕분에, 스택오버플로 StackOverflow에서 전 세계 개발자를 대상으로 수행한 설문조사에서 8년 연속으로 가장 배우고 싶은 언어 1위를 달성하기도 했습니다.[1]

러스트가 성능과 안전성을 모두 갖춘 언어이면서 개발자들에게 큰 인기를 얻고 있는 다른 이유는 바로 뛰어난 개발 경험 덕분입니다. 최신 언어인 만큼 코드 문법이 유려하고 스타일 가이드가 명확해 올바른 코드를 작성할 수 있는 가이드가 잘 설계되어 있습니다. 그리고 패턴 매칭이나 클로저 closure와 같이 편리하고 간결한 문법을 통해 복잡한 로직을 빠르게 작성할 수 있습니다.

컴파일러가 페어 프로그래머처럼 소스코드의 문제점을 알려주고 해결 방법도 제시해주기 때문에 개발자가 원하는 코드를 빠르게 작성할 수 있습니다. 또한 러스트는 편리한 툴체인 toolchain을 제공하고 있습니다. `cargo`라는 CLI Command Line Interface 하나로 빌드, 배포, 의존성 설치 및 업데이트와 같은 개발에 필요한 모든 기능을 수행할 수 있습니다. 게다가 `rust-analyzer`는 소스코드를 실시간으로 분석하고 개발자에게 피드백을 제공해주는 편리한 툴입니다.

1.1.2 러스트로 백엔드를 개발할 때의 장점

러스트로 백엔드 서버를 개발할 때의 장점은 러스트의 장점인 고성능과 안전성을 모두 갖춘 서버를 쉽게 만들 수 있다는 것입니다. 예를 들어 자바스크립트 Javascript나 파이썬 Python으로 서버를 개발

---

[1] https://survey.stackoverflow.co/2024/technology#2-programming-scripting-and-markup-languages
러스트는 2024년에도 83%의 점수로 가장 많은 사랑을 받은 프로그래밍 언어입니다.

하면 언어의 한계로 인해 낮은 성능에 부딪히거나, 스레드 경합과 같은 동시성 프로그래밍 문제를 해결하는 데 많은 시간을 쏟게 됩니다. 우리나라에서 많이 사용되고 있는 자바Java의 경우도 가비지 컬렉터garbage collector 때문에 서버 응답 시간에 지연이 발생할 수 있습니다.

결론적으로 많은 CPU 연산이 필요하고 I/O 입력이 잦은 대규모 서버를 개발하려면 러스트가 매우 적합한 언어입니다.

1.2 러스트 서버 개발 사례

키워드 ▶▶▶ 해외 기업 사례, 고성능

마이크로소프트, 클라우드플레어, 페이스북, 아마존 같은 유명 IT 기업들은 이미 러스트를 백엔드 언어로 적극 도입하고 있습니다. 국내에서도 카카오Kakao나 코빗Korbit 등에서 러스트를 백엔드 언어로 채택해 사용하고 있습니다. 여기서는 다른 언어로 작성된 백엔드 서버의 동시성 제약, 가비지 컬렉션으로 인한 성능 저하와 같은 문제를 러스트를 사용해 해결한 몇 가지 유명한 사례를 살펴보겠습니다.

1.2.1 피그마

피그마Figma는 웹 브라우저 기반의 UI 프로토타입 제작 도구입니다. 사용자가 디자인하는 모양과 기능을 실시간으로 확인할 수 있도록 빠르게 화면에 반영하는 것이 중요합니다. 하지만 서비스가 성장하면서 늘어난 사용자들로 인해 기존의 타입스크립트 서버의 CPU와 메모리 사용량이 증가하면서, 이로 인해 서버의 응답 시간이 길어지는 문제가 발생했습니다. 이를 해결하기 위해 서버를 러스트로 재작성하기로 결정했고, 결과적으로 타입스크립트 서버와 비교해 메모리 사용량은 최대 3.8배만큼, 응답시간은 최대 16.4배만큼 향상되는 등의 비약적인 성능 향상을 얻을 수 있었습니다.[2]

1.2.2 디스코드

디스코드Discord는 텍스트와 화상 채팅이 가능한 메신저 서비스입니다. 서비스가 성장함에 따라 기존에 고Go로 작성된 백엔드 서버에서 간헐적인 성능 하락이 발생하는 것을 발견했습니다. 그림 1-1의 그래프에서 주기적으로 피크가 나타나는 부분이 고로 작성된 기존 서버입니다. 주기적으로 CPU 사용량이 급격히 증가하면서 일시적으로 서버에 과부하가 걸리고, 응답 시간 역시 주기적으로 증가하는 것을 알 수 있습니다. 이런 현상의 원인은 고의 가비지 컬렉터 때문으로, 주기적으로 사용하지 않는 객체를 메모리에서 삭제하는 동안 나머지 연산이 멈추기 때문입니다. 서버를 러스트로 재작성한 후 CPU 사용량이 안정화되고, 응답 시간이 훨씬 짧아진 것을 알 수 있습니다. 그림 1-1은 디스코드 서버 퍼포먼스를 나타냅니다. 보라색이 Go, 검정색이 러스트입니다.

---

2 https://blog.figma.com/rust-in-production-at-figma-e10a0ec31929

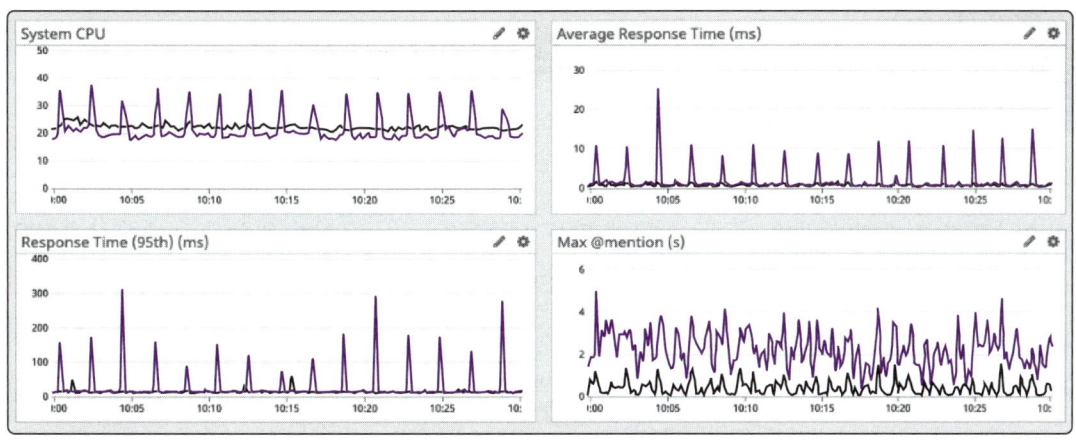

그림 1-1 디스코드 서버 퍼포먼스

1.2.3 드롭박스

드롭박스Dropbox는 전 세계 수백만 사용자를 보유한 선도적인 클라우드 저장소 서비스입니다. 드롭박스의 핵심 기능 중 하나는 로컬 컴퓨터에 있는 파일과 폴더를 원격 저장소와 빠르게 동기화하는 것입니다. 하지만 서비스 규모가 커짐에 따라 기존 C++ 기반 동기화 로직을 유지 및 관리하고 개선하는 데 어려움을 겪게 되었습니다.

이러한 문제를 해결하기 위해 드롭박스는 동기화 로직을 러스트로 재작성하기로 결정했습니다. 덕분에 드롭박스팀은 고성능 동시성 프로그램을 더 생산적으로 개발할 수 있게 되었습니다.

1.2.4 npm

npm은 자바스크립트 런타임 환경인 Node.js의 패키지 저장소입니다. 개발자들은 npm을 통해 필요한 라이브러리와 도구를 손쉽게 설치하고 관리할 수 있습니다. 하지만 npm은 점점 더 많은 사용자와 패키지가 등록되면서 성능 저하와 불안정성 문제에 직면했습니다.

서버의 병목 현상을 해결하기 위해 개발팀은 다양한 프로그래밍 언어를 고려하고 실제 구현까지 시도했습니다. Node.js, 고, 자바 등이 후보로 떠올랐지만, 러스트가 최종적으로 채택되었습니다. 러스트를 도입한 결과, 서버의 성능과 안정성이 크게 향상되었습니다.

1.3 러스트 백엔드 프레임워크 비교

키워드 ▶▶▶ 백엔드, 비교, 트렌드

방금 설명한 러스트의 많은 장점들 때문에 많은 사람들이 러스트 서버 개발에 관심을 갖게 되었습니다. 덕분에 수많은 러스트 백엔드 프레임워크가 개발되고 있습니다. 각 프레임워크가 가지고 있는 고유의 철학, 디자인 패턴, 코드 작성 방법이 모두 다르기 때문에 사용하고자 하는 환경에 적합한 프레임워크를 잘 선택해야 합니다. 특히 실무에서는 가급적 대중적이고 유지 보수가 원활한 프레임워크를 선택하는 것이 좋습니다.

다음은 유명한 러스트 프레임워크 중에서 가장 많이 사용되는 4가지입니다. 각 제목의 괄호 안 숫자는 해당 프레임워크가 깃허브 저장소에 받은 별의 개수입니다.

- **Rocket(23.7k)**: Rocket은 주로 Diesel ORM과 함께 사용됩니다. 안전성, 유연성, 보안을 중점에 두고 설계되었지만 대규모 또는 고성능이 필요한 프로젝트에는 부적합할 수 있습니다. 개인 개발자가 개발하고 있으며 개발이 잠시 중단된 이력이 있습니다.
- **Actix-web(20.6k)**: Actix-web은 여러 프레임워크 중 가장 높은 성능을 가지고 있습니다. 하지만 대부분의 기능을 프레임워크 내에서 해결해야 하다 보니 진입 장벽이 높고, 직접 구현해야 하는 기능이 많다는 것이 단점입니다. 주로 마이크로서비스와 같은 작은 규모의 웹 앱을 작성하는 데 적합합니다.
- **Axum(17.1k)**: Axum(액섬)은 사용성과 성능에 중점을 둔 프레임워크입니다. 러스트 비동기 프로그래밍 패턴을 사용하고 다른 서드파티 크레이트와의 높은 호환성 덕분에 다양한 기능을 갖춘 고성능 서버를 비교적 간단하게 구축할 수 있습니다.
- **Warp(9.3k)**: Warp는 필터 시스템으로 유명하지만, 다른 프레임워크보다 비교적 인기가 적은 편입니다.

다양한 벤치마크를 살펴봤을 때 Axum, Actix-web, Warp의 3가지 프레임워크는 큰 성능 차이가 없습니다. Rocket의 경우는 몇몇 경우에 응답 속도가 느리긴 하지만 전반적으로는 다른 프레임워크와 비슷한 성능을 보입니다. 따라서 러스트 백엔드 프레임워크를 선택할 때는 성능보다는 사용성을 더 중요하게 생각해야 합니다.

1.3.1 Axum을 사용해야 하는 이유

❶ 유연성과 확장성이 좋다.

러스트는 언어 차원에서 제공하는 비동기 런타임이 없습니다. 비동기 런타임이란 비동기 함수를 실행하고 관리하는 주체를 의미합니다. 러스트의 비동기 런타임은 `tokio`, `async-std`, `smol`과 같은 여러 종류 중 하나를 선택해야 합니다. 런타임마다 목적과 구현 방식이 조금씩 다르기 때문에 상황에 적합한 런타임을 선택하면 되지만, 일반적으로는 임베디드부터 대규모 프로그램까지 모두 지원하는 `tokio`를 사용하면 됩니다.

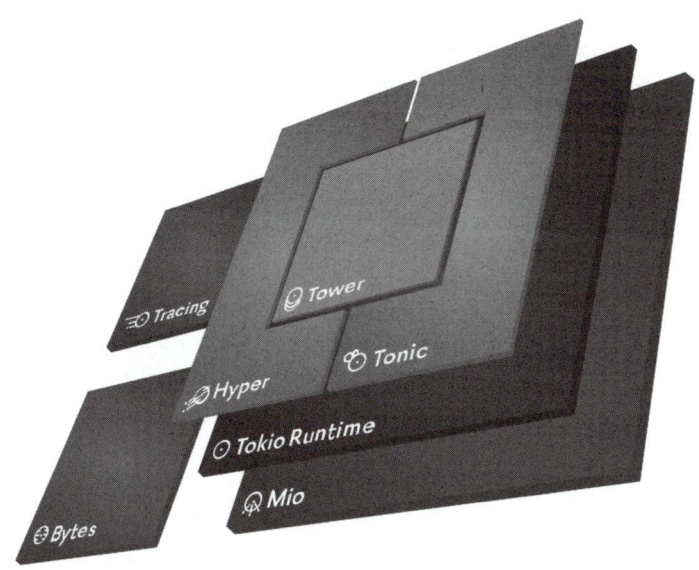

그림 1-2 tokio 생태계

`tokio`가 소속된 Tokio 프로젝트는 빠르고 안정적인 네트워크 애플리케이션을 구축하기 위한 라이브러리로 구성된 하나의 거대한 생태계를 이루고 있습니다. 비동기 런타임을 만들 수 있는 `tokio`를 포함해 로깅 시스템인 `tracing`, HTTP 서버인 `hyper` 등 다양한 라이브러리가 존재합니다.

Axum은 `tokio`와 `hyper`를 제대로 사용하기 위해서 만들어진 서버 프레임워크인 만큼 다른 Tokio 생태계의 라이브러리들과 매끄럽게 연결됩니다. 특히 다른 프레임워크에서도 많이 사용하고, 다양한 미들웨어middleware 기능이 미리 구현되어 있는 미들웨어 크레이트인 `tower`와의 연동이 매우 간편합니다. 이러한 이유에서 Tokio 생태계에서 제공하는 다양한 기능을 쉽게 통합해서 사용하려면 Axum이 가장 적합한 선택입니다.

❷ **개발자 경험이 뛰어나다.**

Axum은 최소한의 코드만으로 원하는 기능을 구현할 수 있도록 설계되었기 때문에, 다른 프레임워크와 비교해서 사용하기가 매우 편리합니다. 웹소켓, SSE_{Server Side Event}, HTTP/2와 같은 최신 프로토콜도 모두 지원합니다.

또한 일관성 있는 API를 통해 개발자가 패턴을 빠르게 학습하고 적용할 수 있습니다. 예를 들어 `Extractor`를 통해 서버로 들어오는 다양한 종류의 입력을 일관성 있게 추출할 수 있습니다. 이 외에도 매크로를 사용해 API를 쉽게 정의하거나, 라우터를 사용하여 요청을 핸들러로 라우팅하는 직관적인 패턴을 갖고 있습니다.

정리하자면, Axum은 러스트 생태계에서 가장 큰 프로젝트인 Tokio 프로젝트에서 개발하고 있는 프레임워크인 만큼 앞으로도 더 많은 기능과 개선사항들을 추가하면서 더욱 강력하고 유연한 프레임워크로 성장해나갈 것입니다.

1.4 개발 환경 설정하기

> 키워드 ▶▶▶ 환경설정, VSCode, 설치

Axum을 사용해 백엔드 서버를 개발하기 위한 개발 환경을 설정하는 방법을 알아보겠습니다. 먼저 러스트 코드를 작성하기 위해 필요한 도구들을 설치해야 합니다. 운영체제별로 설치 방법이 조금씩 다르므로 사용하고 있는 환경에 맞춰 설치하세요.

> **전문가 TIP** axum 0.7.4 기준으로 최소 1.66 이상의 러스트 버전(MSRV, Minimum Supported Rust Version)이 필요합니다. 러스트 버전은 터미널에서 `rustc --version`를 입력해서 확인할 수 있습니다. 만일 설치되어 있는 러스트 버전을 업그레이드하려면 `rustup update`를 입력하면 됩니다. 혹시 러스트가 설치되어 있지 않은 경우, 러스트를 설치하는 방법은 https://www.rust-lang.org/tools/install에서 확인할 수 있습니다.

1.4.1 러스트 툴체인 설치하기

러스트 언어를 컴파일해주는 컴파일러 `rustc`와 시스템 매니저인 `cargo`를 설치합니다. 이 두 가지 도구는 `rustup`이라고 하는 툴체인에 포함되어 있기 때문에, `rustup`만 설치하면 됩니다.

> 공식 홈페이지 https://rustup.rs/#으로 접속하면 좀 더 간단하게 설치할 수 있습니다.

macOS / Linux

맥 또는 리눅스 사용자들은 다음 명령어를 통해 설치가 가능합니다.

```
$ curl --proto '=https' --tlsv1.2 https://sh.rustup.rs -sSf | sh
```

Windows

윈도우 사용자의 경우, 공식 홈페이지에서 32비트 또는 64비트 설치 파일을 다운로드합니다.

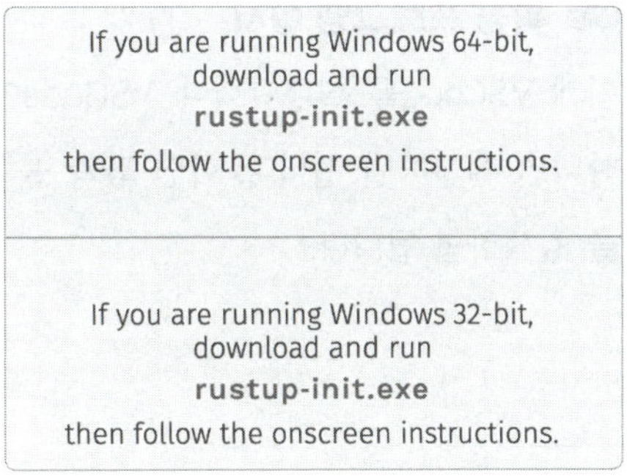

If you are running Windows 64-bit,
download and run
rustup-init.exe
then follow the onscreen instructions.

If you are running Windows 32-bit,
download and run
rustup-init.exe
then follow the onscreen instructions.

그림 1-3 윈도우 러스트 설치 페이지

1.4.2 Visual Studio Code 설치 및 설정하기

이 책에서는 통합 개발 환경으로 Visual Studio Code(이하 VSCode)를 사용합니다. 러스트에서 제공하는 컴파일, 디버깅, 언어 서버language server 등의 기능을 쉽고 편리하게 사용할 수 있기 때문에 VSCode를 사용하는 것을 추천합니다.

> 러스트로 만들어진 매우 빠른 코드 편집기인 Zed(https://zed.dev/)를 사용해보는 것도 추천합니다.

● VSCode 설치

Visual Studio Code 다운로드 페이지[3]로 이동한 다음, 운영체제에 맞는 설치 파일을 다운받고 설치를 진행합니다.

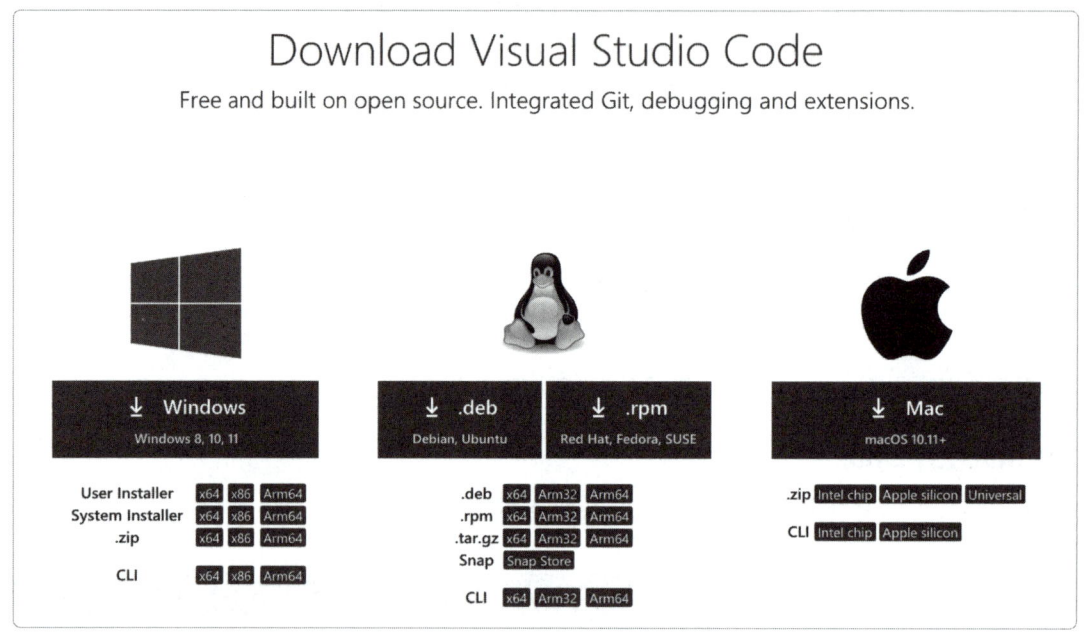

그림 1-4 VSCode 설치 페이지

● 확장 프로그램 설치

이제 VSCode를 실행합니다. VSCode에서는 여러 가지 확장을 설치할 필요 없이 `rust-analyzer` 하나만 설치하면 됩니다. 화면 좌측 블록 모양 아이콘을 클릭한 다음, 확장 프로그램extension 이름을 검색하면 됩니다.

---

[3] https://code.visualstudio.com/download

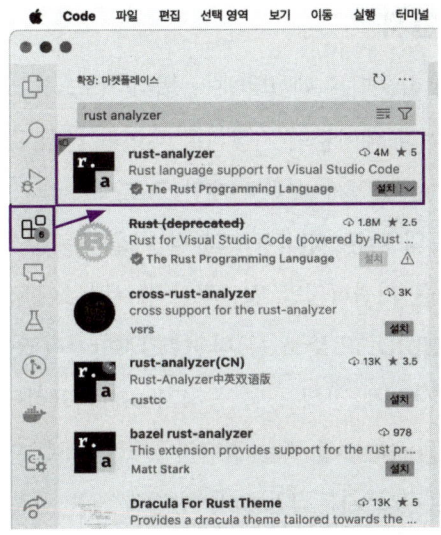

그림 1-5 rust-analyzer 확장 프로그램 설치

`rust-analyzer`는 코드 자동 완성, 에러 표시, 관련 문서 표시 등 다양한 기능을 제공합니다. 여러 기능 중 가장 좋은 기능은 변수의 타입을 추측해서 화면에 표시해주는 것입니다. 자세한 내용은 나중에 소스코드를 작성할 때 다시 살펴보겠습니다.

1.4.3 프로젝트 생성하기

프로그래밍에서는 항상 프로젝트를 폴더 단위로 관리합니다. 폴더에 프로젝트와 관련된 문서, 설정 파일, 소스코드를 모두 담아놓게 됩니다. 마찬가지로 VSCode에서도 프로젝트를 새로 만들거나 기존 프로젝트를 이어서 작업할 때도 개별 파일이 아닌 폴더를 선택해 여는 방식을 사용합니다. 여기서는 새로운 폴더를 만들어서 프로젝트를 하나 생성해보겠습니다.

VSCode의 상단 메뉴에서 [파일]-[폴더 열기]를 클릭합니다. `rust_project`라는 이름으로 폴더를 새로 생성한 다음, 해당 폴더를 선택합니다. 그러면 창이 새로고침되고 빈 프로젝트 화면이 나타납니다. 앞으로 이 책에서 만드는 프로젝트들은 이 폴더 밑에 새로운 폴더를 만드는 방식으로 만들게 될 것입니다.

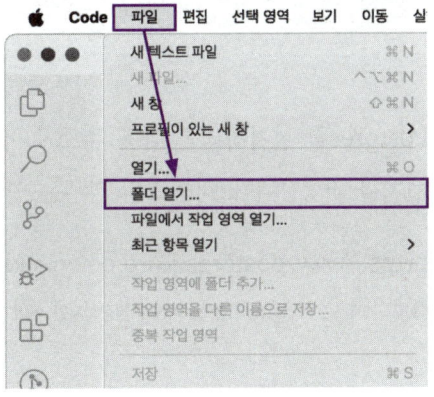

그림 1-6 폴더 열기 방법

1.4.4 Postgres DB 설치

Postgres 데이터베이스는 널리 사용되는 데이터베이스입니다(포스트그레스라고 읽습니다). Postgres는 관계형 데이터베이스로, 데이터를 테이블에 저장하고 테이블 간의 관계를 정의합니다. Postgres는 오픈소스이고 무료로 사용할 수 있어서 소규모 개인 프로젝트부터 대규모 기업 프로젝트까지 모두 사용이 가능합니다. 러스트의 빠른 처리 능력과 잘 어울리는 고성능 데이터베이스입니다. 특히 Postgres는 정말 다양한 기능을 지원하지만, 일반적인 웹 서비스 관점에서 특히 유용한 점은 텍스트, 숫자, 배열, JSON, XML, UUID, IP 주소 등 다양한 데이터 타입을 지원한다는 점입니다. 또한 2024년 스택오버플로 설문조사에서 전체 응답 중 47.1%를 득표하면서 가장 인기 있는 데이터베이스로 선정되었습니다. 만일 Postgres를 써본 경험이 없고 MySQL이나 MariaDB 등의 다른 관계형 데이터베이스만 사용해봤더라도 기본적인 사용 방법과 SQL 문법은 비슷하기 때문에 큰 무리 없이 이해할 수 있을 것입니다.

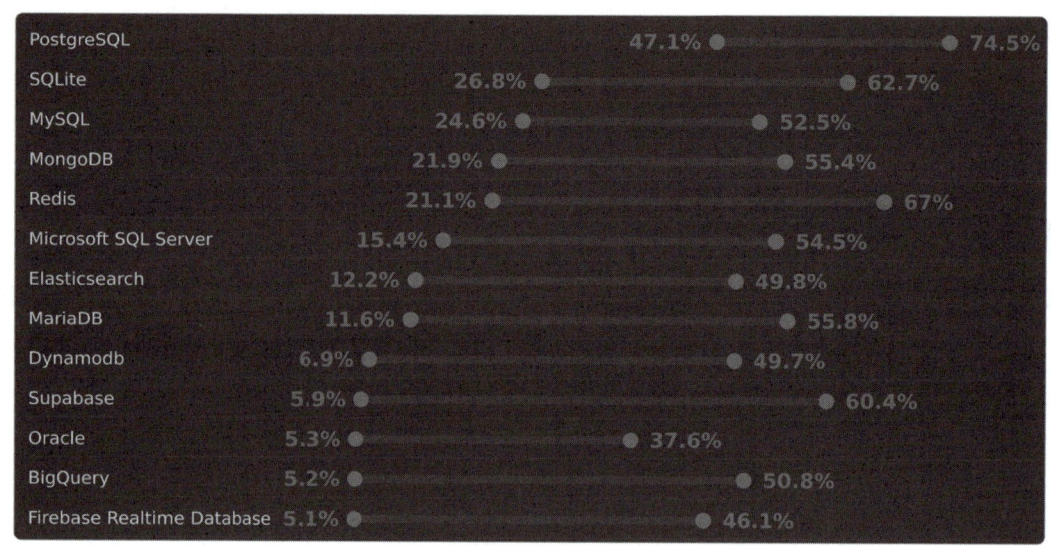

그림 1-7 데이터베이스 순위

Postgres를 설치하려면 다음 주소로 접속해 자신의 운영체제에 맞는 설치 파일을 다운로드하고 설치를 진행합니다. 리눅스의 경우는 안내되는 설치 스크립트를 따라서 진행합니다.

https://www.postgresql.org/download/

> 이 책에서는 Postgres 버전 15 이상을 권장하지만, 이미 Postgres가 설치되어 있는 경우 Postgres 버전이 13 이상이라면 문제없습니다.

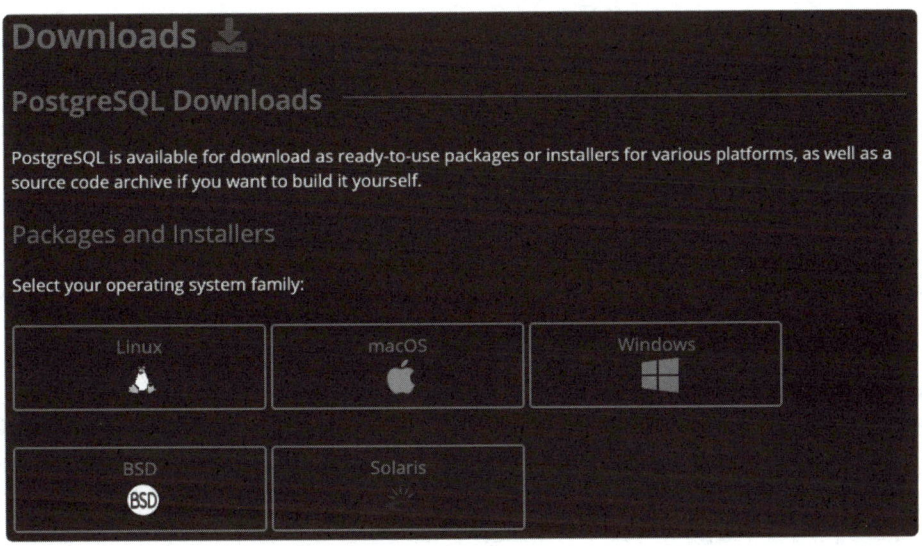

그림 1-8 PostgreSQL 설치 페이지

> **전문가 TIP** 맥 사용자의 경우, CLI를 추가로 설치해야 합니다.
>
> ```
> brew install postgresql
> ```

Postgres가 설치되었다면 터미널에서 `psql`을 사용해보겠습니다. `psql`이란 터미널에서 Postgres에 접속해 데이터베이스를 관리하거나 쿼리를 보낼 수 있는 도구입니다. 터미널에서 다음의 명령어를 사용해 기본 유저인 `postgres` 유저로 로그인합니다.

```
psql -U postgres
```

성공적으로 로그인이 되었다면 다음과 같은 화면을 볼 수 있습니다.

```
psql (15.0)
Type "help" for help.

postgres=#
```

기본 사용자는 Postgres를 설치할 때 함께 생성되는 `postgres` 유저입니다. 이 유저는 모든 데이터베이스를 생성하고 삭제할 수 있는 권한을 가지고 있습니다. 이 유저를 실제 서비스에 사용하면 의도치 않게 사용 중인 다른 데이터베이스나 테이블 등의 데이터가 삭제될 수 있기 때문에 실제 서비스에서는 사용하지 않는 것이 좋습니다. 따라서 우리가 사용할 백엔드 서비스를 위한 새로운 유저인 `axum`을 생성하겠습니다. 다음 명령어를 사용해 데이터베이스에 새로운 유저인 `axum` 유저를 생성하고 비밀번호를 '1234'로 변경합니다.

```
postgres=# CREATE USER axum;
CREATE ROLE

postgres=# ALTER USER axum PASSWORD '1234';
ALTER ROLE
```

> 여기에서는 실습의 편의상 비밀번호를 '1234'로 지정했지만, 실제 서비스에서는 암호화된 키를 사용하거나 무작위 문자열을 사용하는 것이 좋습니다.

그다음 `axum` 데이터베이스를 생성합니다. 앞으로 만들 테이블들은 모두 이 데이터베이스의 스키마 schema로 저장됩니다.

```
postgres=# CREATE DATABASE axum;
CREATE DATABASE
```

그리고 데이터베이스 소유자를 `axum` 유저로 변경합니다. 이제 `axum` 유저로 로그인하면 테이블을 생성하거나 데이터를 수정할 수 있습니다.

```
ALTER DATABASE axum OWNER TO axum;
```

이제 `axum` 유저로 로그인해서 `axum` 데이터베이스를 사용할 수 있습니다. 다른 유저로 로그인하기 위해서 `\q` 명령어로 `postgres` 유저에서 로그아웃을 하겠습니다.

```
postgres=# \q
```

그다음 `axum` 유저로 로그인합니다. 이전에는 화면에 `postgres=#`이 보였지만, 이제는 `axum=#`이 보입니다. 이걸 통해서 현재 어떤 유저로 로그인했는지를 알 수 있습니다.

```
$ psql -U axum axum
```

```
psql (15.0)
Type "help" for help.

axum=#
```

> **전문가 TIP** 3장에서 SeaORM을 사용해 직접 SQL을 쓰지 않고 데이터베이스를 다루는 방법을 배울 것이기 때문에 여기부터는 사실 `psql` 셸을 사용할 일이 거의 없습니다. 따라서 셸 환경에 익숙하지 않다고 해서 당황할 필요가 전혀 없습니다. `axum`이라는 유저와 `axum`이라는 데이터베이스를 만들었고, 앞으로 이들을 사용해 애플리케이션을 완성할 것이라는 것만 이해하면 충분합니다.

1.4.5 DBeaver 설치

DBeaver(디비버라고 읽습니다)는 여러 관계형 및 비관계형 데이터베이스를 관리할 수 있는 강력한 통합 개발 환경integrated development environment, IDE입니다. DBeaver는 MySQL, PostgreSQL, SQLite, Oracle, SQL Server 등과 같은 다양한 데이터베이스와의 연결을 지원합니다. DBeaver는 사용자가 데이터베이스 구조를 탐색하고, SQL 쿼리를 실행하며, 데이터를 시각화할 수 있는 직관적인 그래픽 인터페이스를 제공합니다. 또한 데이터베이스 스키마를 비교하거나, 데이터베이스 객체를 생성, 수정, 삭제하는 등의 작업을 간편하게 수행할 수 있습니다.

DBeaver는 데이터베이스 관리자의 작업을 효율적으로 도와주는 다양한 기능을 포함하고 있습니다. 예를 들어 SQL 에디터는 구문 강조 기능을 제공하고, 자동 완성 기능을 통해 개발자가 쿼리를 작성하는 과정을 더욱 빠르고 정확하게 만듭니다. 현재는 오픈소스로 개발되어 커뮤니티 버전과 상용 버전 두 가지로 제공됩니다. 이 책에서는 무료로 사용할 수 있는 커뮤니티 버전을 사용하겠습니다.

DBeaver를 설치하려면 DBeaver 홈페이지[4]로 접속해 화면 하단으로 이동한 다음, 커뮤니티 버전에서 [다운로드(Download)] 버튼을 클릭합니다.

---

[4] https://dbeaver.io

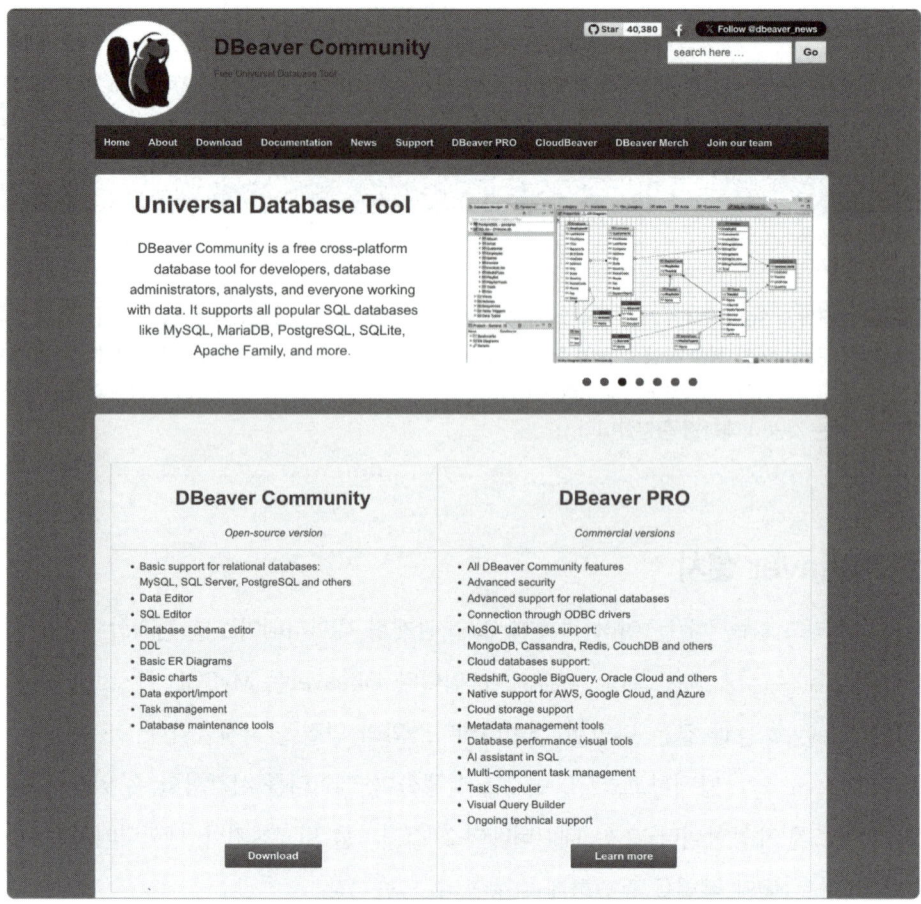

그림 1-9 DBeaver 홈페이지

다운로드 페이지로 이동한 다음, 운영체제에 맞는 설치 파일을 다운로드합니다. 윈도우는 [Windows(installer)]를 클릭하면 설치 파일을 다운로드할 수 있습니다. 맥에서는 아키텍처에 맞는 dmg 파일을 다운로드해서 설치를 진행합니다.

실제로 데이터베이스에 연결해 쿼리를 수행하는 방법은 3장에서 자세히 살펴보겠습니다.

그림 1-10 DBeaver 설치 페이지

1.4.6 API 테스트 도구 설치

API와 상호작용하는 애플리케이션을 구축할 때는 해당 API를 테스트하고 디버깅할 수 있는 적합한 도구를 사용하는 것이 중요합니다. 특히 개발을 진행하면서 특정 엔드포인트가 제대로 작동하는지 바로바로 테스트할 수 있기 때문에 매우 편리합니다. 이처럼 API 요청을 보낼 수 있는 API 클라이언트와 API 서버 간에 직접 통신을 주고받으며 테스트하는 방식을 엔드투엔드 테스트End-to-End Testing라고 합니다. 개발 과정에서는 엔드투엔드 테스트를 통해 즉각적으로 코드를 테스트해볼 수 있어 편리합니다.

그러면 이러한 API 테스트에 널리 사용되는 몇 가지 도구들을 살펴보겠습니다. 다음 3가지 도구 외에도 다양한 테스트 도구가 있기 때문에 자신에게 잘 맞는 도구를 사용하면 됩니다.

- **cURL**: cURL은 모든 종류의 HTTP 요청을 보낼 수 있는 명령줄 도구입니다. 대부분의 시스템에 기본적으로 설치되어 있으며 플래그와 옵션을 통해 다양한 제어 기능을 제공합니다. cURL 명령은 스크립트에 저장하여 테스트를 자동화할 수 있습니다. 그러나 GUI가 없어 초보자에게는 사용하기 까다로울 수 있습니다.

- **Postman**: Postman은 API 테스트를 위한 사용자 친화적인 그래픽 도구입니다. 요청을 구성하고, 응답을 검사하고, 테스트 워크플로를 자동화할 수 있는 직관적인 UI를 제공합니다. Postman은 모의 서버, API 정의 가져오기, 요청 모니터링에 도움을 줄 수 있습니다. 현재 가장 높은 인기를 얻고 있지만 회사 및 기관에서는 라이선스가 있어야 사용할 수 있다는 단점이 있습니다.

- **Insomnia**: Insomnia는 리눅스, 맥, 윈도우와 같은 다양한 플랫폼에서 네이티브 앱 경험을 제공하는 오픈소스 API 클라이언트입니다. 직관적인 테스트 워크플로를 위한 아름다운 UI를 제공합니다. Insomnia는 OpenAPI/Swagger 정의를 불러올 수 있으며 GraphQL API에 대한 탁월한 지원을 제공합니다. 유연한 환경, 전역 변수 및 스크립팅은 복잡한 시나리오에 도움이 됩니다. 엔드투엔드 테스트를 위한 인증 및 통합 기능이 지원됩니다.

cURL에 비해 Postman과 Insomnia는 GUI를 통해 테스트를 저장하고 반복해서 실행할 수 있기 때문에 훨씬 편리합니다. Postman과 Insomnia 중에서는 직관적이고 빠른 UI, 그리고 라이선스 없이 사용할 수 있다는 장점 때문에 이 책에서 사용할 API 테스트 도구로 Insomnia를 가장 추천합니다.

Insomnia 서비스에 회원가입을 하면 Insomnia에서 만든 테스트들을 클라우드에 동기화해 저장할 수 있다는 장점이 있지만, 회원가입을 하지 않고 바로 다운로드할 수도 있습니다. 다음 링크에서 다운로드할 수 있습니다.

https://insomnia.rest/download

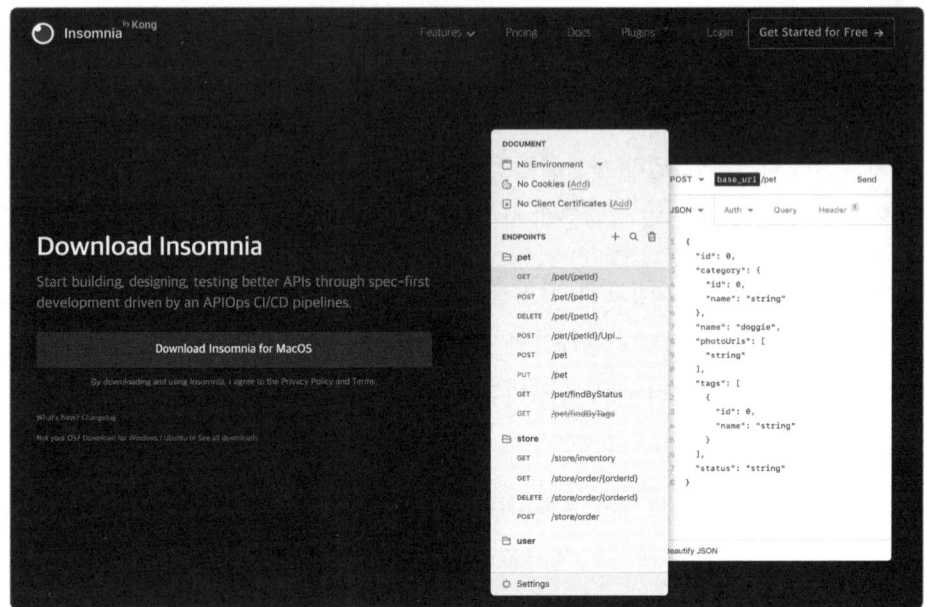

그림 1-11 Insomnia 설치 페이지

만일 회원가입을 원한다면 다음 주소로 접속해 Insomnia에 회원가입을 진행합니다.

https://app.insomnia.rest/app/authorize

구글, 깃허브, 이메일 로그인 중 원하는 방법을 선택합니다. 로그인 방법에 따라 추가 인증 절차가 필요할 수 있습니다.

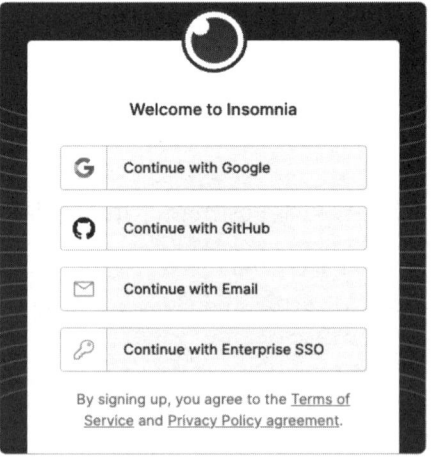

그림 1-12 로그인 방법 선택

E2EE는 Insomnia로 전송되는 데이터를 암호화해서 보호하는 기능으로, 암호화에 사용할 비밀번호를 패스프레이즈Passphrase에 입력합니다. 패스프레이즈는 한 번 생성하면 다시 값을 확인하거나 변경할 수 없기 때문에 꼭 안전한 장소에 저장해두어야 합니다.

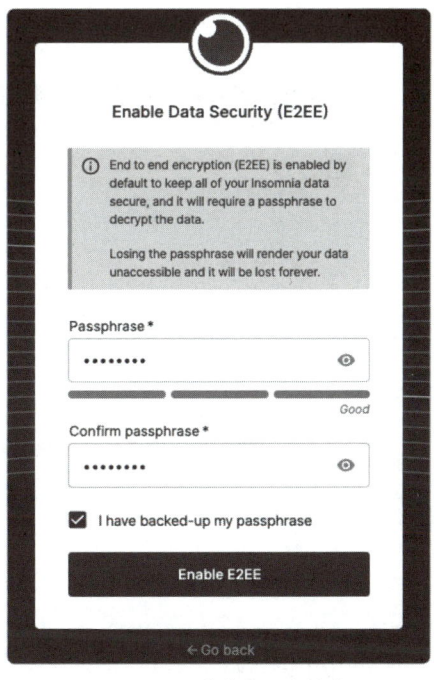

그림 1-13 데이터 보안 설정

요금제는 Free로 선택해도 대부분의 기능을 사용할 수 있으니 걱정하지 않아도 됩니다.

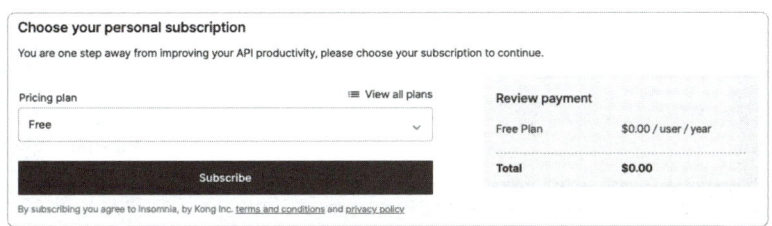

그림 1-14 요금제 선택

회원가입이 끝나면 다음과 같은 대시보드 화면을 볼 수 있습니다. 여기서 우측의 [Download for …] 버튼을 클릭해 Insomnia를 설치합니다. 운영체제에 따라 버튼의 텍스트는 조금씩 다를 수 있습니다.

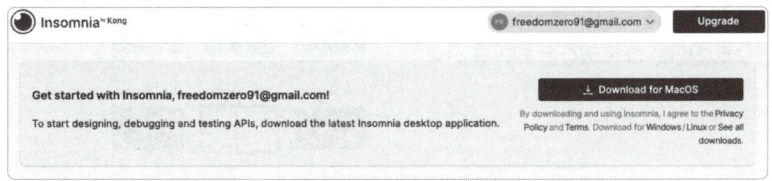

그림 1-15 프로그램 다운로드

설치가 완료되면 Insomnia를 실행합니다. 실행하면 다음과 같은 화면을 볼 수 있습니다.

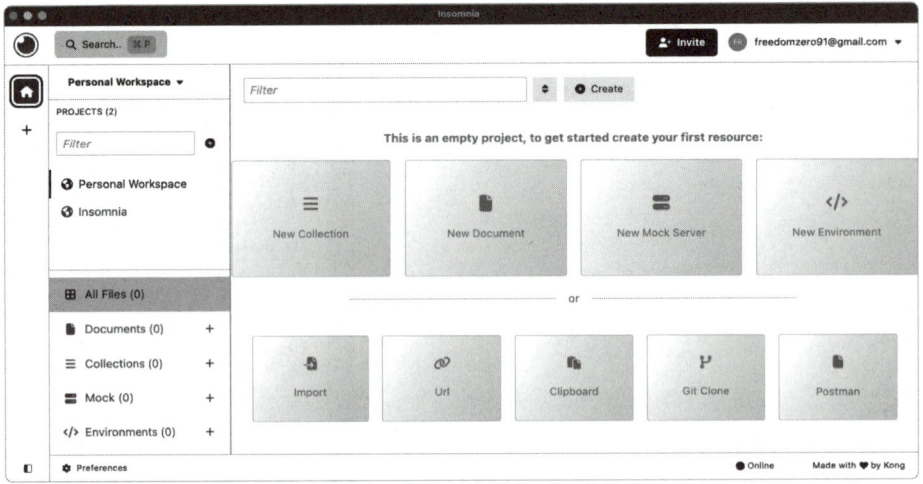

그림 1-16 메인 화면

이제 여기서 [New Collection]을 클릭합니다. 컬렉션의 이름은 My Collection으로 설정합니다.

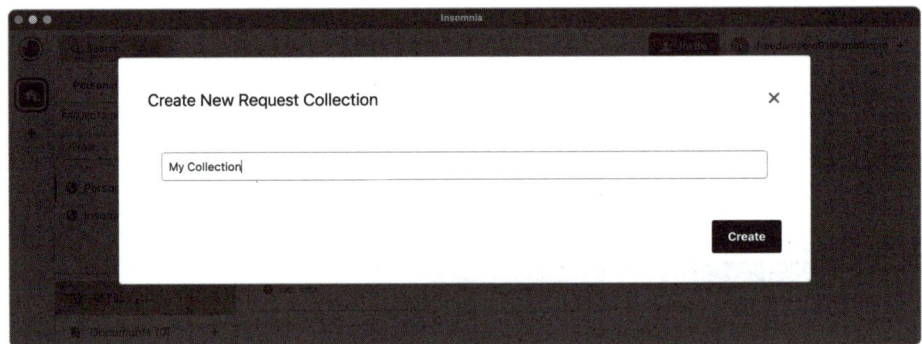

그림 1-17 리퀘스트 컬렉션 생성하기

> **전문가 TIP** 참고로 Insomnia의 색상 테마가 책에서는 High Contrast 테마로 설정되어 있습니다. 만일 테마를 바꾸고 싶다면 좌측 하단의 Preferences에서 Themes 탭으로 진입한 다음 원하는 테마를 선택하면 됩니다.
>
>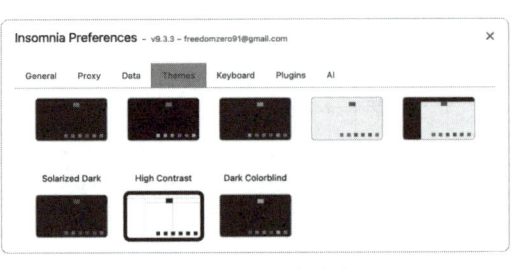
>
> 그림 1-18 테마 선택

생성한 컬렉션을 더블클릭해서 컬렉션 페이지로 들어갑니다. 그다음 화면 좌측의 [+] 버튼을 눌러 새로운 HTTP 요청을 생성합니다.

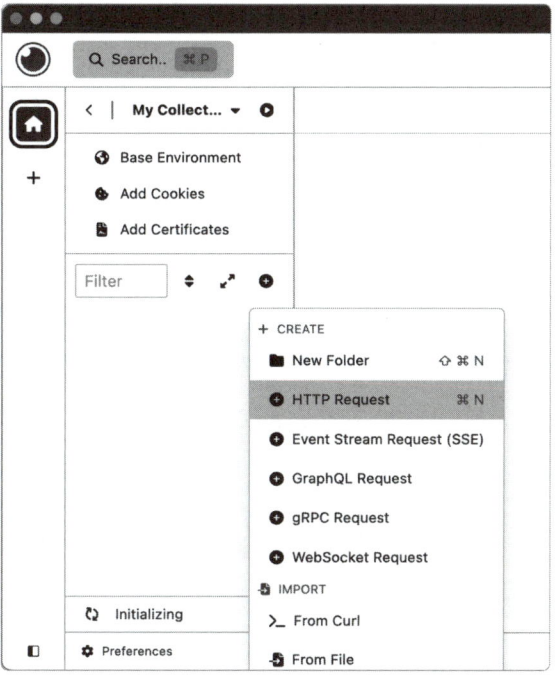

그림 1-19 요청 생성하기

화면 가운데에 `HTTP` 메서드를 선택할 수 있는 드롭다운 메뉴와 주소를 입력할 수 있는 입력창이 있습니다. 여기에 원하는 메서드와 주소를 넣고 [Send] 버튼을 클릭하면 HTTP 요청의 결과가 화면 우측에 나타납니다. Insomnia를 사용해 API를 테스트하는 것은 2장에서 실제로 엔드포인트를 만들어보면서 자세히 다룰 것입니다.

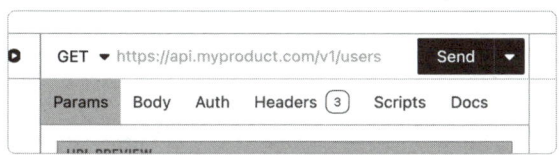

그림 1-20 주소 입력창

1.5 러스트 핵심 개념 복습

키워드 ▶▶▶ 러스트 기초, 소유권, 핵심

여기서는 이 책을 이해하기 위해 필요한 러스트의 핵심 개념들을 차례차례 정리해보겠습니다. 만일 이미 러스트 문법에 익숙한 독자라면 건너뛰어도 좋습니다.

1.5.1 소유권

모든 프로그램은 컴퓨터의 메모리라는 자원을 사용하는데, 이 메모리는 프로그램에서 사용하는 데이터를 저장하는 역할을 합니다. 코드에서 변수에 값을 할당하면 해당 값이 메모리에 저장됩니다. 하지만 메모리는 한정된 자원이기 때문에 프로그래밍 언어마다 각자의 방식으로 효율적인 메모리 관리를 위해 노력합니다

러스트는 소유권ownership이라는 개념을 통해 메모리를 관리합니다. 소유권 덕분에 러스트 프로그램은 메모리 안전성과 스레드 안전성을 보장받습니다.

- **메모리 안전성**: 러스트에서는 하나의 값에 단 하나의 코드만 접근할 수 있기 때문에 예상치 못한 값 변경이 발생하지 않습니다. C/C++와 같은 언어에서는 잘못된 포인터 사용이나 메모리 접근으로 인해 버그나 메모리 누수가 발생할 수 있지만, 러스트에서는 이러한 문제를 걱정할 필요가 없습니다.
- **스레드 안전성**: 러스트는 여러 스레드가 동시에 값에 접근할 때 발생하는 경합 조건이나 데드록deadlock 문제를 컴파일 타임에 탐지하여 안정적인 프로그램 실행을 보장합니다. 멀티 스레딩 프로그램을 개발할 때 굉장히 어려운 문제인 경합 조건과 데드록을 러스트에서는 사전에 방지할 수 있기 때문에 안정적인 코드 작성이 용이합니다.

소유권을 요약하자면 다음 세 가지 규칙으로 정리할 수 있습니다.

- 모든 '값'은 해당 값을 '소유'하고 있는 소유자owner가 존재합니다.
- 한 번에 하나의 소유자만 존재할 수 있습니다. 하나의 값에 두 개의 소유자가 동시에 존재할 수 없습니다.
- 소유자가 현재 코드의 스코프에서 벗어나면, 값은 메모리에서 할당 해제됩니다.

1.5.2 값에 대한 소유권

러스트에서는 모든 값에 소유자를 지정하고, 이 값을 소유하고 있는 소유자가 사라지게 되면 즉시 값이 메모리에서 할당 해제합니다. 다음 예제를 살펴보겠습니다.

```rust
fn main() {
    let x = 1;
    // x가 삭제됨
}
```

이 예제에서, x라는 변수에 담긴 1이라는 값은 `main()` 함수를 벗어나게 되면 더 이상 사용되지 않습니다. 따라서 x는 즉시 메모리에서 지워지게 됩니다. 마찬가지로 같은 함수 내에서라도 스코프를 벗어나면 즉시 값은 사라집니다.

```rust
fn main() {
    let x = 1;
    {
        let y = x;
        println!("{} {}", x, y);
        // y가 삭제됨
    }
    println!("{} {}", x, y); // 이 라인은 컴파일되지 않음
    // x가 삭제됨
}
```

이번엔 코드 중간에 있는 `{}`에 의해 스코프가 추가되었고, 이 안에서 y가 선언되었습니다. 이 스코프를 벗어나면 y는 더 이상 사용되지 않으므로 즉시 메모리에서 할당이 해제됩니다. 마찬가지로 함수에 매개변수로 변수를 전달하는 경우에도 같은 원리가 적용됩니다. 여기서 `String::from("Hello")`는 러스트에서 문자열을 선언하는 방법으로, 문자열에 대한 자세한 내용은 다음 장에서 설명하겠습니다.

```rust
fn dummy(x: String) {
    println!("{}", x);
    // x가 삭제됨
}

fn main() {
    let x = String::from("Hello");
    dummy(x);
}
```

```rust
    println!("{}", x);  // 이 라인은 컴파일되지 않음
}
```

함수 `dummy`에 문자열이 전달된 다음, 함수를 벗어나면 그 즉시 `x`는 삭제됩니다. 그런데 이미 메모리에서 삭제된 `x`를 9번 라인에서 참조하고 있기 때문에 오류가 발생합니다. 그러면 모든 값은 다른 함수에 전달하면 영원히 사용하지 못하는 걸까요? 이런 경우 사용할 수 있는 두 가지 방법이 있습니다.

1.5.3 소유권 돌려주기

먼저 함수에서 해당 변수의 소유권을 되돌려줄 수 있는 방법이 있습니다. 다음 예제를 살펴보겠습니다.

```rust
fn dummy(x: String) -> String {
    println!("{}", x);
    x
}

fn main() {
    let x = String::from("Hello");
    let x = dummy(x);
    println!("{}", x);
}
```

실행 결과
```
Hello
Hello
```

함수 `dummy`에서 입력 변수 `x`는 함수 내부에서 사용된 다음 리턴됩니다. 그다음 함수의 리턴값을 재선언한 변수 `x`에 할당함으로써 소유권이 `x`로 되돌아옵니다. 좀 더 이해하기 쉽도록 변수명을 다음과 같이 바꿔보겠습니다. 결론적으로, `"Hello"`라는 값을 소유하고 있는 변수만 x → y → z 순서로 바뀌고, 값은 그대로 있게 됩니다. 하지만 이 방법은 매번 함수의 리턴값을 변수로 재선언해주어야 하기 때문에 코드의 가독성이 떨어지고, 값이 어느 변수로 이동하는지를 알기 어렵다는 단점이 있습니다.

```rust
fn dummy(y: String) -> String {
    println!("{}", y);
    y
}
```

```rust
fn main() {
    let x = String::from("Hello");
    let z = dummy(x);
    println!("{}", z);
}
```

실행 결과
```
Hello
Hello
```

1.5.4 레퍼런스와 소유권 빌리기

러스트에는 값의 소유권을 잠시 빌려줄 수 있는 개념인 대여borrow가 있습니다. 변수 앞에 & 키워드를 사용하면 되는데, 해당 변수의 레퍼런스reference를 선언한다는 의미입니다. 레퍼런스란 소유권을 가져가지 않고 해당 값을 참조할 수 있는 방법입니다. 다음 예제를 보겠습니다.

```rust
fn main() {
    let x = String::from("Hello");
    let y = &x;

    println!("{} {}", x, y);
}
```

실행 결과
```
Hello Hello
```

let y = &x;와 같이 선언하더라도 문자열 "Hello"의 값의 소유권은 여전히 x에 있고, y는 단순히 값을 참조만 합니다. 따라서 마지막에서 변수 x와 y를 모두 프린트해도 에러가 발생하지 않습니다.

다음 예제에서 dummy 함수의 매개변수 타입은 문자열의 레퍼런스 타입을 의미하는 &String입니다. Main 함수에서 dummy를 실행할 때, 변수 x의 레퍼런스인 &x가 전달되었습니다. 이건 소유권을 잠시 함수 내부의 y 매개변수에 빌려준다는 의미입니다. 소유권을 대여한 변수가 dummy 함수의 스코프를 벗어나면, 그 즉시 소유권은 원래 소유자인 x에게 되돌아갑니다. 따라서 dummy 함수에서 x에 저장된 문자열값을 사용하더라도 이후에 x를 통해 문자열을 계속 사용할 수 있게 됩니다. 그러므로 마지막에 x를 프린트해도 에러가 발생하지 않고 잘 컴파일됩니다.

```rust
fn dummy(y: &String) {
    println!("{}", y);
    // 소유권이 x로 되돌아감
}

fn main() {
    let x = String::from("Hello");
    dummy(&x);
    println!("{}", x);
}
```

실행 결과
```
Hello
Hello
```

1.5.5 가변 레퍼런스

어떤 변수의 레퍼런스를 사용해 원래 변수의 값을 바꾸려면 원래 변수를 가변으로 선언해야 합니다. 다음 예제에서는 변수 x를 함수 `dummy`에 레퍼런스로 전달합니다. 그리고 `push_str` 함수를 사용해 "world!"라는 문자열을 x의 뒤에 추가하고 있습니다. 그런데 코드를 실행하면 에러가 발생합니다.

```rust
fn dummy(y: &String) {
    y.push_str(" world!");
    println!("{}", y);
    // 소유권이 x로 되돌아감
}

fn main() {
    let x = String::from("Hello");
    dummy(&x);
    println!("{}", x);
}
```

실행 결과
```
   Compiling rust_part v0.1.0 (/Users/code/temp/rust_part)
error[E0596]: cannot borrow `*y` as mutable, as it is behind a `&` reference
 --> src/main.rs:2:5
  |
1 | fn dummy(y: &String) {
  |             ------- help: consider changing this to be a mutable reference: `&mut String`
2 |     y.push_str(" world!");
  |     ^^^^^^^^^^^^^^^^^^^^^ `y` is a `&` reference, so the data it refers to cannot be borrowed as mutable
```

에러에 따르면 y에서 소유권을 빌려왔지만, 가변 레퍼런스가 아니기 때문에 값을 수정할 수 없다고 합니다. 컴파일러가 조언해준 대로 y를 가변 레퍼런스로 만들어보겠습니다. 여기서 총 3곳을 수정했습니다.

1. `dummy` 함수의 매개변수 `y`의 타입을 `&mut String`으로 변경
2. 변수 `x`를 가변 변수로 선언
3. `dummy` 함수에 `x`를 전달할 때 가변 레퍼런스 `&mut x`로 전달

```rust
fn dummy(y: &mut String) { // 1) 가변 레퍼런스
    y.push_str(" world!");
    println!("{}", y);
    // 소유권이 x로 되돌아감
}

fn main() {
    let mut x = String::from("Hello"); // 2) 가변 변수 선언
    dummy(&mut x); // 3) 가변 레퍼런스
    println!("{}", x);
}
```

실행 결과
```
Hello world!
Hello world!
```

가변 레퍼런스를 사용할 때 주의해야 하는 점은 소유권 규칙의 두 번째 규칙인 '한 번에 하나의 소유자만 존재할 수 있다'입니다. 예를 들어 하나의 값에 대해서 두 개의 가변 레퍼런스를 만들어 보겠습니다. 변수 y와 z는 모두 변수 x의 가변 레퍼런스입니다.

```rust
fn main() {
    let mut x = String::from("Hello");
    let y = &mut x;
    let z = &mut x;

    println!("{} {}", y, z);
}
```

실행 결과
```
   Compiling rust_part v0.1.0 (/Users/code/temp/rust_part)
error[E0499]: cannot borrow `x` as mutable more than once at a time
 --> src/main.rs:4:13
  |
```

```
3 |         let y = &mut x;
  |                 ------ first mutable borrow occurs here
4 |         let z = &mut x;
  |                 ^^^^^^ second mutable borrow occurs here
5 |
6 |         println!("{} {}", y, z);
  |                           - first borrow later used here
```

컴파일 시 '변수 x의 소유권을 한 번 이상 대여할 수 없다'라는 에러가 발생합니다. 만일 하나의 소유권을 여러 개의 변수가 빌릴 수 있다면, 하나의 메모리에 여러 곳에서 접근할 수 있기 때문에 버그가 발생할 가능성이 있습니다. 예를 들어 어떤 가변 레퍼런스에서 값을 변경했는데, 다른 곳에서는 변경 전의 값을 필요로 한다면 예상치 못한 결과가 나올 수 있습니다. 따라서 러스트에서는 하나의 값에 대한 여러 개의 가변 레퍼런스를 허용하지 않습니다. 하지만 단순히 레퍼런스를 여러 개 만드는 것은 문제가 없습니다.

```rust
fn main() {
    let x = String::from("Hello");
    let y = &x;
    let z = &x;

    println!("{} {}", y, z);
}
```

실행 결과
```
Hello Hello
```

소유권 규칙이 위반되는 경우 컴파일러가 에러를 발생시키고 그에 대한 해결책을 제시해주기 때문에 항상 안전한 코드를 만들 수 있습니다.

1.5.6 크레이트

크레이트crate란 러스트 코드를 묶을 수 있는 가장 작은 단위입니다. 크레이트에는 바이너리와 라이브러리 두 종류가 존재합니다. 일반적으로 cargo를 사용해 프로젝트를 만들면 폴더가 생성되는데, 그 안에 크레이트의 기준이 되는 파일의 이름을 기준으로 크레이트의 종류가 정해집니다.

🔵 바이너리 크레이트

바이너리 크레이트binary crate는 컴파일되어 바이너리 파일을 생성하는 크레이트입니다. `cargo new <크레이트명>` 명령어로 프로젝트를 생성하고, `main.rs` 파일이 생성됩니다. 프로젝트의 폴더 구조는 다음과 같습니다.

```
.
├── Cargo.toml
└── src
    └── main.rs
```

🔵 라이브러리 크레이트

라이브러리 크레이트library crate는 컴파일되지 않는 크레이트입니다. 컴파일되지 않기 때문에 바이너리를 생성하지 않습니다. 다른 크레이트나 패키지에서 코드를 참조할 수 있도록 제공하는 크레이트입니다.

`cargo new --lib <크레이트명>` 명령어로 프로젝트를 생성하고, `lib.rs` 파일이 생성됩니다. 프로젝트의 폴더 구조는 다음과 같습니다.

```
.
├── Cargo.toml
└── src
    └── lib.rs
```

🔵 크레이트 루트

크레이트 루트crate root란 컴파일이 시작되는 시작 지점인 엔트리포인트entry point를 의미합니다. 바이너리 크레이트는 `src/main.rs` 파일이, 라이브러리 크레이트는 `src/lib.rs` 파일이 크레이트 루트가 됩니다.

1.5.7 모듈

러스트에서는 파일 단위로도 모듈을 구분하고 파일 하나에서도 여러 개의 모듈을 정의할 수 있습니다.

다음과 같이 두 개의 파일을 만들어보겠습니다.

```
// main.rs
fn main() {}

// my_module.rs
mod dummy1 {}

mod dummy2 {}
```

이때 크레이트 내부의 파일이 두 개이므로 각 파일을 기본적으로 모듈로 인식하고, `my_module.rs` 안에 추가로 선언된 `dummy1`과 `dummy2` 역시 모듈로 인식합니다.

공개 및 비공개

러스트의 모든 모듈과 객체는 기본적으로 비공개private입니다. 즉 모듈의 외부에서 해당 모듈이나 객체에 접근이 불가능합니다. 따라서 외부에서 모듈에 접근하거나 모듈 내부의 객체에 접근을 허용하려면 `pub` 키워드를 사용해 해당 객체를 공개로 만들어야 합니다. 구조체의 필드, 연관 함수와 메서드도 기본적으로는 비공개입니다.

```
pub mod module {
    // 모듈
}

pub fn function() {
    // 함수
}

pub struct Struct {
    // 구조체
    private_field: i32,
    pub public_field: i32,
}

impl Struct {
    // 메서드
    pub fn public_method(&self) {}

    fn private_method(&self) {}
}
```

> 실제로 어떻게 공개와 비공개가 구분되는지는 바로 이어서 실제 코드를 가지고 설명하겠습니다.

1.5.8 모듈 사용하기

`use` 키워드는 특정 경로를 현재 스코프로 가져오는 역할을 합니다. 경로는 항상 크레이트 루트로부터 시작된다는 점에 주의하세요.

`mod` 키워드는 해당 모듈을 사용하겠다고 선언하는 역할을 합니다. 예를 들어 `mod new_module`이 사용되면, 컴파일러는 아래 위치에서 해당 모듈을 찾아봅니다.

1. `mod new_module` 다음에 해당 모듈의 정의가 나와야 합니다.

   ```
   mod new_module {
     fn new_func() {
       ...
     }
     
     ...
   }
   ```

2. `src/new_module.rs` 파일을 찾아봅니다.
3. `src/new_module` 폴더에서 `mod.rs` 파일을 찾아봅니다.

   ```
   pub mod new_module;
   ```

> **전문가 TIP** 일반 모듈을 정의했던 것처럼, 모듈 안의 모듈인 서브모듈(submodole)도 정의가 가능합니다. 크레이트 루트가 아닌 모듈에서 선언되는 모듈이 서브모듈이 되며, 해당 서브모듈을 컴파일러가 찾는 규칙은 위와 동일합니다.

특정 모듈에 대한 접근은 크레이트 루트를 기준으로 절대 경로를 사용하면 됩니다. 예를 들어 코드 어디에서라도 다음과 같이 모듈에 접근이 가능합니다.

```
// src/new_module.rs -> MyType
use crate::new_module::MyType
```

상대 경로를 사용할 때도 있는데, 이 경우에는 `self`와 `super` 키워드를 사용합니다. 먼저 `self`를 사용해 현재 모듈을 기준으로 함수를 참조하는 방법은 다음과 같습니다.

```rust
mod mod2 {
    fn func() {
        println!("mod2::func()");
    }

    mod mod1 {
        pub fn func() {
            println!("mod2::mod1::func()");
        }
    }

    pub fn dummy() {
        func();
        self::func();
        mod1::func();
        self::mod1::func();
    }
}

fn main() {
    mod2::dummy();
}
```

실행 결과
```
mod2::func()
mod2::func()
mod2::mod1::func()
mod2::mod1::func()
```

`super`는 현재 모듈의 상위 모듈을 의미합니다. 따라서 `mod2`에서 `super`를 사용하면 메인 모듈을 의미하고, 따라서 메인 모듈에 속한 `mod1`를 참조할 수 있습니다. 물론 `use super::mod1;` 대신 `use crate::mod1;`을 절대 경로로 참조하는 것도 가능합니다.

```rust
mod mod1 {
    pub fn dummy() {
        println!("Hello, world!");
    }
}

mod mod2 {
    // use crate::mod1;과 동일
    use super::mod1;

    pub fn dummy() {
        mod1::dummy();
```

```
    }
}
fn main() {
    mod2::dummy();
}
```

실행 결과
Hello, world!

1.5.9 패키지

패키지란 여러 크레이트를 모아놓은 것입니다. 패키지는 `Cargo.toml` 파일을 가지고 있습니다. 처음에 `cargo new` 명령어로 프로젝트를 생성하면 `Cargo.toml` 파일이 만들어지기 때문에 해당 프로젝트가 패키지가 됩니다.

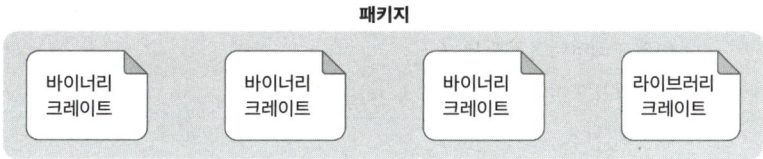

그림 1-21 패키지와 크레이트

하나의 패키지에는 단 하나의 라이브러리 크레이트만 포함할 수 있습니다. 하지만 바이너리 크레이트는 여러 개를 포함할 수 있습니다. 일반적으로 크레이트 루트에 `main.rs`가 있으면 바이너리 크레이트가 되지만, 명시적으로 `Cargo.toml` 파일에 `[[bin]]` 섹션에 경로를 지정하면 다른 이름으로 바이너리 크레이트의 엔트리 포인트를 지정할 수 있습니다.

```
[package]
name = "my_package"
version = "0.1.0"
edition = "2018"

[lib]
name = "my_library"
path = "src/lib.rs"

[[bin]]
name = "my_binary1"
path = "src/bin/binary1.rs"
```

```
[[bin]]
name = "my_binary2"
path = "src/bin/binary2.rs"
```

이 경우의 폴더 구조는 다음과 같습니다.

```
my_package
├── Cargo.toml
└── src
    ├── bin
    │   ├── binary1.rs
    │   └── binary2.rs
    └── lib.rs
```

지금까지의 내용을 정리하면 다음과 같습니다.

명칭	설명
패키지	여러 크레이트의 집합체
크레이트	라이브러리 또는 바이너리를 생성하는 모듈 집합체
모듈	구조체, 함수 등의 집합체

1.5.10 트레이트

러스트에는 구조체를 상속하는 방법이 존재하지 않습니다. 즉 필드와 메서드를 다른 구조체에 전달할 수 없습니다. 하지만 서로 다른 구조체들이 함수를 공유할 수 있는 하나의 속성을 정의할 수 있는데, 바로 트레이트trait입니다. 트레이트를 통해 함수를 공유하는 방법은 두 가지가 있는데, 첫 번째 방법을 먼저 살펴보겠습니다. 트레이트에서는 공유할 메서드의 원형을 선언합니다.

```
trait Greet {
    fn say_hello(&self) {}
}
```

이렇게 선언하면 `say_hello`는 아무것도 실행하지 않는 빈 함수이기 때문에, 실제 내용을 각 구조체의 메서드에서 구현해야 합니다.

```rust
struct Person {
    name: String,
    age: i32,
    alive: bool,
}

impl Person {
    fn new(name: &str, age: i32) -> Person {
        Person {
            name: String::from(name),
            age: age,
            alive: true
        }
    }

    fn get_older(&mut self, year: i32) {
        self.age += year;
    }
}

impl Greet for Person {}


struct Student {
    name: String,
    age: i32,
    alive: bool,
    major: String,
}

impl Student {
    fn new(name: &str, age: i32, major: &str) -> Student {
        Student {
            name: String::from(name),
            age: age,
            alive: true,
            major: String::from(major),
        }
    }
}

impl Greet for Student {
    fn say_hello(&self) {
        println!("Hello, I am {} and I am studying {}", self.name, self.major)
    }
}
```

이제 메인 함수에서 `Person`과 `Student` 구조체의 인스턴스를 만들고 `say_hello` 메서드를 각각 호출해보겠습니다.

```
fn main() {
    let mut person = Person::new("John", 20);
    person.say_hello(); // ☹
    person.get_older(1);
    println!("{} is now {} years old", person.name, person.age);

    let student = Student::new("Jane", 20, "Computer Science");
    student.say_hello();
}
```

실행 결과
```
John is now 21 years old
Hello, I am Jane and I am studying Computer Science
```

`person.say_hello()`는 trait `Greet`의 메서드를 그대로 사용하기 때문에 아무것도 출력되지 않는다는 것을 알 수 있습니다.

두 번째 방법은 `say_hello`의 기본 구현형을 트레이트를 선언할 때 정의하는 것입니다. 다시 트레이트 선언으로 돌아가보면 `say_hello` 함수는 매개변수로 `&self`를 받고 있지만, 트레이트에 정의되는 함수는 인스턴스 프로퍼티에 접근할 수 없습니다. 만일 여기서 다음과 같이 함수의 원형을 수정하고 컴파일해보면 에러가 발생합니다.

```
trait Greet {
    fn say_hello(&self) {
        println!("Hello, {}", self.name);
    }
}
```

따라서 트레이트에서 만든 함수 원형 자체를 공유하고 싶을 때는 `self`에 접근하지 않는 연관 함수만 정의가 가능합니다. 그러므로 다음 코드는 정상적으로 컴파일됩니다. 간결함을 위해 사용되지 않는 일부 코드를 수정했습니다.

```
trait Greet {
    fn say_hello() {
        println!("Hello, Rustacean!");
    }
}
```

```rust
struct Person {
    name: String,
    age: i32,
    alive: bool,
}

impl Greet for Person {}

struct Student {
    name: String,
    age: i32,
    alive: bool,
    major: String,
}

impl Greet for Student {}

fn main() {
    let person = Person {
        name: String::from("Bob"),
        age: 20,
        alive: true,
    };
    Person::say_hello();

    let student = Student {
        name: String::from("Alice"),
        age: 20,
        alive: true,
        major: String::from("Computer Science"),
    };
    Student::say_hello();
}
```

실행 결과

Hello, Rustacean!
Hello, Rustacean!

1.5.11 멀티스레딩과 비동기 프로그래밍

멀티스레딩은 상당한 시간을 들여 복잡한 계산을 수행해야 하는 CPU를 많이 사용하는 작업에 주로 사용됩니다. 멀티스레딩을 사용하면 애플리케이션이 여러 CPU 코어에 워크로드를 분산하여 전체 처리 속도를 향상시킬 수 있습니다.

비동기 프로그래밍은 애플리케이션이 네트워크 요청이나 디스크 작업과 같이 외부 리소스를 기다려야 하는 I/O 바운드 작업에 특히 적합합니다. 이러한 시나리오에서 비동기 프로그래밍을 사용하면 I/O 작업이 완료될 때까지 기다리는 동안 애플리케이션이 다른 작업을 계속 처리할 수 있으므로 애플리케이션의 응답성과 성능이 향상될 수 있습니다.

앞에서도 설명했듯이, 비동기 함수를 사용하려면 프로그램 내부에서 비동기 함수들의 실행을 관리하는 비동기 런타임이 필요합니다. 러스트는 내장 비동기 런타임이 존재하지 않기 때문에 서드파티 크레이트인 `tokio`를 주로 사용합니다.

이제 Axum을 사용해 백엔드 개발을 시작해볼 준비가 모두 끝났습니다. 2장에서는 가장 기본적인 API 서버를 구현하는 것으로 시작해서 복잡한 기능을 추가하는 방법까지 차례차례 배워볼 것입니다.

돌아보기

> 러스트는 최신 프로그래밍 언어로, C/C++에 근접한 성능을 내는 고성능 언어이면서 동시에 메모리 안정성과 스레드 안전성이 보장되기 때문에 많은 기업과 개인 개발자들에게 큰 인기를 얻고 있습니다.

> 러스트로 백엔드를 개발할 수 있는 프레임워크인 Axum은 비동기 프로그래밍을 쉽게 작성할 수 있습니다.

> Axum은 저수준과 고수준 API를 모두 제공하기 때문에 간단한 웹 서버부터 복잡한 기능을 갖춘 서버까지 모두 만들어낼 수 있습니다.

> Postgres 데이터베이스를 설치하고, API 테스트 도구로 Insomnia를 설치했습니다.

쪽지시험

문제 1 러스트가 백엔드 개발에 적합한 이유는?
① 인터프리터 기반이기 때문에 빠르다
② 스크립트 언어보다 높은 실행 성능을 제공한다
③ 서버가 멀티코어를 인식하지 않는다
④ 오직 클라이언트 애플리케이션에만 적합하다

문제 2 다음 중 Axum 프레임워크의 특징이 아닌 것은?
① tokio 기반의 비동기 프로그래밍 지원
② 필터 기반 라우팅 사용
③ tower 미들웨어와의 호환성
④ 고성능과 사용성 균형

정답: 1. ②, 2. ②

MEMO

> **학습 포인트**
> - 기본적인 라우팅을 사용한 REST API를 만드는 방법
> - 쿼리 파라미터, 경로 파라미터가 포함된 URL이나 JSON 응답 본문을 핸들러에서 처리하는 방법
> - 헤더를 설정하는 방법

CHAPTER 2
Axum 기초 살펴보기

이번 장에서는 Axum과 Postgres를 사용해서 REST API를 구현해볼 것입니다. 서버에 도착한 요청이 어떻게 핸들러 함수에 전달되어 처리되는지를 살펴보고, 다양한 종류의 데이터를 클라이언트와 주고받는 방법을 알아볼 것입니다.

2.1 HTTP 기초

키워드 ▶▶▶ 메서드, 헤더, 본문, 응답 코드

HTTP_{Hypertext Transfer Protocol}는 API를 사용하고자 하는 클라이언트와 API를 제공하는 서버 간의 통신을 위한 표준화된 방법입니다. HTTP 통신에는 요청 메서드, 헤더, 요청 본문, 응답 코드와 같은 요소들을 포함하고 있습니다.

요청 메서드_{request method}란 클라이언트가 서버에 API를 사용하기 위한 요청을 보낼 때, 어떤 종류의 작업을 요청하는지를 나타내는 방법입니다. API 개발에서 흔히 사용되는 메서드와 그 예시는 다음과 같습니다.

- **GET**: 서버에서 데이터를 가져옵니다(예: 상품 목록 가져오기).
- **POST**: 서버에 새 리소스를 생성합니다(예: 새 주문 제출).
- **PUT**: 기존 리소스를 업데이트합니다(예: 제품 세부 정보 수정).
- **DELETE**: 서버에서 리소스를 제거합니다(예: 사용자 계정 삭제).

헤더는 요청을 보낼 때 필요한 인증 정보, 수신하고자 하는 데이터의 형식과 같은, 요청에 대한 추가적인 정보를 담는 영역입니다. 서버 역시 헤더에 보내는 데이터의 형식, 데이터의 크기 등을 담아 응답으로 클라이언트에 보내줍니다.

요청 본문_{request body}은 실제 데이터가 담기는 영역입니다. 헤더와 마찬가지로 클라이언트가 서버로 본문을 보내기도 하고, 서버가 클라이언트로 본문을 보내주기도 합니다. 대부분의 경우에는 JSON 형식을 사용해 데이터를 주고받게 됩니다.

> **전문가 TIP** JSON(JavaScript Object Notation)이라는 이름은 자바스크립트 프로그래밍 언어에서 객체를 표현하는 방식에서 아이디어를 차용한 데이터 표현 방식입니다. 사람이 읽고 쓰기 편리하면서도 데이터가 계층화되어 있기 때문에 API를 사용할 때 데이터를 주고받는 데 많이 사용합니다.
>
> JSON 형식의 데이터는 키-값 쌍으로 이루어져 있으며, 값은 불리언, 숫자, 문자열, 배열, 다른 JSON 형식을 입력할 수 있습니다.
>
> ```
> {
>   "name": "John Doe",
> ```

```
    "age": 30,
    "occupation": "Software Engineer",
    "address": {
      "street": "123 Main St",
      "city": "Anytown",
      "state": "CA",
      "zip": "90210"
    },
    "hobbies": ["coding", "reading", "hiking"]
}
```

헤더와 요청 본문 이외에도 서버에게 요청을 보낼 때 URL 주소를 통해 정보를 전달할 수 있는 방법이 존재합니다. 바로 경로 파라미터path parameter와 쿼리 파라미터query parameter입니다. 예를 들어 요청을 보내고자 하는 주소가 다음과 같다고 해봅시다.

```
http://localhost:8000/items?status=ok
```

이럴 경우 `items`가 경로 파라미터가 되고, ? 뒤에 `<변수명>=<값>` 형태로 주어지는 값인 `status`가 쿼리 파라미터가 됩니다. 이때 `status` 매개변수의 값은 `ok`입니다.

경로 파라미터는 주로 여러 개의 API를 그룹화하고자 할 때 자주 사용됩니다. 예를 들어 사용자가 로그인하거나 로그아웃하는 기능을 `user` 경로 밑에 정의하게 되면 좀 더 직관적으로 API가 하는 일이 무엇인지 이해할 수 있게 됩니다.

```
http://localhost:8000/user/login
http://localhost:8000/user/logout
```

서버 측에서는 경로 파라미터로 어떤 API를 호출해야 하는지 결정하고, 쿼리 파라미터를 통해 어떤 작업을 API에서 수행할지를 결정할 수 있습니다.

응답 코드는 서버가 수신한 요청에 대한 처리 결과를 나타내는 미리 약속된 값입니다. 자주 사용하는 응답 코드와 그 의미는 다음과 같습니다:

- **200 OK**: 요청이 성공했습니다.
- **400 Bad Request**: 요청이 유효하지 않습니다.

- **404 Not Found**: 요청된 리소스가 존재하지 않습니다.
- **500 Internal Server Error**: 서버에서 예기치 않은 오류가 발생했습니다.

클라이언트가 이러한 형식에 맞추어 우리가 만들 API 서버로 요청을 보냈을 때, 적절한 형태의 응답을 보내줄 수 있는 방법을 배워볼 것입니다.

2.2 Axum 프로젝트 만들기

키워드 ▶▶▶ 환경설정, 프로젝트 생성, cargo

1장에서 만든 `rust_project` 폴더를 VSCode에서 열어주세요. 그리고 터미널을 열어서 다음 명령어를 실행해 `axum-project` 폴더에 새로운 러스트 프로젝트를 생성합니다.

```
cargo init axum-project
```

폴더 내부에는 자동으로 생성된 `Cargo.toml` 파일이 있습니다. 이 파일은 프로젝트의 메타데이터를 관리하고 패키지 정보를 기록하는 곳입니다. 여기에 다음과 같이 의존성을 추가합니다. `axum` 크레이트를 추가할 때, `features`를 사용해 `json` 피처를 추가해주는 것을 잊지 마세요. 이는 `axum`에서 JSON 형식의 요청을 해석하고 응답으로 JSON 형식을 보낼 수 있는 기능입니다. 원래는 `axum`을 설치하면 `tokio`가 자동으로 함께 프로젝트에 추가되기 때문에 `Cargo.toml` 파일에 추가해주지 않아도 되지만, 몇 가지 추가 기능을 사용하기 위해 다음과 같이 '모든 피처를 사용함'으로 설정해주겠습니다.

```
[dependencies]
axum = { version = "0.7.4", features = ["json"] }
tokio = { version = "1.35.1", features = ["full"] }
```

> **전문가TIP** `Cargo.toml` 파일을 직접 수정하는 대신 터미널에서 다음 명령어를 입력할 수도 있습니다.
>
> ```
> cargo add axum@0.7.4 --features "json"
> cargo add tokio@1.35.1 --features "full"
> ```

두 크레이트를 추가한 다음, 가장 기본적인 형태의 Axum 앱을 만들어보겠습니다. `main.rs` 파일에 사용할 기능을 먼저 불러옵니다.

```
use axum::{
    routing::{delete, get, post, put},
    Router,
};
```

그리고 `main` 함수를 `tokio` 비동기 런타임에서 실행하기 위한 애트리뷰트 `#[tokio::main]`를 추가해 비동기 함수로 선언합니다.

```
#[tokio::main]
async fn main() { // 비동기 main 함수
    let app = Router::new()
        .route("/", get(|| async move { "Welcome to Axum!" }))
        .route("/", post(|| async move { "Post Something!" }))
        .route("/", put(|| async move { "Updating..." }))
        .route("/", delete(|| async move { "🗑" }));

    let listener = tokio::net::TcpListener::bind("127.0.0.1:8000").await.unwrap();
    axum::serve(listener, app).await.unwrap();
}
```

Axum에서는 클라이언트의 요청을 일치하는 경로로 전달해주는 기능인 라우팅routing을 `Router`를 통해서 쉽게 구현할 수 있습니다. `Router` 인스턴스를 만들고 `route` 메서드를 연쇄적으로 연결하는 방식으로 여러 경로의 라우팅을 설정할 수 있습니다. `route` 메서드는 연결할 주소와 사용할 `HTTP` 메서드를 의미하는 함수를 입력받습니다. 예를 들면 `route("/", get(|| async move { "Welcome to Axum!" }))`는 루트 주소 `/`에 대해 `GET` 메서드의 요청이 들어왔을 때 `"Welcome to Axum!"`을 리턴하는 클로저를 호출한다는 의미가 됩니다. 여기서 루트 주소란, 서버가 `myserver.com`이라는 주소에서 실행된다고 했을 때 이 주소 뒤에 `/`를 붙인 주소, 즉 가장 기본이 되는 주소임을 의미합니다.

마찬가지로 각각의 `route` 메서드는 POST, PUT, DELETE를 `routing::{delete, get, post, put}`을 사용해 지정하고, 두 번째 인자로 호출할 클로저를 입력받고 있습니다. 이렇게 `route` 메서드에서 입력받은 함수를 핸들러handler라고 부르는데, 이에 대한 자세한 내용은 잠시 뒤에 살펴보겠습니다.

다음으로 서버를 실행할 주소와 포트 번호를 `tokio::net::TcpListener`를 사용해 지정할 수 있습니다. 여기서 `bind` 메서드는 서버를 실행할 주소와 포트 번호를 문자열 형태로 입력받습니다. 127.0.0.1은 `localhost`와 같은 의미로, 자신의 컴퓨터를 의미합니다. 8000은 포트 번호로, 서버가 사용할 포트 번호를 의미합니다. 8000번 포트는 일반적으로 개발용으로 사용하기 때문에 다른 서버 프로그램이 실행 중이 아니라면 사용 가능합니다. 하지만 만일 다른 프로그램에서 이미 8000번 포트를 사용하고 있다면 다른 포트 번호를 사용해야 합니다. 마지막으로, `axum::serve`를 통해 서버를 지정한 주소와 포트 번호로 작동시킵니다.

> **더 알아보기** `localhost`와 0.0.0.0
>
> 0.0.0.0과 `localhost`는 모두 네트워크에서 로컬 컴퓨터를 지칭하는 방법이지만 몇 가지 중요한 차이점이 있습니다. `localhost`는 로컬 컴퓨터의 자체 네트워크를 가리킵니다. 따라서 서버를 `localhost`에 바인딩하면 동일한 컴퓨터에서 실행되는 프로그램의 연결만 허용됩니다. 마찬가지로 `localhost` IP 주소인 127.0.0.1은 항상 로컬 컴퓨터를 가리킵니다. 반면에 0.0.0.0은 같은 네트워크의 다른 컴퓨터에서 실행되는 프로그램의 접근을 허용하는 특별한 IP 주소입니다. 도커와 같이 격리된 환경에서 서버를 실행하는 경우, 호스트 네트워크와 도커 컨테이너의 네트워크는 서로 다른 네트워크로 취급되기 때문에 도커에서 실행하는 서버 프로그램을 외부에서 접근하려면 서버의 주소를 0.0.0.0으로 설정해주어야만 합니다. 요약하면 다음과 같습니다.
>
> - `localhost`(127.0.0.1)는 동일한 컴퓨터의 연결만 허용합니다. 진정한 로컬 전용 네트워킹입니다.
> - 0.0.0.0은 사용 가능한 네트워크에서 연결할 수 있습니다. 컴퓨터가 속한 네트워크의 다른 컴퓨터에서 연결하거나 도커와 같이 격리된 환경의 네트워크에도 접근할 수 있습니다.

이제 서버를 실행하고 각 메서드가 잘 작동하는지 Insomnia를 사용해 테스트해보겠습니다. 서버를 실행하기 위해 터미널을 열어 다음 명령어를 실행합니다.

```
cargo run
```

코드가 컴파일되고 서버가 문제없이 작동한다면 이제 루트 주소로 GET 요청을 보내보겠습니다. Insomnia에서 화면 좌측의 [+] 버튼을 눌러 새로운 HTTP 요청을 생성합니다. 새로운 요청을 추가하고 다음과 같이 메서드를 GET으로, 주소를 `http://localhost:8000`으로 설정합니다. 그리고 [Send] 버튼을 누르면 우측에 서버가 보낸 응답이 나타납니다. 우측 상단에 상태 코드 `200 OK`가 표시되고 `"Welcome to Axum!"`이라는 문자열이 나타나면 성공입니다.

> 마찬가지 방법으로 Insomnia에서 POST, PUT, DELETE 요청도 보내보세요.

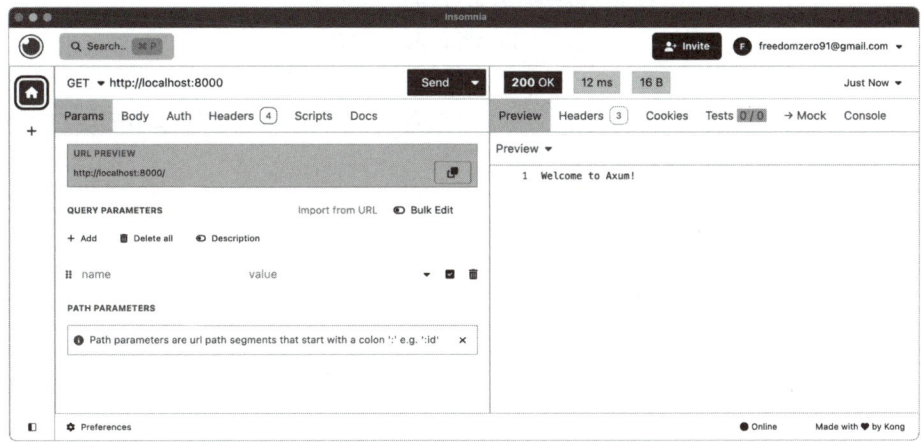

그림 2-1 Welcome to Axum!

여기서 두 가지 참고사항이 있습니다. 첫째, 일반적으로 러스트 코드를 실행할 때는 `cargo run`을 사용하지만, 앞으로는 `cargo watch`를 사용할 것입니다. `watch`는 코드가 변경될 때마다 자동으로 컴파일합니다. 덕분에 코드를 수정할 때마다 직접 서버를 멈추고 다시 컴파일할 필요가 없어서 개발 과정이 매우 편리해집니다. `watch`는 터미널에서 다음과 같이 입력하면 설치할 수 있습니다.

```
cargo install cargo-watch
```

설치 후에는 다음과 같이 입력하면 됩니다. `-x` 옵션은 코드가 변경될 때마다 그다음에 오는 명령어를 실행하라는 의미로, 지금은 코드가 변경될 때마다 `cargo run`을 실행하라는 뜻입니다.

```
cargo watch -x run
```

둘째, 공식 문서에서는 서버를 실행할 때 `bind(&"0.0.0.0:8000")`를 사용하라고 되어 있지만, MacOS에서는 0.0.0.0이 '호스트 없음'으로 인식되기 때문에 그림 2-2와 같이 매번 연결을 허용할지를 묻는 팝업이 나타납니다.

그림 2-2 localhost와 0.0.0.0

따라서 IP 주소를 공식 문서와 다르게 사용했습니다. 물론 실제로 앱을 서버 컴퓨터나 도커 환경에서 배포할 때에는 0.0.0.0을 사용해야 합니다.

2.3 라우터와 핸들러

키워드 ▶▶▶ 라우터, 핸들러, 추출자

서버 프로그램에서는 클라이언트의 요청을 알맞은 핸들러 함수로 보내 처리한 다음, 다시 클라이언트에게 응답을 보내줍니다. 이때 클라이언트의 요청을 알맞은 핸들러로 보내는 역할을 하는 것이 라우터입니다. 이번 절에서는 Axum에서 라우터와 핸들러를 어떻게 정의하고 사용하는지 살펴보겠습니다.

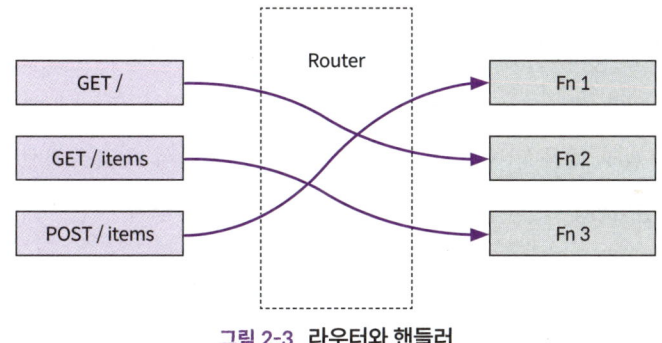

그림 2-3 라우터와 핸들러

2.3.1 라우터 정의하기

라우터는 서버로 들어오는 요청을 처리할 핸들러를 결정하는 과정입니다. 방금 전 2.1절에서 루트 주소를 의미하는 `/`로 들어오는 요청을 어떻게 처리하는지를 살펴보았습니다.

라우터는 `Router::new()`를 사용해 라우터 인스턴스를 만든 다음 여러 종류의 메서드를 이어붙여서 다른 경로와 핸들러를 연결하는 방식으로 전체 라우터를 완성합니다. 연결할 수 있는 함수는 여러 종류가 있는데, 그중 가장 기본적인 형태는 2.2절에서 살펴본 것과 같이 `route` 메서드를 반복해서 연결하는 방식입니다.

```
let app = Router::new()
    .route("/", get(|| async move { "Welcome to Axum!" }))
    .route("/", post(|| async move { "Post Something!" }))
    .route("/", put(|| async move { "Updating..." }))
    .route("/", delete(|| async move { "☀" }));
```

그런데 이런 방식으로 라우터를 만들면 경로가 늘어나면서 다음 코드처럼 코드의 길이가 매우 길어진다는 문제가 있습니다.

```
let app = Router::new()
    .route("/", get(|| async move { "Welcome to Axum!" }))
    .route("/", post(|| async move { "Post Something!" }))
    .route("/", put(|| async move { "Updating..." }))
    .route("/", delete(|| async move { "※" }));
    .route("/user", get(|| async move { "Welcome to Axum!" }))
    .route("/user ", post(|| async move { "Post Something!" }))
    .route("/user ", put(|| async move { "Updating..." }))
    .route("/user ", delete(|| async move { "※" }));
```

또한 특정 경로를 다른 경로로 변경할 때도 여러 번 경로를 수정해야 하는 번거로움이 있습니다. 예를 들어 `/user` 경로를 `/my_user`로 바꾸려면 라인 4개를 일일이 고쳐야 하기 때문에 번거로운 데다 실수로 이름을 잘못 넣을 가능성도 있습니다. 이런 이유에서 `route` 메서드를 계속 연결하는 방법은 라우터에서 정의하고자 하는 경로와 핸들러의 가짓수가 많을 때는 바람직하지 않습니다.

이처럼 경로와 핸들러가 많아지는 경우 코드가 길어지고 관리가 어렵기 때문에, 하나의 경로에 여러 개의 핸들러를 묶는 방법을 사용하면 문제를 간단하게 해결할 수 있습니다. `route` 메서드의 두 번째 매개변수로 `get`, `post`, `put`, `delete` 메서드를 연결해주면 됩니다.

```
let app = Router::new()
    .route(
        "/",
        get(|| async move { "Welcome to Axum!" })
            .post(|| async move { "Post Something!" })
            .put(|| async move { "Updating..." })
            .delete(|| async move { "※" }),
    );
```

이번에는 `/api/users`, `/api/teams`와 같이 `/api`라는 경로를 공통적으로 사용하는 경우를 생각해보겠습니다.

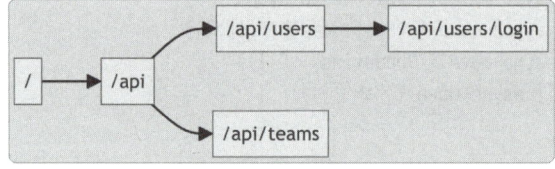

그림 2-4 `/api` 경로

공통적인 경로가 있는 경우, 해당 경로 밑에 다른 경로를 연결하려면 `nest` 메서드를 사용하면 됩니다. 다음과 같이 /users를 나타내는 새로운 라우터 `user_routes`와 /teams 경로를 나타내는 `team_routes`를 만들어줍니다. 그리고 `nest` 메서드를 사용해 `api_routes`라는 /api 경로를 나타내는 라우터에 연결해주었습니다. 마지막으로 `api_routes`를 다시 `nest`를 사용해 루트 라우터에 연결해주면 됩니다.

```
let user_routes = Router::new()
    .route("/", get(|| async move { "user" }))
    .route("/login", get(|| async move { "login" }));

let team_routes = Router::new().route("/", post(|| async move { "teams" }));

let api_routes = Router::new()
    .nest("/users", user_routes)
    .nest("/teams", team_routes);

let app = Router::new() .nest("/api", api_routes); // /api로 최상위 경로 추가
```

지금까지 배운 라우터 정의 방법을 다시 정리해보면 다음과 같습니다.

- 경로가 복잡하지 않고 간단한 경우에는 루트 라우터에 `route` 메서드 여러 개를 연결해서 사용
- 경로가 여러 번 중첩되는 경우에는 `nest` 메서드를 사용

2.3.2 핸들러 정의하기

지금까지 라우터를 정의하면서 `get`, `post`와 같은 메서드의 두 번째 매개변수로 클로저를 넣었던 것을 기억하시나요? 다음과 같은 함수는 요청을 처리handle한다는 뜻에서 핸들러 함수handler function라고 부릅니다.

```
route("/", get(|| async move { "user" }))
```

라우터의 각 경로에 등록되는 핸들러 함수는 반드시 `async` 키워드를 사용해서 만든 비동기 함수여야 합니다. 지금까지는 비동기 클로저를 사용했지만 평범한 함수도 사용 가능하다는 의미입니다.

```
async fn user() -> &'static str {
    "user"
}

Router::new().route("/", get(user));
```

핸들러가 하는 일은 서버에 들어오는 다양한 종류의 요청을 해석해서 처리한 다음, 그 결과를 다양한 종류의 형식으로 리턴하는 일입니다. 핸들러 함수에서 리턴한 값(`user` 함수가 리턴한 문자열 `"user"`)은 Axum이 클라이언트에게 HTTP 응답으로 알아서 보내줍니다. 즉 핸들러 함수를 정의할 때는 어떤 형식으로 리턴할 것인지만 결정하면 됩니다.

이제 본격적으로 다양한 핸들러 함수를 정의하는 방법을 살펴볼 것입니다. 핸들러에서 경로 파라미터, 쿼리 파라미터, 요청 본문에서 값을 가져오는 방법을 알아보겠습니다. 핸들러에서 경로와 쿼리 파라미터, 요청 본문으로부터 값을 추출해서 러스트에서 사용할 수 있는 타입으로 바꾸어주는 구조체 타입들은 `axum::extract` 모듈에 정의되어 있습니다. 이렇게 값을 추출하는 역할의 타입들을 추출자extractor라고 부릅니다. Axum의 추출자들은 모두 `FromRequest` 또는 `FromRequestPart` 트레이트를 구현하고 있고, 커스텀 추출자를 만들려면 마찬가지로 해당 트레이트를 구현해야 합니다. 추출자를 종류별로 정리해보면 그림 2-5와 같습니다.

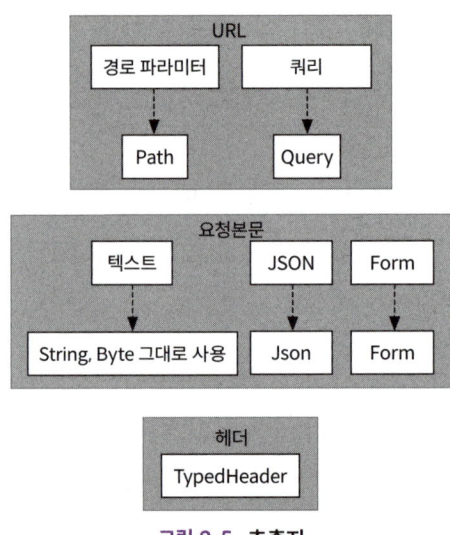

그림 2-5 **추출자**

경로 파라미터

경로 파라미터는 서버로 들어온 요청의 URL 주소의 특정 부분을 변수로 사용하는 방법입니다.

예를 들어 다음과 같은 URL이 있다고 할 때, 경로 파라미터는 {}로 감싸진 부분을 의미합니다.

- /users/{userId}
- /products/{productId}
- /articles/{year}/{month}

즉 /users/1234라는 URL에서 경로 파라미터 userId의 값은 1234가 됩니다.

Axum에서는 경로 파라미터를 라우터의 경로에 :{변수명}과 같은 형태로 나타냅니다. 예를 들어 /:id/:name 경로는 id와 name이라는 변수 두 개를 포함하고 있습니다.

```
let app = Router::new().route("/:id/:name", get(hello));
```

핸들러 hello 함수에서는 extract::Path를 통해 경로 파라미터를 지정한 타입으로 변환해 사용할 수 있습니다. 다음 코드에서 hello 함수의 매개변수로 Path((id, name))을 사용했습니다. 이때 id와 name은 튜플로 묶여 있다는 점에 주의하세요. 튜플 타입에 맞추어 매개변수의 타입 역시 Path<(i32, String)>로 선언했습니다. hello 함수는 입력받은 두 경로 파라미터를 문자열로 만들어 리턴하게 됩니다.

```
use axum::{
    extract::Path,
    Router,
};

async fn hello(Path((id, name)): Path<(i32, String)>) -> String {
    format!("{} : {}", id, name)
}


let app = Router::new()
    .route("/:id/:name", get(hello));
```

이제 http://localhost:8000/1/indo의 주소로 GET 요청을 보내면 다음과 같은 응답을 받게 됩니다.

```
1 : indo
```

> **전문가 TIP** 경로 파라미터를 사용할 때 주의해야 할 점은 각 매개변수의 타입을 정확하게 지정해야 한다는 것입니다. 만일 타입이 맞지 않는다면 컴파일 오류가 발생합니다. 예를 들어 `http://localhost:8000/a/indo`와 같이 요청을 보내면 다음과 같은 응답을 받게 됩니다. 첫 번째 경로 파라미터에 해당하는 변수 id는 i32 타입으로 되어 있기 때문에 문자열 'a'를 정수로 변환할 수 없다는 오류가 발생합니다.
>
> ```
> Invalid URL: Cannot parse value at index 0 with value `"a"` to a `i32`
> ```

만일 경로 파라미터가 하나라면 타입에서 튜플을 생략하고 변수를 하나만 표기할 수 있습니다. 다음 코드 예제에서는 경로 파라미터 `id`만을 입력받는 핸들러를 정의하고 있습니다.

```rust
async fn hello(Path(id): Path<i32>) -> String {
    format!("{}", id)
}

let app = Router::new()
    .route("/:id", get(hello));
```

● 쿼리 파라미터

쿼리 파라미터는 URL에 키-값 쌍을 더해서 추가적인 정보를 제공하는 방법입니다. URL 경로 뒤에 `?`를 추가하고 `변수명=값`의 형태로 변수를 넣을 수 있습니다. 또한 정렬 기준, 결괏값의 개수 제한, 필터링 등 다양한 옵션을 넣을 수도 있습니다. 예를 들면 쿼리 파라미터는 URL에서 다음과 같은 모양으로 나타납니다.

```
/users?role=admin
```

변수 `role`의 값을 `admin`으로 지정하겠다는 의미가 됩니다. 여러 개의 변수를 지정할 때에는 &로 키-값 쌍들을 연결하면 됩니다. 다음 URL에서는 `onSale=true`, `category=toys`라는 값을 추출할 수 있습니다.

```
/products?onSale=true&category=toys
```

`extract::Query`는 쿼리 파라미터의 값을 `i32`, `String` 등의 특정 타입으로 변환할 때 사용합니다. `Query(변수): Query<타입>`과 같은 모양으로 핸들러의 매개변수와 타입을 만들어주면 됩니다. 이 때 해시맵_{HashMap}을 사용해 키-값 쌍을 표현합니다.

```
use axum::{extract::Query, Router};
use std::collections::HashMap;

async fn hello(Query(user): Query<HashMap<String, String>>) -> String {
    format!("{} : {}", user["id"], user["name"],)
}

let app = Router::new().route("/", get(hello));
```

예를 들어 `http://localhost:8000/?id=1&name=indo`와 같은 요청을 보내면 다음과 같은 응답을 받게 됩니다.

```
1 : indo
```

해시맵을 사용해 쿼리 파라미터를 받게 되면 두 가지 문제가 발생합니다. 첫째, 문자열이 아닌 타입을 문자열 타입과 동시에 처리할 수 없습니다. 즉, `id` 매개변수에는 사실 정수가 입력되는데 여기서는 `name`과 마찬가지로 문자열로 처리되었습니다. `id`를 정수로 사용하기 위해서는 함수 본문 내에서 직접 `i32`로 변환해야 합니다.

```
async fn hello(Query(user): Query<HashMap<String, String>>) -> String {
    format!(
        "{} : {}",
        user["id"].parse::<i32>().unwrap(),
        user["name"],
    )
}
```

둘째, 만일 쿼리 파라미터 중 하나라도 값이 없다면 에러가 발생합니다. 예를 들어 `http://localhost:8000/?id=1` 주소로 GET 요청을 보내면 `name`이라는 변수가 빠져 있기 때문에 다음과 같은 에러가 발생합니다.

```
Failed to deserialize query string: missing field `name`
```

이런 문제 때문에 해시맵보다는 별도의 구조체 타입을 선언해서 사용하는 것이 편리합니다. 이때 새로 선언한 구조체는 쿼리 파라미터를 URL로부터 추출할 수 있는 `serde::Deserialize` 트레이트를 구현해야 합니다. 따라서 해당 트레이트가 정의되어 있는 `serde` 크레이트를 `Cargo.toml`의 의존성에 추가합니다.

```
serde = { version = "1.0.193", features = ["derive"] }
```

다음 코드에서는 정수형 `id`와 문자열 `name`을 필드로 갖는 `User` 구조체를 선언하고, `hello` 함수에서는 쿼리 파라미터를 해당 타입으로 입력받습니다.

```
use axum::{
    extract::Query,
    Router,
};

#[derive(serde::Deserialize)]
struct User {
    id: i32,
    name: String,
}

async fn hello(Query(user): Query<User>) -> String {
    format!("{} : {}", user.id, user.name,)
}

let app = Router::new().route("/", get(hello));
```

이때 http://localhost:8000/?id=1&name=indo 주소로 GET 요청을 보내면 다음과 같이 해시맵을 사용했을 때와 동일한 응답을 받게 됩니다. 이제 해시맵을 사용했을 때의 첫 번째 문제가 해결되었습니다.

```
1 : indo
```

만일 어떤 쿼리 파라미터가 없더라도 에러가 발생하지 않게 하려면 필드 타입에 `Option`을 사용하면 됩니다. 다만 주의해야 하는 점은 각 `Option`으로 지정된 매개변수에 대한 처리는 핸들러 함수 안에서 직접 해주어야 한다는 것입니다. 다음 코드에서는 `name`이라는 매개변수가 없을 때 `"No name"`이라는 문자열로 처리하도록 했습니다.

```
#[derive(serde::Deserialize)]
struct User {
    id: i32,
    name: Option<String>,
}
```

```
async fn hello(Query(user): Query<User>) -> String {
    format!(
        "{} : {}",
        user.id,
        user.name.as_ref().unwrap_or(&"No name".to_string())
    )
}
```

이제 `http://localhost:8000/?id=1` 주소로 GET 요청을 보내도 에러가 발생하지 않습니다.

```
1 : No name
```

● 요청 본문

요청 본문은 클라이언트가 서버로 요청을 보내는 데이터를 의미합니다. HTTP API에서 받을 수 있는 요청 본문 중 많이 사용하는 종류는 크게 텍스트, JSON, 폼Form 이렇게 3가지입니다.

먼저 텍스트 데이터를 받아오는 예제를 살펴보겠습니다. `hello` 함수의 매개변수 `name`의 타입이 `String`이기 때문에 요청 본문을 문자열로 변환해 사용하게 됩니다.

> 매개변수 타입에 Query나 Path가 없음에 주의하세요.

이 경우에는 경로 파라미터나 쿼리 파라미터와 달리 별도의 추출자로 타입을 감싸지 않아도 핸들러에서 바로 해당 변수를 사용할 수 있습니다. `String` 타입으로 요청 본문을 받는 경우는 다음과 같습니다.

```
async fn hello(name: String) -> String {
    format!("Hello, {}!", name)
}

let app = Router::new().route("/", post(hello));
```

이제 `http://localhost:8000` 주소로 `indo`라는 텍스트를 요청 본문으로 입력해서 POST 요청을 보내겠습니다. Insomnia에서는 다음과 같이 설정하면 됩니다. [Body]를 [Plain]으로 선택하면 일반 텍스트를 요청 본문으로 보낼 수 있습니다. 서버에서 요청 본문에 입력한 텍스트를 성공적으로 다시 응답으로 되돌려주는 것을 알 수 있습니다.

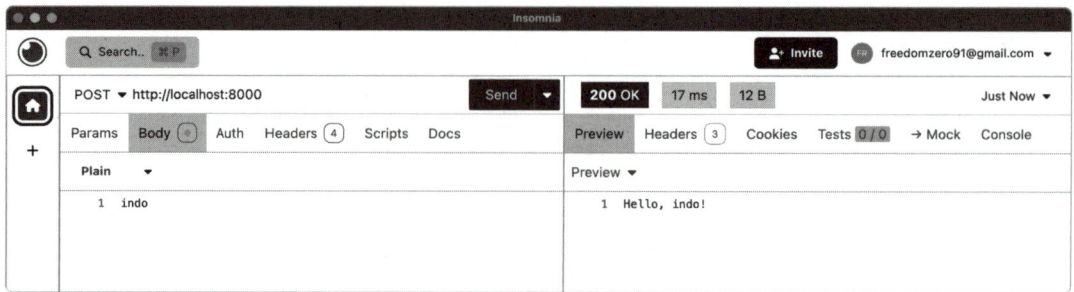

그림 2-6 텍스트 응답

그다음으로는 `axum::body::Bytes` 타입으로 요청 본문을 받아오는 경우입니다. 핸들러에서는 바이트 입력을 `String` 타입으로 바꾸어 리턴하고 있습니다. `String::from_utf8_lossy` 함수는 UTF-8로 인코딩된 `Vec<u8>`(여기서는 `Bytes`)를 문자열로 변환하는 데 사용합니다. 하지만 유효하지 않은 UTF-8 바이트 시퀀스를 만나면 데이터 손실이 발생할 수 있다는 점에 유의해야 합니다.

> **전문가 TIP** 컴퓨터는 정보를 0과 1이라는 두 가지 기본값으로 표현합니다. 이 기본값을 비트(bit)라고 부르며, 비트 8개를 모으면 1바이트(byte)가 됩니다. 바이트는 컴퓨터에 데이터가 저장되는 가장 기본적인 형태이기 때문에 문자, 이미지, 파일 등 다양한 정보를 나타낼 수 있습니다. 문자열의 경우 UTF-8이라는 인코딩 방법이 널리 사용되는데, 여러 종류의 문자를 바이트로 효율적으로 표현할 수 있는 방법입니다.
>
> Axum에서는 `Byte` 타입을 통해서 바이트를 사용할 수 있습니다. 하지만 데이터 원본을 직접 다루는 것은 매우 복잡하고 오류가 발생할 가능성이 높기 때문에 대부분의 경우에는 미리 구현되어 있는 다른 추출자들을 사용하는 것이 좋습니다.

```rust
use axum::body::Bytes;

async fn hello(age: Bytes) -> String {
    format!("Hello, {}!", String::from_utf8_lossy(&age))
}

let app = Router::new().route("/", post(hello));
```

이제 다시 같은 엔드포인트로 요청을 보내면 다음과 같은 응답을 받을 수 있습니다.

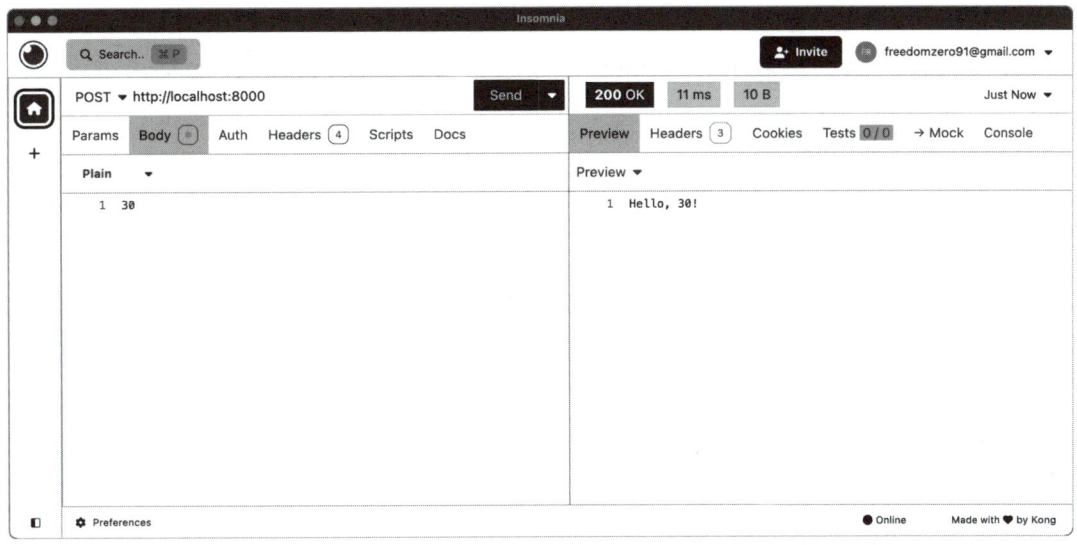

그림 2-7 **Byte** 타입

`Byte` 타입은 요청 본문뿐만 아니라 응답으로도 사용할 수 있습니다. 이 타입을 사용하는 경우는 매우 큰 파일이나 텍스트를 받기 위해서 직접 바이트 스트림을 처리해야 하는 경우 등 일반적인 문자열을 사용할 수 없을 때 주로 사용됩니다. 만일 파일 전체를 문자열 형태로 만들어서 리턴하려면 파일 크기만큼의 메모리 공간이 필요하기 때문에 파일의 크기가 큰 경우에는 처리하기 어렵습니다.

`Byte` 타입에는 내부적으로 비동기적으로 데이터를 전달할 수 있는 `Stream`과 `AsyncRead` 트레이트가 구현되어 있어서 메모리에 값을 저장하지 않고도 디스크에 값을 쓰거나 읽을 수 있습니다. 예를 들어 다음과 같이 디스크에 저장된 비디오를 바이트 스트림으로 클라이언트에게 줄 수 있습니다. 여기서 실제로 디스크에서 파일을 읽어오는 코드는 편의상 생략했습니다.

```
async fn get_video() -> StreamingResponse {
    let file_bytes: Bytes = // load from disk

    StreamingResponse::new(file_bytes.map_err(crate::errors::internal_error))
        .header("Content-Type", "video/mp4")
        .header("Content-Length", file_bytes.len())
}
```

실제로 REST API를 구현할 때 가장 많이 사용하는 요청 본문 형식은 JSON입니다. 데이터가 계층화되어 있어서 프로그램에서 값을 꺼내기도 쉽고, 사람이 시각적으로 이해하기도 쉽기 때문에 널리 사용되고 있으며, `extract::Json`을 사용해 JSON 형태의 값을 추출할 수도 있습니다. 쿼리 파라미터에서 각 매개변수를 필드로 갖는 구조체를 선언했던 것처럼, 요청을 받고자 하는 JSON의 형태와 일치하는 구조체를 정의해야 합니다. 여기서는 문자열 타입의 `name` 필드를 갖는 `User` 구조체를 정의했습니다. `name` 필드의 타입이 문자열이기 때문에 JSON 형식에서 `name` 필드가 갖는 값 역시 문자열이어야 합니다. 여기서 `Deserialize` 트레이트를 애트리뷰트attribute로 추가하는 것을 잊지 마세요.

```rust
use axum::extract::Json;

#[derive(serde::Deserialize)]
struct User {
    name: String,
}

async fn hello(Json(user): Json<User>) -> String {
    format!("Hello, {}!", user.name)
}
```

`http://localhost:8000` 주소로 `POST` 메서드를 사용해 다음의 JSON 데이터를 요청 본문으로 보내보겠습니다.

```
{
  "name": "indo"
}
```

Insomnia에서는 메서드를 POST로, [Body]를 [JSON]으로 선택하면 됩니다.

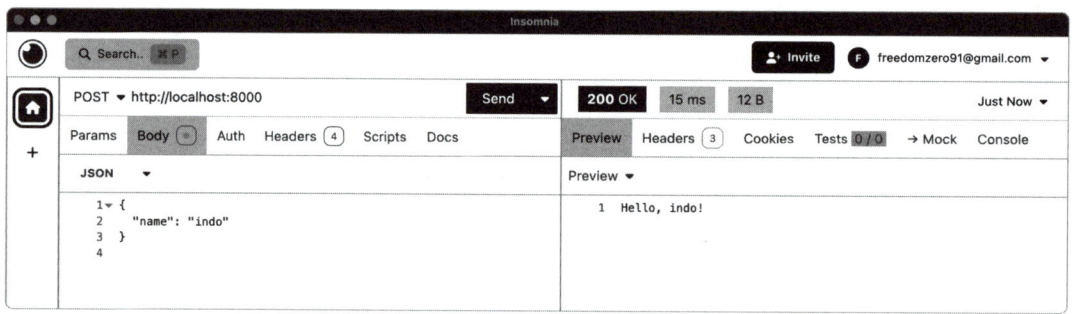

그림 2-8 Json 타입 응답

API 응답을 통해서 `Json` 추출자가 `name` 필드를 문자열로 잘 해석한 것을 알 수 있습니다.

> **더 알아보기** 직렬화와 역직렬화
>
> 직렬화(serialization)는 객체를 바이트 스트림으로 변환하는 과정입니다. 객체를 컴퓨터가 이해할 수 있는 형태인 바이너리(0과 1)로 바꾸는 것입니다. 이렇게 변환된 바이트 스트림은 네트워크를 통해 다른 컴퓨터로 전송할 수 있습니다. 데이터를 수신한 컴퓨터에서는 바이트 스트림을 역직렬화(deserialization)해서 다시 파일로 변환할 수 있습니다. 정리하자면 직렬화는 데이터를 바이트 스트림으로 바꾸고, 역직렬화는 바이트 스트림을 다시 원하는 데이터의 형태로 바꾸는 것입니다.

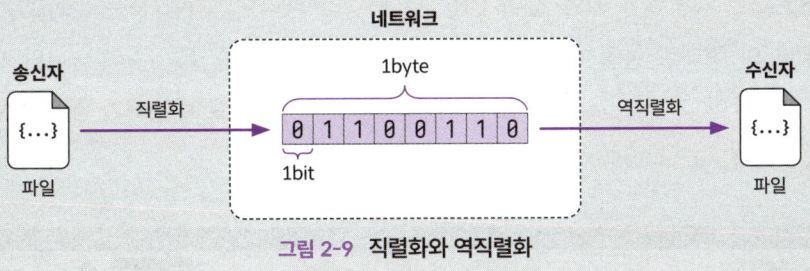

그림 2-9 직렬화와 역직렬화

다음은 폼입니다. 폼 형식이란 웹 서버에 미리 정해진 양식의 데이터를 전송하는 데 사용되는 표준 방법입니다. 일반적으로 사용자 입력을 수집하는 데 사용되며 로그인 양식, 검색 양식, 주문 양식 등 다양한 용도로 활용됩니다. 흔히 사이트에 회원 가입을 하거나 로그인을 할 때 그림 2-10과 같은 화면을 본 적이 있을 것입니다. 여기서 아이디와 비밀번호를 입력하고 [로그인] 버튼을 누르면 웹사이트에 입력한 데이터가 폼 형태로 API 서버로 전달됩니다.

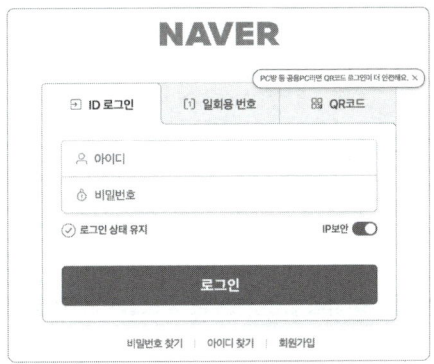

그림 2-10 폼 예시

만일 요청 본문이 폼 형식이라면 `extract::Form`을 사용해 가져올 수 있습니다. 위에서 `Json` 요청을 처리했던 것과 동일하게 폼에서 어떤 데이터를 전달받을지를 구조체 `User`로 정의합니다. 마찬가지로 `Deserialize` 트레이트를 애트리뷰트로 추가해줘야 합니다.

```
use axum::extract::Form;

#[derive(serde::Deserialize)]
struct User {
    name: String,
}
```

```rust
async fn hello(Form(user): Form<User>) -> String {
    format!("Hello, {}!", user.name)
}
```

`hello` 함수로 요청을 보내려면 `http://localhost:8000` 주소로 `POST` 메서드를 사용해 키를 'name', 값은 'indo'로 폼 데이터를 전송합니다. 이때 반드시 헤더 타입을 `application/x-www-form-urlencoded`로 지정해야 키와 값이 URL 뒤에 쿼리 파라미터처럼 붙은 `http://localhost:8000?name=indo`의 형태로 만들어져서 정상적으로 폼 데이터를 전달할 수 있습니다. Insomnia에서는 그림 2-11과 같이 바디를 Form으로 설정하면 헤더가 자동으로 변경되기 때문에 별도로 수정할 필요가 없습니다.

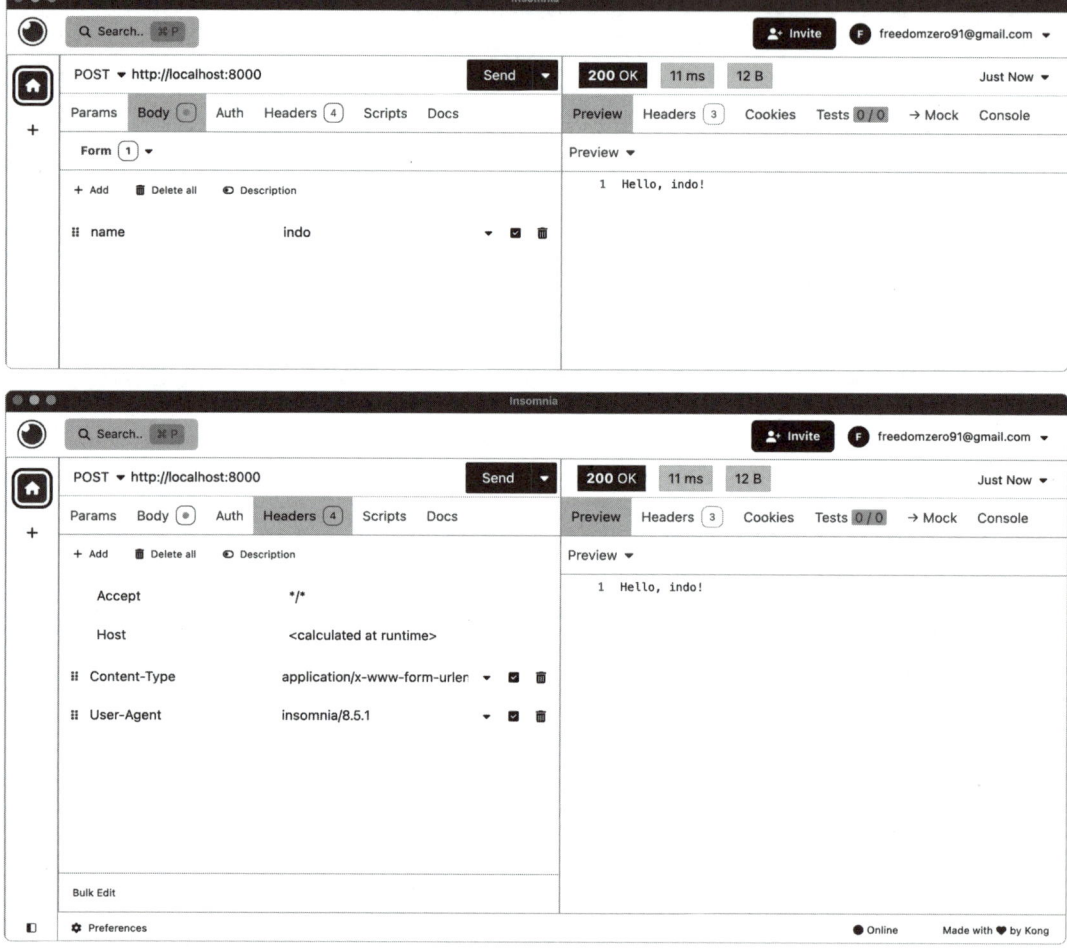

그림 2-11 폼 요청과 응답

API 응답으로부터 폼 데이터가 정상적으로 처리된 것을 알 수 있습니다.

마지막으로는 백엔드 서비스에서 자주 개발하는 기능 중 하나인 파일 업로드를 구현하는 방법을 살펴보겠습니다. Axum에는 파일 업로드를 위해 `extract::Multipart`를 이미 구현하고 있습니다. 해당 기능은 `multipart` 피처에 구현되어 있기 때문에 `Cargo.toml`의 axum 피처에 `multipart`를 추가해주세요.

```
axum = { version = "0.7.4", features = ["json", "multipart"] }
```

클라이언트로부터 멀티파트의 형태로 파일을 입력받아서 파일의 크기를 리턴하는 함수 `upload`를 만들어보겠습니다. 멀티파트는 문서, 이미지, 동영상 등 다양한 형태의 파일을 전송하는 데 사용되는 형식입니다. 멀티파트 데이터는 기본적으로 폼의 형태를 가지고 있기 때문에 폼 필드 이름과 값이 함께 입력됩니다. 여기서 주의해야 할 점은 `upload` 함수의 `body` 매개변수가 가변(`mut` 키워드)으로 선언된 것입니다. 그 이유는 `Multipart` 트레이트의 `next_field` 메서드가 현재 필드의 값을 사용하고, 다음 필드를 생성하는 이터레이터를 리턴하기 때문입니다. 즉 `body`의 값이 `next_field`가 호출될 때마다 변경되기 때문에 가변 소유권이 필요합니다.

```rust
use axum::{routing::post, Router};

use axum::extract::Multipart;

async fn upload(mut body: Multipart) -> String {
    if let Ok(Some(field)) = body.next_field().await {
        let name = field.name().unwrap().to_string();
        let data = field.bytes().await.unwrap();
        format!("{} : {} bytes", name, data.len())
    } else {
        "No fields found in multipart data".to_string()
    }
}

#[tokio::main]
async fn main() {
    let app = Router::new().route("/", post(upload));

    let listener = tokio::net::TcpListener::bind("127.0.0.1:8000")
        .await
        .unwrap();
    axum::serve(listener, app).await.unwrap();
}
```

이제 Insomnia에서 [Body]의 유형을 [Form Data]로 바꾸고, name에는 image를 입력합니다. 그 다음 value 우측의 삼각형 아이콘을 누르면 value의 유형을 선택할 수 있는데 여기서 [File]을 선택합니다.

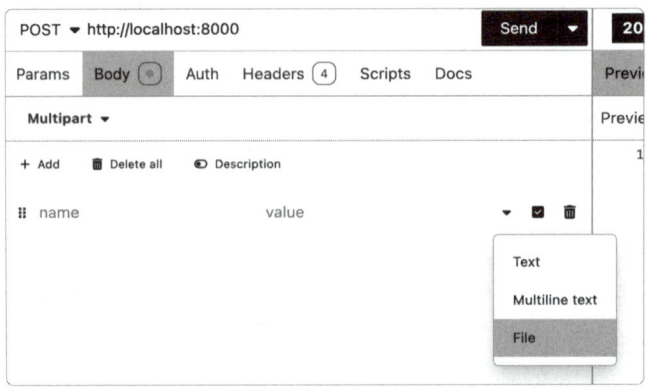

그림 2-12 멀티파트 파일 전송

그러면 그림 2-13과 같이 [Choose File] 버튼이 생기고 이 버튼을 클릭하면 전송할 파일을 선택할 수 있게 됩니다.

그림 2-13 전송할 파일 선택

파일은 2 MB 미만의 작은 파일을 선택합니다. 그리고 POST 요청을 보내면 파일의 크기가 바이트로 환산되어 리턴되는 것을 알 수 있습니다.

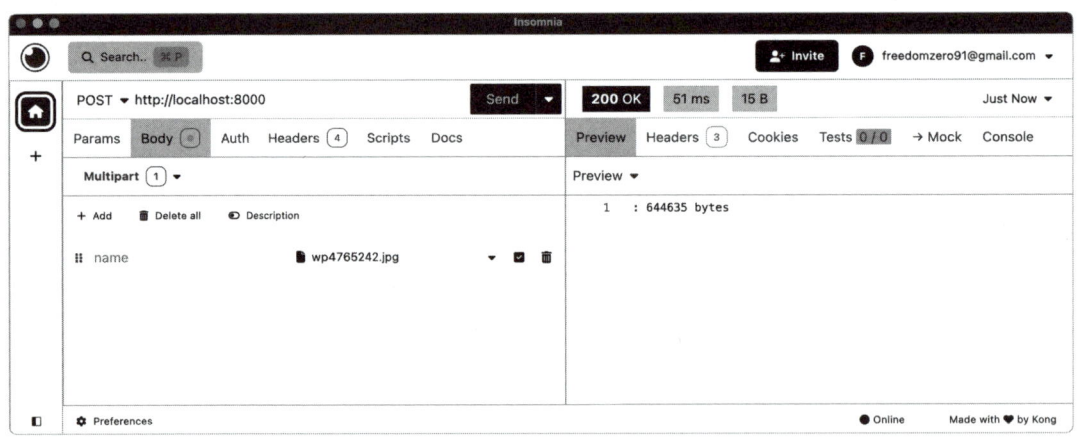

그림 2-14 파일 전송 결과

> **더 알아보기** 요청 본문 길이 제한
>
> 방금 살펴본 `Multipart`에 2 MB가 넘는 파일을 업로드하려고 하면 다음과 같은 에러가 발생합니다.
>
> ```
> called `Result::unwrap()` on an `Err` value: MultipartError { source: failed to read stream }
> ```
>
> 이는 보안상 큰 크기의 데이터를 서버로 보낼 수 없도록 설정되어 있기 때문입니다. 악의적인 사용자는 매우 큰 바이트 데이터를 서버로 보내서 서버를 과부하시키고 다른 사용자의 요청 처리를 방해하는 서비스 거부 공격(DoS 공격, Denial of Service attack)을 시도할 수 있습니다.
>
> 따라서 보안상의 이유로 `Bytes` 타입은 기본적으로 2 MB보다 큰 값을 받을 수 없습니다. 또한 내부적으로 `Bytes` 타입을 사용하는 `String`, `Json`, `Form`, `Multipart`에도 이와 같은 제한이 적용됩니다. 이를 해제하기 위해서는 나중에 배울 레이어 미들웨어와 `DefaultBodyLimit`을 사용해 다음과 같이 설정해줄 수 있습니다.
>
> ```
> .layer(DefaultBodyLimit::max(4096)) // 단위는 usize
> ```
>
> 하지만 이 경우에도 반드시 필요한 크기를 정확하게 파악하고 너무 큰 크기를 설정하지 않는 것이 중요합니다.

헤더

HTTP에서 헤더header는 요청에 대한 메타데이터metadata, 인증 정보와 같은 부가적인 정보를 포함하고 있는 부분입니다. Axum에서 헤더를 요청으로부터 추출하려면 `http::header::HeaderMap`을 사용하면 됩니다. `HeaderMap`은 `HashMap`과 비슷하게 키-값 쌍으로 값이 저장되어 있어서 `get` 메서드를 사용해 원하는 값을 꺼낼 수 있습니다.

헤더의 값은 `http::header` 밑에 `HeaderName` 타입으로 정의되어 있습니다. 이제 헤더로부터 값을 추출하도록 코드를 작성해보면 다음과 같습니다. `User-Agent`와 `Content-Type` 헤더를 추출하고, 추출한 값을 문자열로 변환해 응답으로 보냅니다.

```rust
use axum::http::header::{HeaderMap, CONTENT_TYPE, USER_AGENT};

async fn hello(headers: HeaderMap) -> String {
    let user_agent = headers
        .get(USER_AGENT)
        .map(|v| v.to_str().unwrap().to_string());

    let content_type = headers
        .get(CONTENT_TYPE)
        .map(|v| v.to_str().unwrap().to_string());
```

```
    format!(
        "User-Agent: {}, Content-Type: {}",
        user_agent.unwrap_or_default(),
        content_type.unwrap_or_default(),
    )
}
```

이 함수는 `app`의 `get` 요청에 핸들러로 등록해주세요.

```
#[tokio::main]
async fn main() {
    let app = Router::new().route("/", get(hello));

    let listener = tokio::net::TcpListener::bind("127.0.0.1:8000")
        .await
        .unwrap();
    axum::serve(listener, app).await.unwrap();
}
```

이제 요청을 보낼 때 헤더에 `User-Agent`와 `Content-Type`을 추가해보겠습니다. Insomnia에서는 `User-Agent`는 이미 설정되어 있기 때문에 `Content-Type` 헤더만 추가하면 됩니다. 참고로 `Content-Type` 헤더에 설정할 수 있는 값은 정해져 있기 때문에[1] 그중 하나인 `plain/text`를 사용했습니다.

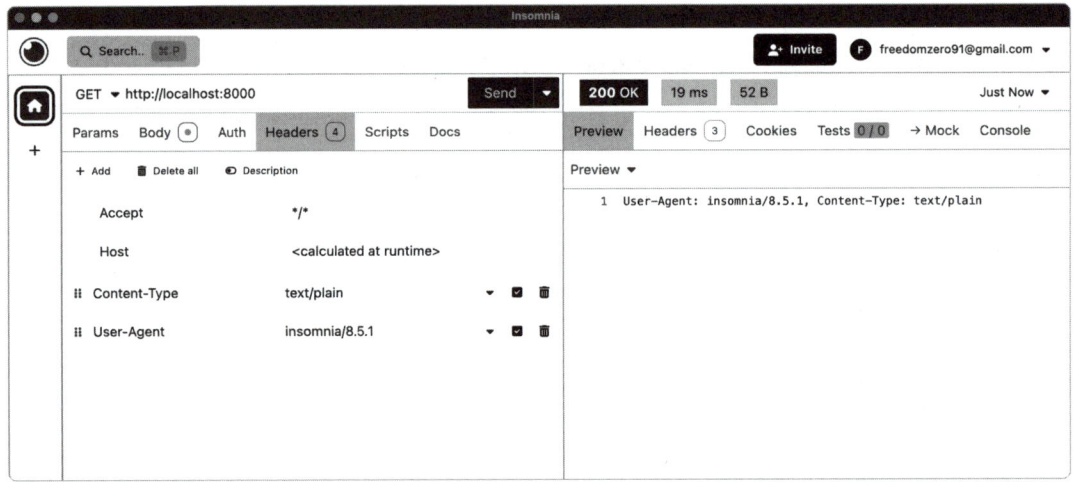

그림 2-15 plain/text 전송 결과

---

[1] https://en.wikipedia.org/wiki/MIME

> **더 알아보기** **TypedHeader**
>
> 앞에서 살펴본 `HeaderMap`의 경우는 핸들러에서 어떤 유형의 헤더를 받을 것인지를 미리 정하지 않고 모든 유형의 헤더를 허용합니다. 따라서 어떤 헤더를 사용하는지는 함수 본문을 확인해야만 합니다.
>
> 만일 미리 정의된 헤더만을 사용해서 좀 더 확실한 타입 표기를 하려면 `TypedHeader`를 사용할 수 있습니다. 해당 타입은 `axum_extra` 크레이트의 `typed-header` 피처를 추가해야 사용할 수 있습니다. `Cargo.toml` 파일에 다음 라인을 추가합니다.
>
> ```
> axum-extra = { version = "0.9.2", features = ["typed-header"] }
> ```
>
> 이때 추출할 수 있는 헤더의 종류는 `axum_extra::headers`에 정의되어 있습니다. 예를 들어 `User-Agent` 헤더를 추출하려면 `TypedHeader<UserAgent>`를 사용합니다. 이 경우에는 `HeaderMap`에서 `get` 메서드로 값을 꺼냈던 것처럼 `user_agent`, `content_type`에 꺼낸 값이 들어가게 됩니다.
>
> ```rust
> use axum_extra::{
>     extract::TypedHeader,
>     headers::{ContentType, UserAgent},
> };
>
> async fn hello(
>     TypedHeader(user_agent): TypedHeader<UserAgent>,
>     TypedHeader(content_type): TypedHeader<ContentType>,
> ) -> String {
>     format!(
>         "User-Agent : {}, Content-Type : {}",
>         user_agent, content_type
>     )
> }
> ```

2.3.3 핸들러에서 응답 보내기

앞에서 핸들러에서는 값을 리턴하기만 하면 Axum에서 알아서 값을 클라이언트에게 보내준다고 설명했던 것을 기억하시나요? 사실 핸들러에서 모든 타입의 값을 리턴할 수 있는 것은 아닙니다. 핸들러에서는 `IntoResponse` 트레이트를 구현하는 타입만 리턴할 수 있습니다. 러스트의 기본 타입에 대해서는 Axum이 `IntoResponse`를 구현해놓았기 때문에 함수에서 해당 타입을 바로 리턴할 수 있습니다. 예를 들어 `String`, `&str`, `Vec<u8>` 등의 타입은 별도 처리를 하지 않아도 핸들러에서 바로 리턴할 수 있습니다.

```
async fn hello() -> &'static str {
    "Hello, World!"
}

async fn hello2() -> String {
    "Hello, World!".to_string()
}

async fn hello3() -> Vec<u8> {
    "Hello, World!".as_bytes().to_vec()
}
```

> **전문가TIP** 기본 타입이 아닌 사용자가 직접 정의한 구조체와 같은 타입들은 `IntoResponse`를 직접 구현해주어야 합니다. `IntoResponse`가 구현되어 있는 전체 타입은 그 종류가 너무 많기 때문에 자세한 내용은 공식 문서[2]에서 확인하세요.

JSON 요청 본문에서 했던 것처럼 구조체를 사용하면 미리 정의된 형태로 JSON 응답을 보낼 수 있습니다. 다음 코드에서는 핸들러의 리턴 타입이 `Json<Message>`로 지정되어 있습니다. 이는 `Json`이라는 추출자를 사용해 `Message` 구조체를 JSON 형태로 변환해 응답을 보내겠다는 의미입니다. 이때 `User` 구조체의 애트리뷰트가 `serde::Deserialize`가 아니라 `serde::Serialize`인 점에 주의하세요. 해당 구조체를 직렬화해서 JSON 형식으로 만들어야 하기 때문입니다.

```
use axum::Json;

#[derive(serde::Serialize)]
struct Message {
    message: &'static str,
}

async fn hello() -> Json<Message> {
    Json(Message {
        message: "Hello, World!",
    })
}
```

JSON의 장점은 데이터를 쉽게 구조화할 수 있다는 것입니다. 그런데 만일 다음과 같은 데이터를 리턴하고 싶다면 어떨까요?

---

[2] https://docs.rs/axum/latest/axum/response/trait.IntoResponse.html

```json
{
  "items": [
    { "name": "apple",
      "details": { "color": "red", "origin": "South Korea" } },
    {
      "name": "banana",
      "details": { "color": "yellow", "origin": "South America" }
    }
  ]
}
```

이와 동등한 러스트 구조체를 만들어보면 다음과 같습니다.

```rust
use serde::{Deserialize, Serialize};

#[derive(Serialize, Deserialize)]
pub struct Inventory {
  pub items: Vec<Item>,
}

#[derive(Serialize, Deserialize)]
pub struct Item {
  pub name: String,
  pub details: ItemDetails,
}

#[derive(Serialize, Deserialize)]
pub struct ItemDetails {
  pub color: String,
  pub origin: String,
}
```

JSON만 보았을 때는 비교적 간단한 데이터처럼 보였지만 구조체로 표현해보니 구조체가 3개나 만들어졌습니다. 예시로 살펴본 것처럼 만일 응답으로 보낼 JSON의 형태가 구조체로 표현하기 너무 복잡하다면 `serde_json` 크레이트의 `json!` 매크로를 사용할 수도 있습니다. `Cargo.toml` 파일에 다음 라인을 추가합니다.

```
serde_json = "1.0.108"
```

`json!` 매크로는 JSON 모양의 문법을 가지고 간단하게 직렬화 가능한 문자열을 만들어내는 방법입니다. 이때 매크로에서 리턴하는 값의 타입은 `Value`입니다. 예를 들어 다음과 같이 선언할 수

2.3 라우터와 핸들러

있습니다. JSON처럼 내부적으로 키와 값을 쌍으로 가지고 있으며, 값에는 문자열, 숫자, 배열 등이 위치할 수 있습니다.

```
let data = json!({
    "name": "John Doe",
    "age": 43,
    "addresses": [
        {"city": "Saintsville", "state": "WV"},
        {"city": "Old Town", "state": "ME"}
    ]
});
```

이제 다음과 같이 `json!` 매크로를 `Json()`으로 감싸주면 별도 형식을 지정하지 않아도 JSON 응답을 만들 수 있습니다. 리턴 타입은 `Json<Value>`로 지정합니다.

```
use axum::Json;
use serde_json::{json, Value};

async fn hello() -> Json<Value> {
    Json(json!({
        "items": [
            {
                "name": "apple",
                "details": {
                    "color": "red",
                    "origin": "South Korea"
                }
            },
            {
                "name": "banana",
                "details": {
                    "color": "yellow",
                    "origin": "South America"
                }
            }
        ]
    }))
}
```

> **전문가TIP** 이 방법은 편리하지만 컴파일 타임에 타입이 정해지지 않기 때문에 러스트의 강력한 타입 시스템을 사용할 수 없으며 매번 동적으로 값을 만들어내기 때문에 성능이 느려질 수 있다는 단점이 있습니다. 따라서 가급적이면 구조체나 해시맵을 사용해 JSON의 형태를 정의하는 것이 좋습니다.

2.3.4 상태 코드와 헤더

상태 코드status code는 서버가 클라이언트에게 응답을 보낼 때 응답의 성공 여부를 함께 전송하는 방법이라고 배웠습니다. 예를 들어 클라이언트가 서버로 잘못된 요청을 보낸 경우, 서버는 상태 코드로 400을 리턴합니다.

Axum에서는 상태 코드에 `StatusCode` 열거형을 사용합니다. 요청이 정상적으로 수행된 경우, Axum에서는 기본적으로 상태 코드 200번을 의미하는 `StatusCode::OK`를 사용합니다. 추가적으로 상태 코드를 상황에 따라 다르게 하고 싶다면 `axum::http::StatusCode`를 사용해 만들 수 있습니다. 대표적인 몇 가지 상태 코드와 그에 따른 열거형들은 다음과 같습니다.

- 200 OK — `StatusCode::OK`
- 201 Created — `StatusCode::CREATED`
- 204 No Content — `StatusCode::NO_CONTENT`
- 400 Bad Request — `StatusCode::BAD_REQUEST`
- 401 Unauthorized — `StatusCode::UNAUTHORIZED`
- 403 Forbidden — `StatusCode::FORBIDDEN`
- 404 Not Found — `StatusCode::NOT_FOUND`
- 500 Internal Server Error — `StatusCode::INTERNAL_SERVER_ERROR`

가장 간단하게 핸들러에서 상태 코드를 사용하는 방법은 튜플을 사용하는 것입니다. 상태 코드와 응답으로 보낼 값을 튜플로 구성하면 됩니다. 튜플을 그대로 리턴할 수 있다는 점에 주목하세요. 눈치챈 분들도 계시겠지만 `StatusCode`도 `ImplResponse`를 구현하고 있으며, `(ImplResponse, ImplResponse)` 역시 `ImplResponse`입니다.

```
use axum::http::StatusCode;
use serde_json::Value;

async fn hello() -> (StatusCode, Json<Value>) {
    (
        StatusCode::CREATED,
        Json(serde_json::json!({
            "message": "Hello, World!"
        })),
    )
```

```
    )
}
```

Insomnia에서 요청을 보내 보면 응답 본문은 그대로 JSON 형식이지만, 이제 상태 코드가 201로 기록되는 것을 알 수 있습니다.

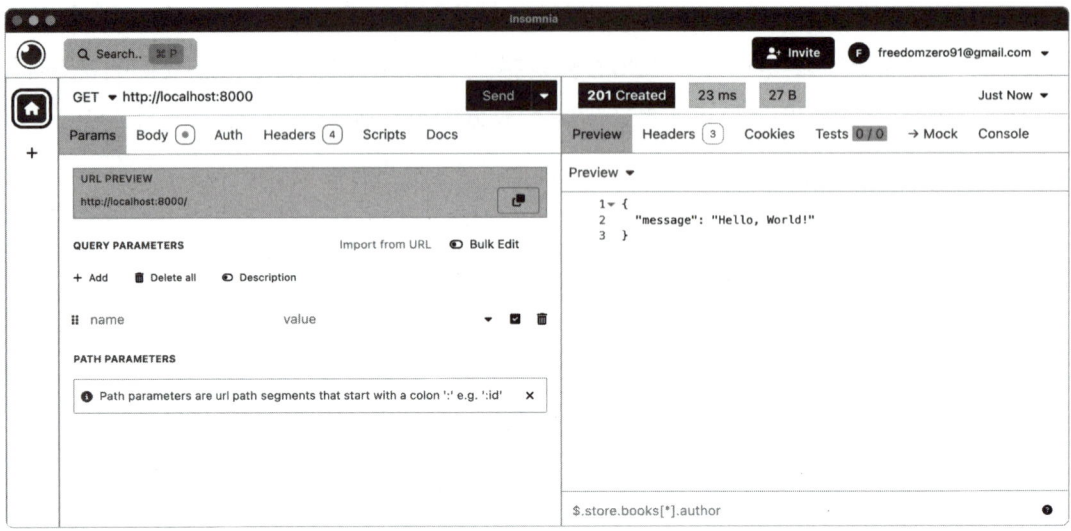

그림 2-16 상태 코드 201

소프트웨어 개발 영역에서 오류 처리는 안정적이고 탄력적인 애플리케이션 구축에 있어 중요한 역할을 합니다. 프로그램 실행 중에 발생할 수 있는 잠재적인 문제를 예측해서 처리해야 예기치 않은 에러로 인해 프로그램이 종료되는 것을 막을 수 있습니다. 서버 개발에서도 마찬가지로 API 요청을 처리하다가 문제가 발생할 수 있습니다. 예상하지 못한 값이 입력으로 들어오거나, 인증 서버에 문제가 생기거나, 데이터베이스 연결에 문제가 생기는 등 다양한 경우가 있습니다.

핸들러에서 문제가 발생하는 경우 클라이언트에게도 문제가 발생했음을 상태 코드를 통해 알려주어야 합니다. 그렇지 않으면 요청이 처리되지 않는 이유가 클라이언트가 잘못된 요청을 보내서인지, 서버에 문제가 있는 것인지를 알 수 없습니다. 만일 함수가 정상적으로 수행되면 `StatusCode::OK`를 보내고, 중간에 오류가 발생해서 상태 코드 500번을 의미하는 `StatusCode::INTERNAL_SERVER_ERROR`를 보내고 싶다면 다음과 같이 할 수 있습니다.

```
async fn hello() -> (StatusCode, &'static str) {
    if true {
        (StatusCode::OK, "Hello, World!")
```

```
    } else {
        (StatusCode::INTERNAL_SERVER_ERROR, "Something went wrong")
    }
}
```

> **전문가 TIP** 튜플 타입은 타입을 (StatusCode, &'static str)과 같이 명시하는 대신 IntoResponse를 사용해 리턴 타입을 간단하게 표현할 수 있습니다.
>
> ```
> async fn hello() -> impl IntoResponse {
>     (StatusCode::OK, "Hello, World!")
> }
> ```
>
> 하지만 핸들러에서 어떤 형태의 데이터를 리턴하는지가 명확히 드러나지 않기 때문에 코드를 읽는 사람의 입장에서는 코드를 하나하나 읽어보아야 하는 불편함이 있습니다. 그래서 간단한 경우를 제외하면 대부분의 상황에서는 튜플을 사용하는 것이 좀 더 이해하기 쉬우면서도 명확하게 표현할 수 있습니다.

상태 코드와 함께 클라이언트에게 제공할 수 있는 유용한 정보는 바로 헤더입니다. 앞에서 `TypedHeader`를 통해 요청에서 헤더를 추출했던 것처럼, `TypedHeader`를 사용해 응답에도 헤더를 설정할 수 있습니다.

```
use axum_extra::{
    TypedHeader,
    headers::ContentType,
};

async fn hello() -> (TypedHeader<ContentType>, &'static str) {
    (TypedHeader(ContentType::text_utf8()), "Hello, World!")
}
```

그런데 REST API에서는 헤더, 상태 코드, 데이터를 함께 보내는 경우가 가장 많습니다. 만일 세 가지 정보를 핸들러에서 리턴하려면 어떻게 해야 할까요? 이런 경우는 튜플을 (헤더, (코드, 값))의 모양으로 이중으로 만들면 됩니다. 다음 코드를 살펴보겠습니다.

```
async fn hello() -> (TypedHeader<ContentType>, (StatusCode, &'static str)) {
    (
        TypedHeader(ContentType::text()),
        (StatusCode::CREATED, "Hello, World!"),
    )
}
```

상태 코드와 텍스트를 튜플로 묶는 이유는 앞에서도 설명했듯이, 해당 튜플의 타입이 `IntoResponse`를 구현하기 때문입니다. 그러면 앞의 코드는 다음처럼 쓸 수 있습니다.

```
use axum::response::IntoResponse;

async fn hello() -> (TypedHeader<ContentType>, impl IntoResponse) {
    (
        TypedHeader(ContentType::text()),
        (StatusCode::CREATED, "Hello, World!"), // impl IntoResponse
    )
}
```

리턴 타입은 `(TypedHeader<ContentType>, impl IntoResponse)`가 만들어지고, 이 튜플 타입도 `IntoResponse`를 구현하기 때문에 결과적으로 최종 타입은 `impl IntoResponse`가 됩니다. 따라서 위의 코드는 다음과 같이 수정할 수 있습니다.

```
use axum::response::IntoResponse;

async fn hello() -> impl IntoResponse {
    (
        TypedHeader(ContentType::text()),
        (StatusCode::CREATED, "Hello, World!"), // impl IntoResponse
    )
}
```

하지만 앞에서도 계속 강조한 것처럼 이렇게 타입을 단순하게 표현하기보다는 튜플을 중첩해서 완전하게 타입을 써주는 것이 가장 좋습니다.

마지막으로 여러 개의 헤더와 상태 코드, 그리고 본문을 같이 사용하는 핸들러 예시는 다음과 같습니다. `match`에서 갈라진 분기에 따라 두 번째 헤더에서 응답 본문의 텍스트 길이를 나타내고 있습니다. 이렇게 여러 개의 헤더를 사용할 때는 단순히 리턴 타입에서 헤더를 나열해주기만 하면 되고, 별도로 튜플로 묶을 필요는 없습니다.

```
use axum_extra::{
    headers::{ContentLength, ContentType},
    TypedHeader,
};
use serde_json::{json, Value};
```

```
async fn hello(
    Path(num): Path<i32>,
) -> (
    TypedHeader<ContentType>,
    TypedHeader<ContentLength>,
    (StatusCode, Json<Value>),
) {
    match num {
        0 => (
            TypedHeader(ContentType::json()),
            TypedHeader(ContentLength(12)),
            (
                StatusCode::CREATED,
                Json(json!({"message" : "Hello, World!".to_string()})),
            ),
        ),
        _ => (
            TypedHeader(ContentType::json()),
            TypedHeader(ContentLength(20)),
            (
                StatusCode::INTERNAL_SERVER_ERROR,
                Json(json! ({"message" : "Error during creation".to_string()})),
            ),
        ),
    }
}
```

2.4 상태 관리

키워드 ▶▶▶ State, Extension

각 핸들러에서 설정 파일로부터 값을 읽어서 사용해야 하는 경우를 생각해보겠습니다.

```
async fn func1() -> String {
    let data = read_data_from_file().await

    // 함수 내용 수행
    ...
}

async fn func2() -> String {
    let data = read_data_from_file().await

    // 함수 내용 수행
    ...
}
```

이렇게 핸들러를 설계했을 때의 문제는 각 핸들러에서 같은 파일의 정보를 여러 번 반복해서 읽어야 한다는 것과 여러 핸들러에서도 같은 정보를 중복해서 읽어온다는 점입니다. 그렇다면 파일을 단 한 번만 읽어들여서 핸들러에서 재사용할 수 있고, 또 각 핸들러끼리도 공유할 수 있다면 이 문제를 해결할 수 있지 않을까요?

이런 문제를 해결하는 방법이 바로 애플리케이션 전체에 공유되는 상태를 만들고 관리하는, 상태 관리state management입니다. 앱 전체에서 공유할 만한 상태로는 다음과 같은 상황을 생각해볼 수 있습니다.

- **데이터베이스 연결**: 일반적으로 데이터베이스에 연결해서 쿼리를 수행하는 경우, 쿼리를 실행할 때마다 새로운 연결을 생성하지 않고 기존에 생성된 하나 또는 여러 개의 연결을 재사용하게 됩니다. 그 이유는 새로운 연결을 생성할 때마다 연결에 시간이 오래 소요되고, 연결을 종료할 때도 시간이 오래 걸리기 때문입니다. 따라서 데이터베이스 연결을 미리 만들어두고 필요할 때마다 앱 전체에서 공유하면 훨씬 빠르게 쿼리를 수행할 수 있습니다. 대부분의 데이터베이스 드라이버에는 연결을 풀pool 방식으로 관리하는데, 여러 개의 연결을 미리 생성해놓고 필요할 때마다 연결을 가져와 사용하는 방식입니다. `State`로 이 연결 풀을 공유하면 효율적으로 쿼리를 수행할 수 있습니다.

- **내부 상태**: 앱 전체에서 공유할 만한 상태로는 데이터베이스 연결 외에도, 로그인한 사용자 정보, 캐시, 설정 등이 있습니다. 예를 들어 백엔드에서 딥러닝 모델을 서빙해야 하는 경우를 생각해보겠습니다. 딥러닝 모델은 보통 백엔드 코드와 무관하게 따로 만들어지기 때문에 상황에 따라서 백엔드 앱을 재시작하지 않고 새로운 모델을 다시 다운로드해서 서빙해야 하는 경우도 있습니다. 이때 모델을 `State`로 앱 전반에서 공유하게끔 하면 효율적으로 딥러닝 모델을 서빙할 수 있습니다.

2.4.1 State

Axum에서는 `State`를 사용해 앱 전체에서 공유되는 상태를 관리할 수 있습니다. 여기서는 예시로 앱 내부에서 길이가 3인 벡터를 공유하는 방법을 살펴보겠습니다. `main` 함수에서 `data` 벡터를 선언하고, `with_state` 함수를 사용해 `data`를 여러 핸들러 간에 공유할 수 있습니다. Axum의 `with_state` 함수는 값을 가져와서 `Arc`[3]로 감싸는 방식으로 작동합니다. 데이터가 확보되면 `with_state`는 새로운 라우터 인스턴스를 생성합니다. 이 새로운 라우터에 등록한 핸들러에서는 상태 추출자 `State`를 사용해 공유 데이터에 접근할 수 있습니다.

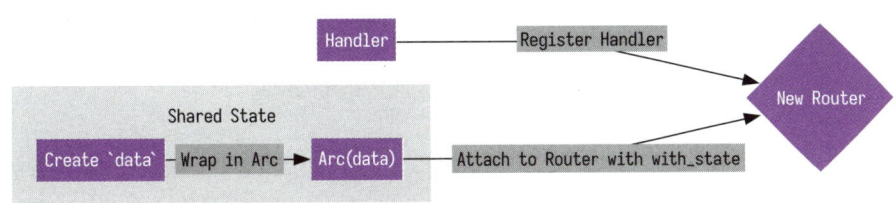

그림 2-17 공유 상태 State

```
use axum::{extract::State, routing::get, Router};

#[tokio::main]
async fn main() {
    let data = vec![0; 3];

    let app = Router::new().route("/", get(hello)).with_state(data);

    let listener = tokio::net::TcpListener::bind("0.0.0.0:3000").await.unwrap();
    axum::serve(listener, app).await.unwrap();
}
```

---

3 `Arc`에 대해서는 잠시 뒤에 자세히 설명합니다.

이제 핸들러 `hello` 함수에서 `data`를 사용해보겠습니다. 함수의 매개변수를 정의할 때 `State` 추출자를 사용하면 됩니다. 가변으로 내부 변수를 선언하는 경우 값을 변경하는 것도 가능합니다. 다음 코드는 호출될 때마다 `data`의 첫 번째 값을 1씩 증가시키는 예제입니다.

```
async fn hello(State(mut data): State<Vec<u8>>) -> String {
    data[0] += 1;
    format!("Hello, world! {:?}", data)
}
```

그런데 `http://localhost:8000`로 요청을 여러 번 보내더라도 항상 값이 `"Hello, world! [1, 0, 0]"`으로만 도착하고 값이 더 이상 늘어나지 않습니다. 그 이유는 `State`를 통해 공유할 수 있는 값은 반드시 `Clone` 트레이트를 구현하고 있어야 하고, `State`를 통해 공유될 때는 항상 클론된 값이 전달되기 때문입니다. 만일 값을 '정말로' 변경하고자 하는 경우는 스레드 안전성을 위해 `Arc<Mutex>`를 사용해야 합니다.

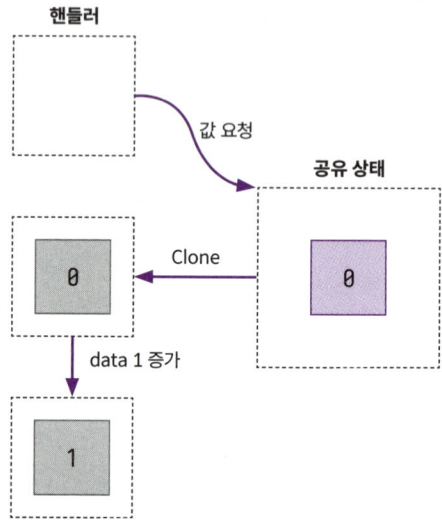

그림 2-18 **State를 이용한 값 변경**

> **더 알아보기** `Arc<Mutex<T>>`
>
> `Arc`와 `Mutex`에 대해 설명한 다음, 둘을 결합한 `Arc<Mutex>`에 대해서 알아보겠습니다.
>
> `Arc`(atomic reference counting)는 객체에 대한 레퍼런스 카운팅을 제공하는 `Rc`(reference counting)의 스레드 안전 버전입니다. 값을 여러 스레드에서 사용하고자 할 때, 각 스레드가 공유할 수 있는 안전한 공유 소유권을 만드는 방법입니다. 각 스레드에서 `Arc`를 참조할 때마다 내부적으로 현재 참조된 횟수를 증가시킵니다. 스레드에서 `Arc`가 메모리에서 삭제되면 참조 횟수가 하나 줄어들게 됩니다. 모든 참조가 범위를 벗어나는 경우, 즉 모든 스레드에서 `Arc`를 더 이상 사용하지 않아서 참조 횟수가 0이 되는 순간 `Arc`는 자동으로 삭제됩니다.
>
> `Arc`는 다음 코드와 같이 `Arc::new`로 생성하고 새로운 참조를 `clone` 메서드를 통해서 만들 수 있습니다. `clone`이 수행될 때마다 참조 횟수가 증가하고, `clone`된 참조가 삭제되면 참조 횟수가 감소하게 됩니다.
>
> ```
> use std::sync::Arc;
>
> let my_arc = Arc::new(String::from("hello"));
> ```

```
let cloned_arc = my_arc.clone();
```

`Mutex`는 상호 배제라는 의미의 자료 구조입니다. 값에 대한 접근을 잠금을 통해 부여하는 방식으로 두 개 이상의 스레드가 같은 값에 동시에 접근하는 것을 방지합니다. 한 번에 하나의 스레드만 값을 변경할 수 있기 때문에 스레드에서 안전하게 값을 변경할 수 있습니다. 뮤텍스(mutex)의 데이터에 접근하려면 먼저 스레드가 뮤텍스의 잠금을 획득하도록 요청하여 접근을 원한다는 신호를 보내야 합니다. 만일 다른 스레드가 잠금을 획득한 상태라면 잠금이 해제될 때까지 기다립니다.

```
use std::sync::Mutex;

let my_mutex = Mutex::new(5);

// 삭제 시점에 자동으로 잠금, 변경, 잠금 해제 가능
let mut data = my_mutex.lock().unwrap();
*data = 10;
```

`Arc<Mutex<T>>`와 같이 두 타입을 결합하면 여러 스레드에서 공유가 가능하면서 변경도 가능한 타입을 만들 수 있습니다. `Arc`는 모든 스레드가 데이터에 대한 레퍼런스를 갖도록 보장하고, `Mutex`는 한 번에 하나의 스레드만 데이터를 변경할 수 있도록 합니다. 즉 `Arc`를 통해 `Mutex`를 스레드 사이에서 공유하고, 값을 변경해야 할 때는 공유받은 `Mutex`의 잠금을 통해 안전하게 변경이 가능한 것입니다.

```
use std::sync::{Arc, Mutex};

let counter = Arc::new(Mutex::new(0));

// 레퍼런스 카운트를 증가시키는 Arc만 복제
let cloned = counter.clone();

// 데이터에 접근하기 위해 명시적으로 뮤텍스를 잠금
let mut wrap = counter.lock().unwrap();
*wrap += 1;
```

`Arc`는 동일한 값을 읽을 수 있는 여러 소유자를 만들 수 있습니다. `Mutex`는 여러 스레드가 안전하게 값을 변경하는 것을 가능하게 합니다. 이 두 가지를 함께 사용하면 변경 가능한 데이터를 스레드에서 안전하게 공유할 수 있습니다. `Arc<Mutex>`를 사용한 전체 코드 예제는 다음과 같습니다. 스레드 10개를 만든 다음, 각 스레드에서 카운터를 증가시키고 있습니다. 이 과정이 스레드 경합 없이 안전하게 이루어지므로 결과적으로 `counter`는 10이 될 것입니다. `Arc<Mutex>`에서 값을 꺼내기 위해서는 먼저 `Arc::into_inner` 함수를 사용해 내부의 `Mutex`를 꺼냅니다. 단 `Arc`의 레퍼런스가 원본 단 하나만 존재할 경우에만 값을 꺼낼 수 있다는 점에 주의합니다. 그다음 `Mutex`에서도 내부의 값을 꺼내기 위해 `into_inner`를 사용합니다.

```
use std::sync::{Arc, Mutex};
use std::thread;

fn main() {
```

```
        let counter = Arc::new(Mutex::new(0));
        let mut handles = vec![];

        for _ in 0..10 {
            let counter = Arc::clone(&counter);
            let handle = thread::spawn(move || {
                let mut num = counter.lock().unwrap();
                *num += 1;
            });
            handles.push(handle);
        }

        for handle in handles {
            handle.join().unwrap();
        }

        println!(
            "{}",
            Arc::into_inner(counter).unwrap().into_inner().unwrap()
        );
    }
```

이제 State를 사용해 Arc<Mutex<Vec<u8>>>를 공유하도록 코드를 수정해보겠습니다.

```
use axum::{extract::State, routing::get, Router};
use std::sync::{Arc, Mutex};

#[tokio::main]
async fn main() {
    let data = Arc::new(Mutex::new(vec![0; 3]));

    let app = Router::new().route("/", get(hello)).with_state(data);

    let listener = tokio::net::TcpListener::bind("127.0.0.1:8000").await.unwrap();
    axum::serve(listener, app).await.unwrap();
}

async fn hello(State(data): State<Arc<Mutex<Vec<u8>>>>) -> String {
    let mut data = data.lock().unwrap();
    data[0] += 1;
    format!("Hello, world! {:?}", data)
}
```

이제 핸들러가 호출될 때마다 응답이 하나씩 증가하는 것을 볼 수 있습니다.

```
Hello, world! [1, 0, 0]
Hello, world! [2, 0, 0]
Hello, world! [3, 0, 0]
```

애플리케이션을 작성하다 보면 `State`에서 공유되는 정보의 양이 늘어나게 됩니다. 예를 들어 인증 토큰과 현재 유저 정보를 `AppState` 구조체에 저장하고 공유한다고 생각해보겠습니다.

```rust
#[derive(Clone)]
struct AppState {
    auth_token: String,
    current_users: i32,
}
```

하지만 다음의 `token` 함수와 같이 실제로 어떤 핸들러에서는 `State`의 모든 정보가 필요하지 않고, 특정 필드만을 필요로 할 수도 있습니다.

```rust
use axum::{extract::State, routing::get, Router};

async fn token(State(state): State<AppState>) -> String {
    format!("Token: {}", state.auth_token)
}

#[tokio::main]
async fn main() {
    let state = AppState {
        auth_token: "auth_token".to_string(),
        current_users: 3,
    };

    let app = Router::new().route("/token", get(token)).with_state(state);

    let listener = tokio::net::TcpListener::bind("127.0.0.1:8000")
        .await
        .unwrap();
    axum::serve(listener, app).await.unwrap();
}
```

매번 필요한 필드를 찾아서 값을 꺼내는 대신, `extract::FromRef` 트레이트를 사용하면 구조체로 선언된 `State` 내부의 필드를 각각 추출할 수 있습니다. 이렇게 하면 전체 구조체를 추출하는 것보다 코드가 간결해집니다. 해당 트레이트는 Axum의 `macros` 피처에 정의되어 있기 때문에 다음 명령어를 실행해서 `Cargo.toml`에서 새로운 피처 `macros`를 추가해주세요.

```
cargo add axum --features "macros"
```

다음 코드에서는 각 핸들러에서 필요한 데이터만 추출하는 방법을 보여주고 있습니다. `token` 함수에서는 `AppState` 구조체에서 `auth_token` 필드를, `users` 함수에서는 `current_users` 필드만을 꺼내고 있습니다.

```rust
use axum::{
    extract::{FromRef, State},
    routing::get,
    Router,
};

#[derive(FromRef, Clone)] // FromRef 추가
struct AppState {
    auth_token: String,
    current_users: i32,
}

async fn token(State(auth_token): State<String>) -> String {
    format!("Token: {}", auth_token)
}

async fn users(State(current_users): State<i32>) -> String {
    format!("Current user: {}", current_users)
}

#[tokio::main]
async fn main() {
    let state = AppState {
        auth_token: "auth_token".to_string(),
        current_users: 3,
    };

    let app = Router::new()
        .route("/token", get(token))
        .route("/users", get(users))
        .with_state(state);

    let listener = tokio::net::TcpListener::bind("127.0.0.1:8000")
        .await
        .unwrap();
    axum::serve(listener, app).await.unwrap();
}
```

다만 이 방법에는 한계가 존재하는데, 같은 타입의 필드를 선언할 경우 `FromRef`를 사용할 수 없다는 것입니다. 앞의 `current_users` 필드를 문자열 `username` 필드로 변경해보겠습니다.

```rust
#[derive(FromRef, Clone)]
struct AppState {
    auth_token: String,
    username: String,
}

async fn users(State(username): State<String>) -> String {
    format!("Current user: {}", username)
}

let state = AppState {
    auth_token: "auth_token".to_string(),
    username: "admin".to_string(),
};
```

실행 결과
```
error[E0119]: conflicting implementations of trait `FromRef<AppState>` for type `String`
  --> src/main.rs:10:15
   |
9  |     auth_token: String,
   |                 ------ first implementation here
10 |     username: String,
   |               ^^^^^^ conflicting implementation for `String`
```

컴파일 오류는 같은 타입의 필드가 중복으로 있기 때문에 `State`에서 값을 추출할 때 어떤 필드를 선택해야 할지 알 수 없다는 의미입니다. 따라서 `State`를 사용할 때는 어떤 식으로 값들을 배치할지를 미리 설계한 다음, 핸들러를 구현하는 것이 중복 작업을 줄일 수 있는 방법입니다.

2.4.2 Extension

`Extension`은 `State`와 마찬가지로 하나의 상태를 여러 핸들러에서 공유해서 사용하는 방법입니다. 하지만 `Extension`은 공유하는 값의 타입 안전성이 보장되지 않습니다. 다음과 같은 예시를 살펴보겠습니다. 핸들러의 매개변수 타입으로 `Extension`을 사용해서 `AppState`를 공유할 수 있습니다.

```rust
use axum::{routing::get, Extension, Router};

#[derive(Clone)]
struct AppState {}
```

```
async fn handler(Extension(state): Extension<AppState>) {}

#[tokio::main]
async fn main() {
    let state = AppState {};

    let app = Router::new().route("/", get(handler));

    let listener = tokio::net::TcpListener::bind("127.0.0.1:8000")
        .await
        .unwrap();
    axum::serve(listener, app).await.unwrap();
}
```

하지만 해당 핸들러로 요청을 보내게 되면 다음과 같이 상태 코드 500번과 함께 런타임 에러가 응답하는 것을 알 수 있습니다. 에러의 내용을 살펴보면 `AppState`의 `Extension`이 없다고 합니다. 이게 대체 무슨 말일까요?

```
Missing request extension: Extension of type `axum::AppState` was not found. Perhaps you forgot to add it? See `axum::Extension`.
```

사실 올바른 코드는 다음과 같이 라우터에 `Extension`을 명시적으로 추가해주어야 합니다. 코드를 수정하고 다시 요청을 보내면 정상적으로 작동하는 것을 알 수 있습니다.

```
let app = Router::new()
    .route("/", get(handler))
    .layer(Extension(state));
```

이러한 이유 때문에 애플리케이션의 상태 공유에는 `Extension` 대신 Axum 0.6.0 버전에서 추가된 `State`를 사용하는 것이 좋습니다.

> **전문가TIP** 2.3.2절 '핸들러 정의하기'에서 배운 추출자는 선언 순서가 중요합니다. 요청 본문은 한 번만 사용할 수 있는 비동기 스트림입니다. 따라서 요청 본문을 소비하는 추출자는 단 하나만 허용됩니다. 그러므로 Axum은 이러한 추출자가 핸들러가 취하는 마지막 매개변수가 되도록 강제하고 있습니다.
>
> 다음 핸들러는 컴파일됩니다.
>
> ```
> async fn handler(headers: HeaderMap, State(state): State<AppState>, body: String) {}
> ```
>
> 하지만 다음과 같이 `State`와 `String`의 순서를 바꾸면 컴파일 오류가 발생합니다.
>
> ```
> async fn handler(headers: HeaderMap, body: String, State(state): State<AppState>) {}
> ```
>
> 혹시 컴파일 오류의 원인이 무엇인지 잘 모르겠을 때는 먼저 추출자 순서가 올바른지 확인해보세요.

2.5 핸들러 디버깅

키워드 ▶▶▶ 디버깅, 애트리뷰트

핸들러 코드를 작성하다 보면 이해하기 어려운 에러가 발생하는 경우가 있습니다. 예를 들어 다음과 같은 코드를 컴파일해보겠습니다.

```
use axum::{routing::get, Router};

#[tokio::main]
async fn main() {
    let app = Router::new().route("/", get(handler));

    let listener = tokio::net::TcpListener::bind("127.0.0.1:8000")
        .await
        .unwrap();
    axum::serve(listener, app).await.unwrap();
}

fn handler() -> &'static str {
    "Hello, world"
}
```

실행 결과
```
error[E0277]: the trait bound `fn() -> &'static str {handler}: Handler<_, _>` is not satisfied
  --> src/main.rs:5:44
   |
5  |     let app = Router::new().route("/", get(handler));
   |                                        --- ^^^^^^^ the trait `Handler<_, _>` is not
implemented for fn item `fn() -> &'static str {handler}`
   |                                        |
   |                                        required by a bound introduced by this call
   |
   = help: the following other types implement trait `Handler<T, S>`:
             <Layered<L, H, T, S> as Handler<T, S>>
             <MethodRouter<S> as Handler<(), S>>
```

핸들러에서 `Handler<_, _>` 트레이트가 `fn() -> &'static str {handler}` 타입의 함수에 대해 정의되지 않았다고 합니다. 이렇게 에러 내용을 자세히 읽어보아도 자신이 작성한 코드와 어떤 연관이 있는지를 알기가 어렵습니다. 사실 컴파일 오류의 내용과 내가 작성한 코드의 문제점은 크게 상관이 없습니다. 이런 경우 Axum의 `macros` 피처에서 제공하는 `#[debug_handler]` 애트리뷰트를 사용하면 자세한 에러의 원인을 알 수 있습니다. `macros` 피처를 다음과 같이 의존성에 추가합니다.

> 만일 다른 `multipart`와 같은 다른 피처가 추가되어 있다면 맨 뒤에 `macros`를 추가하면 됩니다.

```
axum = { version = "0.7.4", features = ["json", "macros"] }
```

그다음 핸들러에 다음과 같이 애트리뷰트를 추가하고 다시 컴파일해보겠습니다.

```
use axum::debug_handler;

#[debug_handler]
fn handler() -> &'static str {
    "Hello, world"
}
```

실행 결과
```
error[E0277]: `&str` is not a future
  --> src/main.rs:16:17
   |
16 | fn handler() -> &'static str {
   |                 ------------^
   |                 |           |
   |                 |           `&str` is not a future
   |                 this call returns `&str`
   |
   = help: the trait `Future` is not implemented for `&str`
   = note: &str must be a future or must implement `IntoFuture` to be awaited
   = note: required for `&str` to implement `IntoFuture`
help: remove the `.await`
   |
16 | fn handler() -> &'static str {
   |
help: alternatively, consider making `fn __axum_macros_check_handler_into_response_make_value`
asynchronous
   |
16 | fn handler() -> async &'static str {
   |                 +++++
```

에러의 내용을 해석해보면, 리턴되는 `&str` 타입이 `Future`가 아니라고 합니다. 이 말은 핸들러가 비동기 함수가 아니라는 뜻입니다. 에러 내용 밑에 컴파일러가 추천해준 대로 함수 정의에 `async` 키워드를 추가해주면 코드는 정상적으로 컴파일됩니다. 예상치 못하게 핸들러에서 컴파일 오류가 발생하는 경우, 디버그 핸들러를 사용해 원인을 쉽게 파악할 수 있습니다.

> `Future`와 비동기 함수의 작동 원리에 대해서 자세히 알고 싶다면 `tokio` 공식 문서(https://tokio.rs/tokio/tutorial/async)를 참고하세요.

2.6 예제: 프록시 서버 만들기

키워드 ▶▶▶ 프록시, 실습

이번에는 외부 API로부터 데이터를 받아와 클라이언트에게 보내는 프록시 서버proxy server를 만들어보겠습니다. 대부분의 웹 브라우저는 프런트엔드에서 사용하고 있는 도메인과 다른 도메인으로 API 요청을 차단하는 CORScross-origin resource sharing가 활성화되어 있습니다. 예를 들어 프런트엔드의 도메인이 service.rs라고 하면 주소가 동일하게 service.rs로 끝나는 api.service.rs와 같은 주소로만 요청을 보낼 수 있습니다. 만일 도메인이 다른 anothe.rs와 같은 주소로 요청을 보내면 CORS에 의해 요청이 차단됩니다. 따라서 프런트엔드에서 도메인이 다른 외부 API에 접근해야 한다면 프록시 서버를 사용하는 것이 일반적인 방법입니다.

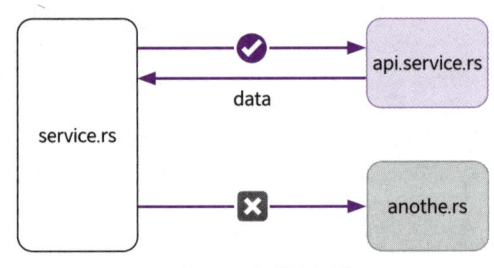

그림 2-19 CORS 문제

프록시 서버는 같은 도메인에서 동작하도록 구성된 백엔드 서버로, 프런트엔드에서 필요한 외부 API를 대신 호출한 다음, 그 결과를 프런트엔드에게 전달해주는 중간 전달자 같은 역할을 합니다.

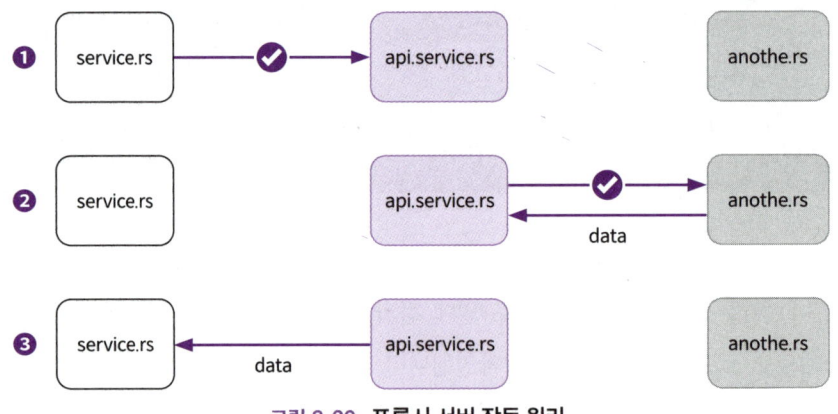

그림 2-20 프록시 서버 작동 원리

> **전문가 TIP** 프록시 서버는 단순히 다른 출처로부터 원래 요청자에게 데이터를 전달하는 것 이외에도 외부 API를 사용하는 데 필요한 추가 인증을 대행하기도 하고, 같은 요청에 대해 캐시로 저장된 데이터를 대신 보내주거나 과도한 API 호출을 막기 위한 속도 조절(rate limiting) 기능 등이 추가되기도 합니다.

지금부터 무작위로 강아지 사진을 제공하는 API인 dog.ceo를 클라이언트 대신 호출해주는 프록시 서버를 개발해보겠습니다. 또한 클라이언트가 같은 종류의 강아지를 요청하는 경우, 미리 저장된 데이터를 보내주는 캐싱 기능을 추가해보겠습니다. 러스트에서 다른 서버로 API 요청을 보낼 수 있도록 `reqwest` 크레이트를 의존성에 추가할 것입니다. JSON 응답을 파싱해오기 위해서는 `json` 피처가 필요합니다. 이를 포함한 전체 `Cargo.toml`은 다음과 같습니다.

```toml
[package]
name = "proxy"
version = "0.1.0"
edition = "2021"

[dependencies]
axum = { version = "0.7.4", features = ["json", "tokio", "multipart"] }
reqwest = { version = "0.11.24", features = ["json"] }
tokio = { version = "1.15.0", features = ["full"] }
serde = { version = "1.0.130", features = ["derive"] }
serde_json = "1.0.68"
```

가장 먼저 핸들러에서 입력받을 JSON 데이터의 형식을 정의해주겠습니다. 강아지의 종류와 사진 개수를 입력받을 수 있도록 `breed`와 `num_pics` 필드를 정의했습니다. 또한 JSON 데이터를 역직렬화해서 구조체로 만들 수 있도록 `Deserialize` 트레이트도 추가해줍니다. 다음 코드를 `main.rs`에 추가하면 됩니다.

```rust
use serde::Deserialize;

#[derive(Deserialize)]
struct Data {
    // 종류
    breed: String,
    // 사진 개수 옵션
    num_pics: Option<i32>,
}
```

다음으로는 API를 호출하는 핸들러를 정의해보겠습니다. JSON 요청 본문을 통해 보고 싶은 강아지의 종류와 사진 개수를 입력받아 요청을 보낼 전체 URL을 완성합니다. 그다음 서버로부터 돌아온 상태 코드를 바이트 형식의 본문과 함께 튜플로 묶어서 리턴합니다. 이때 바이트로 리턴하는 이유는, JSON 데이터를 바이트에서 구조체나 `serde_json::Value` 등으로 역직렬화해서 캐시로 저장하면 메모리 공간을 많이 차지하기 때문입니다. 만일 이 부분이 잘 이해되지 않는다면, 바이트 형식은 컴퓨터에게 가장 가까운 형태이고 JSON 형식은 사람이 이해하기 쉬운 형태라고 생각해보면 당연히 사람이 읽기 편한 형태가 메모리를 더 많이 필요로 할 것이라고 생각할 수 있습니다. 따라서 캐시된 JSON 데이터를 구조적으로 접근해서 작업하는 경우가 아니라면 바이트를 직접 저장하는 것이 효율적입니다.

```rust
use axum::{body::Bytes, http::StatusCode, Json};
use reqwest::Client;
use serde::Deserialize;

async fn proxy_handler(
    Json(data): Json<Data>,
) -> (StatusCode, Bytes) {
    let mut url = format!("https://dog.ceo/api/breed/{}/images/random", &data.breed);

    if let Some(num_pics) = data.num_pics {
        url.push_str(&format!("/{}", num_pics));
    }

    // 백엔드 서버에 요청
    let client = Client::new();
    let res = client.get(url).send().await.unwrap();

    // 프록시 응답 리턴
    let code = res.status().as_u16();
    let body = res.bytes().await.unwrap();
    (StatusCode::from_u16(code).unwrap(), body)
}
```

이제 `Arc<Mutex>`를 사용해 캐시를 저장할 타입 `Cache`를 선언합니다.

```rust
type Cache = Arc<Mutex<HashMap<String, Bytes>>>;
```

이를 바탕으로 실제로 핸들러에서 공유할 `State`를 입력받도록 핸들러 함수를 수정합니다. 이때 해시맵에 강아지 종류를 키_{key}로 저장해서 같은 종류의 강아지에 대한 요청이 들어오면 캐시된 데이터를 클라이언트에 응답으로 보내주고, 처음 등장한 종류라면 해시맵에 새로운 데이터를 저장하도록 합니다. 이렇게 수정한 전체 코드는 다음과 같습니다.

```rust
use std::collections::HashMap;
use std::sync::{Arc, Mutex};

use axum::{body::Bytes, extract::State, http::StatusCode, routing::post, Json, Router};
use reqwest::Client;
use serde::Deserialize;

// 캐시를 위한 해시맵
type Cache = Arc<Mutex<HashMap<String, Bytes>>>;

#[derive(Deserialize)]
struct Data {
    // 견종
    breed: String,
    // 사진 개수 옵션
    num_pics: Option<i32>,
}

async fn proxy_handler(
    State(state): State<Cache>,
    Json(data): Json<Data>,
) -> (StatusCode, Bytes) {
    // 캐시 조회
    if let Some(body) = state.lock().unwrap().get(&data.breed).cloned() {
        println!("{} 캐시 히트", &data.breed);
        return (StatusCode::OK, body);
    }

    println!("{} 캐시 미스", &data.breed);
    let mut url = format!("https://dog.ceo/api/breed/{}/images/random", &data.breed);

    if let Some(num_pics) = data.num_pics {
        url.push_str(&format!("/{}", num_pics));
    }

    // 백엔드 서버에 요청
    let client = Client::new();
    let res = client.get(url).send().await.unwrap();

    // 응답 캐싱
    let code = res.status().as_u16();
    let body = res.bytes().await.unwrap();
    let mut cache = state.lock().unwrap();
    cache.insert(data.breed, body.clone());
```

```rust
    // 프록시 응답 반환
    (StatusCode::from_u16(code).unwrap(), body)
}

#[tokio::main]
async fn main() {
    let state: Cache = Arc::new(Mutex::new(HashMap::new()));
    let app = Router::new()
        .route("/", post(proxy_handler))
        .with_state(state);

    let listener = tokio::net::TcpListener::bind("127.0.0.1:8000")
        .await
        .unwrap();
    axum::serve(listener, app).await.unwrap();
}
```

Insomnia에서 요청을 보내서 응답을 보내보겠습니다. 메서드를 POST로, Body 타입을 JSON으로 변경하고 다음 JSON 데이터를 입력합니다.

```
{
    "breed": "chihuahua",
    "num_pics": 3
}
```

[Send] 버튼을 눌러 요청을 보내고 응답을 받아보면 다음과 같습니다. 응답이 도착하기까지 약 1.1초 가량이 소요됩니다.

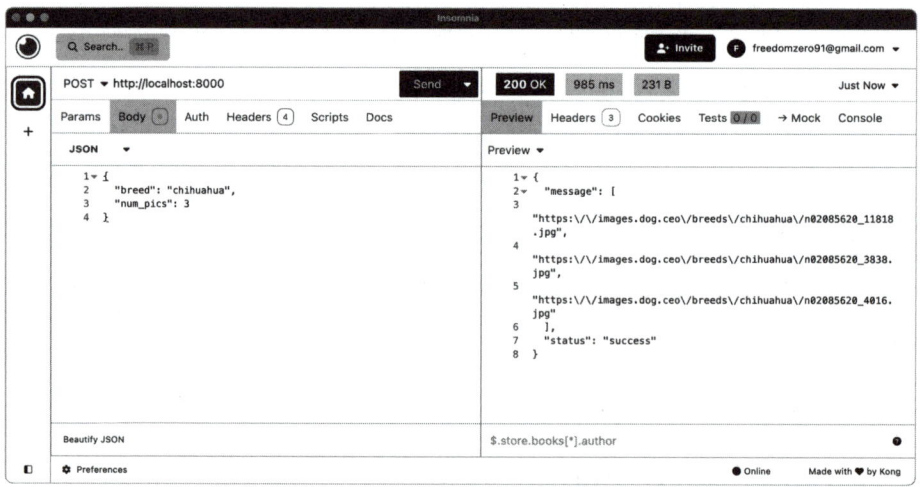

그림 2-21 프록시 서버 실행 결과

같은 요청을 한 번 더 보내면 이번에는 캐싱 덕분에 기존에 저장된 데이터를 가져와서 응답 시간이 15ms밖에 걸리지 않는 것을 알 수 있습니다.

그림 2-22 캐싱으로 인한 성능 향상

그런데 이 코드는 한 가지 문제가 있습니다. 바로 사진 개수에 상관없이 강아지 종류만으로 캐싱이 결정된다는 것입니다. 사용자가 요청한 강아지 개수만큼, 저장된 이미지 중에서 무작위로 선택해 클라이언트에게 보내주거나 사진이 모자라다면 추가로 받아와 보내줄 수 있도록 수정해야 합니다. 이 부분은 여러분의 몫으로 남겨놓겠습니다.

돌아보기

> Router를 사용해 경로와 핸들러를 연결할 수 있습니다.

> extract::Extractor에 정의된 추출자들을 사용해 경로 파라미터, 쿼리 파라미터, 요청 본문, 헤더 등을 추출할 수 있습니다.

> 응답에 상태 코드, 헤더, 데이터를 튜플로 묶어서 보내거나 impl IntoResponse를 사용해 타입을 간단하게 표현할 수 있습니다.

> State를 사용해 앱 전체에서 공유되는 데이터를 관리할 수 있습니다.

> 디버그 핸들러를 사용하면 핸들러 코드에서 발생하는 컴파일 오류의 원인을 쉽게 파악할 수 있습니다.

쪽지시험

문제 1 HTTP 요청에서 헤더(Header)의 주요 역할은?
① 파일 전송
② 상태 코드 반환
③ 인증 정보나 수신 형식 등의 정보 포함
④ 이미지 전송

문제 2 다음 중 유효한 HTTP 응답 코드와 의미가 올바르게 연결된 것은?
① 200 - 요청 실패
② 400 - 요청 성공
③ 404 - 리소스를 찾을 수 없음
④ 500 - 클라이언트 네트워크 오류

문제 3 아래 코드에서 사용된 애트리뷰트 `#[tokio::main]`의 목적은 무엇인가?
```
#[tokio::main]
async fn main() {
    ...
}
```
① 비동기 함수를 동기적으로 실행
② 비동기 함수의 진입점을 지정
③ cargo 실행 자동화
④ 프로젝트 버전 지정

문제 4 다음 중 Axum의 route 메서드를 설명한 것으로 가장 적절한 것은?
① 라우트 메서드는 API 서버를 비동기로 변환한다
② HTTP 메서드에 따라 핸들러를 연결하는 역할을 한다
③ 경로를 무작위로 생성해준다
④ tokio와 무관하게 동작한다

문제 5 다음 중 Axum의 핸들러 함수 정의 예시로 올바른 것은?
① `.route("/", handler(|| async move { "Hello" }))`
② `.route("/", tokio(|| async { "Hello" }))`
③ `.route("/", get(|| async move { "Hello" }))`
④ `.serve("/", async move { "Hello" })`

문제 6 Form을 사용하려면 T에 어떤 트레이트가 구현되어 있어야 하나?
① Clone
② Debug
③ Deserialize
④ Serialize

문제 7 클라이언트가 application/x-www-form-urlencoded 형식으로 데이터를 보낼 때, 이를 처리할 수 있는 Axum 추출자는?
① Json
② String
③ Form
④ Query

문제 8 Axum에서 인증 미들웨어를 구현할 때 주로 사용하는 추출자는?
① Form
② Path
③ TypedHeader
④ State

문제 9 사용자 인증 시 토큰에서 사용자 ID를 추출하는 일반적인 방식은?
① DB에서 랜덤하게 생성
② 쿼리 파라미터로 직접 전달
③ JWT를 파싱하여 클레임 값을 추출
④ Rust 환경변수로 주입

정답: 1. ④, 2. ③, 3. ②, 4. ②, 5. ③, 6. ③, 7. ③, 8. ③, 9. ③

MEMO

> **학습 포인트**
> - ORM 개념 이해하기
> - SeaORM으로 스키마 정의하기
> - SeaQuery 빌더로 SQL 대체하기

SeaORM으로 데이터베이스 연동해보기

이번 장에서는 SeaORM을 사용해 데이터베이스를 연동하는 방법에 대해 설명합니다. SeaORM_{sea query and object relational mapper}은 러스트 프로그래밍 언어를 위한 인기 있는 ORM_{object-relational mapping} 라이브러리로, 데이터베이스 스키마를 소스코드에서 직접 정의하고 관리할 수 있게 해줍니다. 이를 통해 소스코드와 데이터베이스 간의 불일치를 방지하고, SQL 코드 작성 없이도 데이터베이스와 상호작용할 수 있습니다.

SeaORM의 주요 장점으로는 컴파일 타임에 쿼리 안전 검사를 실행하고, 스키마 마이그레이션 등의 기능을 CLI 형태로 제공한다는 점이 있습니다. 또한 비동기 처리를 지원하여 Axum과 함께 사용하기에 적합합니다. 이 챕터에서는 SeaORM을 사용하여 Users, Category, Product 테이블을 정의하고, 데이터베이스 마이그레이션을 통해 이를 관리하는 방법을 학습할 것입니다.

3.1 ORM이란?

키워드 ▶▶▶ 데이터베이스, 스키마, 테이블

백엔드를 개발하다 보면 데이터베이스 테이블의 스키마를 변경해야 하는 상황이 발생합니다. 예를 들어 특정 컬럼의 타입이나 제한 조건을 변경하거나, 컬럼을 추가하거나 삭제하는 것 등이 여기에 해당합니다. 백엔드 코드에서 이런 변경사항을 적용하더라도 실제 데이터베이스 테이블에는 이런 변화가 자동적으로 반영되지 않습니다. 따라서 개발자가 백엔드에서 변경한 스키마에 맞춰 테이블의 스키마를 적절히 바꿔주어야 합니다. 하지만 이 과정에서 스키마를 잘못 변경하거나 스키마를 변경하는 것을 깜빡하게 된다면 프로그램 실행에 문제가 발생하게 됩니다.

ORM은 이러한 소스코드와 데이터베이스 간의 불일치를 해결하기 위해 사용하는 방법입니다. 데이터베이스 스키마를 소스코드에서 직접 정의하고 관리하기 때문에 소스코드와 데이터베이스 간의 불일치가 발생하지 않습니다. ORM은 프로그래밍 언어를 사용해 데이터베이스와 상호작용할 수 있는 방법이기 때문에 개발자가 데이터베이스 스키마를 정의하고 관리하기 위해 SQL 코드를 작성할 필요가 없습니다.

> **전문가 TIP** ORM마다 다르지만 일부 ORM은 SQL 코드를 작성해야 하는 경우도 있습니다. 또한 ORM에서 데이터베이스의 모든 기능을 지원하지 않을 경우에도 소스코드에 SQL을 작성해야만 합니다.

3.1.1 SeaORM이란?

현재 러스트에서 많이 사용되는 ORM으로는 Diesel(12.2k), SeaORM(6.6k) 등이 있습니다. 이 중에서 Axum하고 같이 사용하기 편리한 SeaORM을 사용해보겠습니다. SeaORM은 러스트 프로그래밍 언어를 위한 가장 인기 있는 ORM 라이브러리 중 하나입니다. SeaORM의 주요 장점은 컴파일 타임에 쿼리 안전 검사를 실행하고, 스키마 마이그레이션 등의 기능을 CLI 형태로 제공한다는 것입니다. 또한 성능 최적화도 잘 되어 있어서 대규모 데이터베이스에도 적합합니다. 그리고 Diesel과 비교했을 때 가장 큰 장점은 비동기 처리를 지원한다는 점입니다. Diesel을 사용해 비동기 처리를 구현하려면 추가 서드파티를 사용해야 하는 등 설정 방법이 까다롭기 때문에 직관적인 API를 사용해 ORM을 사용하려고 하는 사용자에게는 SeaORM이 가장 좋은 선택이 될 것입니다.

그림 3-1 SeaORM 홈페이지(https://www.sea-ql.org/SeaORM/)

> **전문가 TIP** 일반적으로 Diesel은 상세 기능을 사용하려면 세분화된 커스터마이징이 필요한 반면, SeaORM은 대부분의 기능을 기본으로 제공하고 있어서 더욱 편리합니다.

현재 SeaORM은 데이터베이스 연결을 쿼리 엔진 크레이트인 `sqlx`를 통해 지원하고 있으며, 공식적으로 `sqlx`이 연결을 지원하는 데이터베이스는 MySQL(MariaDB, MySQL Server 포함), Postgres, SQLite입니다. 공식 지원은 아니지만 SurrealDB나 CockroachDB와 같은 다른 데이터베이스에도 연결이 가능합니다. 참고로 GraphQL도 추가 크레이트인 `seaography`를 설치하면 사용 가능합니다.

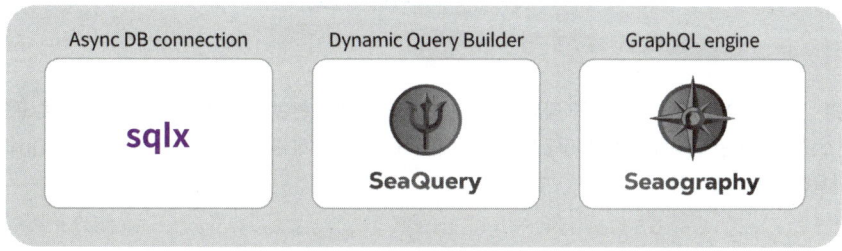

그림 3-2 SeaORM 생태계(https://www.sea-ql.org/)

3.1 ORM이란?

3.2 스키마와 모델 만들기

키워드 ▶▶▶ ER, 마이그레이션

3.2.1 데이터베이스 스키마 정의

데이터베이스 스키마는 데이터베이스에서 사용하는 테이블들의 관계와 구조를 정의합니다. SeaORM의 사용법을 공부하기 위해서 `Users`, `Category`, `Product`의 총 3가지의 테이블을 정의하고 사용할 것입니다.

`Users` 테이블은 프라이머리 키로 자동 생성되는 정수형 `id` 컬럼을 사용하고, 사용자의 이름과 비밀번호를 `username`과 `password` 컬럼에 `varchar` 타입으로 저장하게 됩니다. `Category` 테이블에는 카테고리명을 나타내는 `name` 컬럼만 존재하는데, `Product` 테이블의 `category`가 해당 컬럼을 참조하는 외래 키로 정의되어 있습니다. `Product` 테이블은 프라이머리 키인 `id`와 상품명과 가격을 나타내는 `title`과 `price` 컬럼이 있습니다.

각 테이블의 정의와 관계를 ER~entity-relationship~ 다이어그램으로 나타내면 다음과 같습니다.

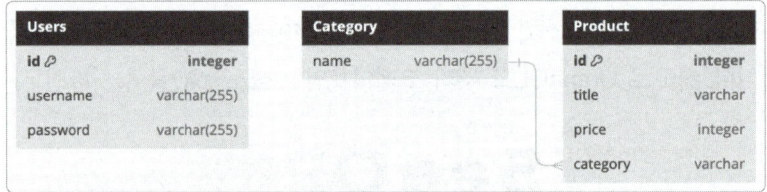

그림 3-3 ER 다이어그램

> **전문가 TIP** ER 다이어그램은 개체-관계 다이어그램이라고도 합니다. 현실 세계의 데이터를 그림으로 표현하여 데이터베이스를 설계하는 데 사용하는 도구입니다. ER 다이어그램을 쉽게 생성할 수 있는 dbdiagram.io와 같은 서비스를 사용하면 편리합니다.

3.2.2 의존성 설치

이제 SeaORM을 프로젝트에서 사용하기 위해서 다음과 같은 의존성을 프로젝트에 추가합니다. `sea-orm`의 피처에 두 가지가 설정되어 있습니다. 각각을 살펴보면 `sqlx-postgres`는 `sqlx`를 통해

Postgres에 연결하기 위한 피처입니다. 만일 다른 데이터베이스를 사용한다면 그에 맞는 피처를 선택해주어야 합니다. `runtime-tokio-native-tls`는 TLS를 사용하기 위한 피처입니다. TLS는 데이터를 암호화하여 전송하는 프로토콜로, 데이터베이스에 연결할 때 사용합니다. 이 역시 여러 가지 TLS 피처를 선택할 수 있지만 여기서는 `tokio` 런타임을 사용하는 TLS 피처를 선택했습니다.

```
[dependencies]
...
sea-orm = { version = "1.0.0", features = [ "sqlx-postgres", "runtime-tokio-native-tls", "macros" ] }
```

SeaORM은 CLI 도구 `sea-orm-cli`를 설치해서 데이터베이스 마이그레이션, 엔티티 생성 등을 할 수 있습니다. CLI 도구를 설치하기 위해서는 다음 명령어를 사용합니다.

```
cargo install sea-orm-cli
```

3.2.3 마이그레이션

데이터베이스 마이그레이션이란 기존에 사용하던 데이터베이스 시스템을 다른 시스템으로 옮기는 작업을 말합니다. 현재 우리의 데이터베이스에는 아무런 데이터가 저장되어 있지 않은 상태입니다. 이 상태에서 앞에서 ER 다이어그램으로 나타낸 `Users`, `Category`, `Product`의 테이블을 정의하기 위해서 마이그레이션을 사용할 것입니다. 터미널에서 Postgres 데이터베이스에 연결한 다음 SQL을 직접 실행할 수도 있지만, 프로그래밍적인 방식으로 데이터베이스 구조를 관리하기 위해서는 ORM을 통해 마이그레이션을 사용하는 것이 더 바람직합니다. 마이그레이션 과정을 ORM을 통해 관리하면 데이터베이스의 변경사항도 추적할 수 있기 때문에 나중에 디버깅 등을 할 때도 유용합니다.

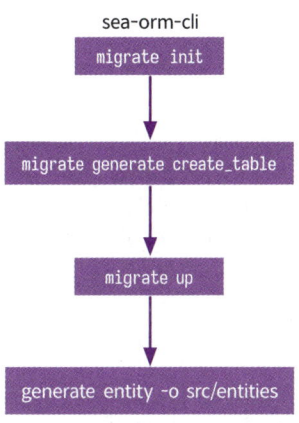

그림 3-4 마이그레이션 실행 순서

마이그레이션을 실행하려면 다음 명령어를 사용해 초기화를 실행합니다.

```
sea-orm-cli migrate init
```

> **전문가 TIP** 초기화 단계에서는 샘플 마이그레이션 파일 1개가 생성됩니다. 이후에 추가로 마이그레이션 파일을 생성하려면 `sea-orm-cli migrate generate` 명령어를 실행해서 자동으로 새로운 파일을 생성할 수 있습니다.

초기화가 끝나면 다음과 같이 `migration/src` 폴더에 마이그레이션 파일과 관련된 라이브러리 크레이트 폴더가 만들어집니다. 이때 생성되는 파일은 항상 동일하게 다음과 같이 만들어집니다. 여기서 Migrator API란 실제로 데이터베이스와 연결되어 스키마를 관리하는 부분이고, Migrator CLI에는 사용자가 마이그레이션 관련 명령어를 사용할 수 있는 기능이 정의되어 있습니다.

```
migration
├── Cargo.toml
├── README.md
└── src
    ├── lib.rs                              # Migrator API가 정의된 파일
    ├── m20220101_000001_create_table.rs    # 샘플 마이그레이션 파일
    └── main.rs                             # Migrator CLI가 정의된 파일
```

다음 단계로 넘어가기 전에, CLI를 통해 마이그레이션을 수행하려면 새로 생성된 `migration` 폴더의 `Cargo.toml`에 추가 의존성을 명시해주어야 합니다. 다음과 같이 가장 마지막 부분에서 `runtime-tokio-rustls`와 `sqlx-postgres`를 추가해주면 됩니다.

```toml
[package]
name = "migration"
version = "0.1.0"
edition = "2021"
publish = false

...

[dependencies.sea-orm-migration]
version = "1.0.0"
features = [
  # Enable at least one `ASYNC_RUNTIME` and `DATABASE_DRIVER` feature if you want to run migration via CLI.
  # View the list of supported features at https://www.sea-ql.org/SeaORM/docs/install-and-config/database-and-async-runtime.
  # e.g.
  "runtime-tokio-rustls",  # `ASYNC_RUNTIME` feature
  "sqlx-postgres",         # `DATABASE_DRIVER` feature
]
```

샘플 파일은 필요 없기 때문에 `m20220101_000001_create_table.rs` 파일은 삭제하고, 다음과 같이 `sea-orm-cli migrate generate NAME_OF_MIGRATION` 명령어를 사용해 새로운 마이그레이션 파일을 생성합니다. 여기서 `NAME_OF_MIGRATION` 부분을 새로운 테이블을 만든다는 의미의 `create_table`로 고쳐주면 됩니다.

```
sea-orm-cli migrate generate create_table
```

그러면 현재 시간을 기준으로 새로운 마이그레이션 파일이 생성됩니다. 예를 들어 다음과 같은 파일이 생성될 것입니다.

```
m20240211_163337_create_table.rs
```

이제 해당 샘플 파일에 테이블을 생성하는 마이그레이션을 정의합니다. 데이터베이스 마이그레이션에는 반드시 두 가지 함수, `up` 함수와 `down` 함수를 정의해주어야 합니다. `up` 함수는 마이그레이션을 실행할 때 호출되는 함수이며, `down` 함수는 마이그레이션을 롤백할 때 호출되는 함수입니다. 만일 마이그레이션 이후에 문제가 발생할 경우, 빠르게 원래 상태로 복구하기 위해서 `down`이 필요합니다.

가장 먼저 `Users` 테이블을 정의해보겠습니다. 테이블을 정의하려면 SQL에서는 다음과 같은 코드를 사용하면 됩니다. `Users` 테이블이 존재하지 않는 경우, 위에서 설계한 대로 3개의 컬럼을 갖는 테이블을 데이터베이스에 추가합니다.

```sql
CREATE TABLE IF NOT EXISTS Users (
    id SERIAL PRIMARY KEY,
    username VARCHAR(255) NOT NULL,
    password VARCHAR(255) NOT NULL
);
```

해당 SQL과 동일한 마이그레이션 코드를 만들어보겠습니다. `up` 함수는 다음과 같은 시그니처를 가지고 있습니다. 이 함수 안에는 실행할 마이그레이션의 내용을 정의합니다.

```rust
async fn up(&self, manager: &SchemaManager) -> Result<(), DbErr> {
    ...
}
```

이 함수에서는 `manager` 객체를 이용해 새로운 테이블을 만들고 해당 테이블의 컬럼을 정의해줍니다. `Users` 테이블을 생성하는 코드를 자세히 살펴보겠습니다. SQL 문법과 비슷하게 러스트 코드로 작성할 수 있습니다. 각 라인이 어떤 SQL 코드와 같은 역할을 수행하는지를 코드 옆에 주석으로 추가해놓았습니다.

```rust
manager
    .create_table( // CREATE TABLE
        Table::create()
            .table(Users::Table) // `Users`
            .if_not_exists() // IF NOT EXISTS
            .col(
                ColumnDef::new(Users::Id) // `Id`
                    .integer() // INT
                    .not_null() // NOT NULL
                    .auto_increment() // AUTO_INCREMENT
                    .primary_key(), // PRIMARY KEY
            )
            // `Username` VARCHAR(255) NOT NULL
            .col(ColumnDef::new(Users::Username).string().not_null())
            // `Password` VARCHAR(255) NOT NULL
            .col(ColumnDef::new(Users::Password).string().not_null())
            .to_owned(), // `Users` 테이블을 생성하고 컬럼을 정의한 `Table` 객체를 반환
    )
    .await?;
```

Postgres는 AUTO_INCREMENT 기능이 없어서 SERIAL을 사용해야 하지만, 여기서는 SeaORM 문법에 따라 코드를 작성했습니다.

이제 나머지 테이블 `Category`와 `Product`를 모두 정의해보겠습니다. 각 테이블 역시 `manager.create_table` 함수를 사용해 정의합니다. 각 함수의 내용을 살펴보면 테이블을 선언하는 SQL 문과 동일한 구조로 만들어져 있다는 걸 알 수 있습니다.

```rust
manager
    .create_table(
        Table::create()
            .table(Category::Table)
            .if_not_exists()
            .col(
   ColumnDef::new(Category::Name)
                    .string()
                    .unique_key()
                    .not_null()
                    .primary_key(),
            )
            .to_owned(),
    )
.await?;
```

```sql
CREATE TABLE IF NOT EXISTS Category (
    name VARCHAR(255) NOT NULL PRIMARY KEY UNIQUE
);
```

```rust
manager
    .create_table(
        Table::create()
            .table(Product::Table)
            .if_not_exists()
            .col(
                ColumnDef::new(Product::Id)
                    .integer()
                    .not_null()
                    .auto_increment()
                    .primary_key(),
            )
            .col(ColumnDef::new(Product::Title).string().not_null())
            .col(ColumnDef::new(Product::Price).integer().not_null())
            .col(ColumnDef::new(Product::Category).string().not_null())
            .foreign_key(
                ForeignKey::create()
                    .name("fk_product_category")
                    .from(Product::Table, Product::Category)
                    .to(Category::Table, Category::Name),
            )
            .to_owned(),
    )
.await?;
```

```sql
CREATE TABLE IF NOT EXISTS Product (
    id INT NOT NULL AUTO_INCREMENT PRIMARY KEY,
    title VARCHAR(255) NOT NULL,
    price INT NOT NULL,
    category VARCHAR(255) NOT NULL,
    FOREIGN KEY (category)
        REFERENCES Category(name)
);
```

> **전문가 TIP** 여기서 SQL 쿼리와 동일하게 러스트 코드를 작성하는 데 사용되는 크레이트가 바로 SeaQuery입니다. 테이블이나 컬럼을 정의하는 DDL(data definition language) 이외에도, 데이터를 조회하고 수정하는 DML(data manipulation language)도 SeaQuery에 포함되어 있습니다. SeaQuery을 사용해 쿼리를 작성하는 방법은 3.3절에서 자세히 다룹니다.

앞의 코드를 모두 합쳐서 하나로 만든 `up` 함수의 전체 코드는 다음과 같습니다.

```rust
async fn up(&self, manager: &SchemaManager) -> Result<(), DbErr> {
    manager
        .create_table(
            Table::create()
                .table(Users::Table)
                .if_not_exists()
                .col(
                    ColumnDef::new(Users::Id)
                        .integer()
                        .not_null()
                        .auto_increment()
                        .primary_key(),
                )
                .col(ColumnDef::new(Users::Username).string().not_null())
                .col(ColumnDef::new(Users::Password).string().not_null())
                .to_owned(),
        )
        .await?;

    manager
        .create_table(
            Table::create()
                .table(Category::Table)
                .if_not_exists()
                .col(
                    ColumnDef::new(Category::Name)
                        .string()
                        .unique_key()
                        .not_null()
                        .primary_key(),
                )
                .to_owned(),
        )
        .await?;

    manager
        .create_table(
```

```
            Table::create()
                .table(Product::Table)
                .if_not_exists()
                .col(
                    ColumnDef::new(Product::Id)
                        .integer()
                        .not_null()
                        .auto_increment()
                        .primary_key(),
                )
                .col(ColumnDef::new(Product::Title).string().not_null())
                .col(ColumnDef::new(Product::Price).integer().not_null())
                .col(ColumnDef::new(Product::Category).string().not_null())
                .foreign_key(
                    ForeignKey::create()
                        .name("fk_product_category")
                        .from(Product::Table, Product::Category)
                        .to(Category::Table, Category::Name),
                )
                .to_owned(),
        )
        .await?;

    Ok(())
}
```

경우에 따라 이미 수행한 마이그레이션을 취소하고 싶을 때가 있습니다. 데이터베이스를 마이그레이션 이전 상태로 되돌리는 것을 롤백rollback이라고 합니다. 우리의 경우, 데이터베이스에 적용된 변화가 테이블을 정의한 것밖에 없기 때문에 테이블을 데이터베이스에서 삭제해주면 원래 상태로 되돌릴 수 있습니다. 이를 수행하는 SQL 코드는 다음과 같습니다.

```
DROP TABLE IF EXISTS `Users`;
DROP TABLE IF EXISTS `Category`;
DROP TABLE IF EXISTS `Product `;
```

동일한 내용을 정의한 `down` 함수의 전체 코드는 다음과 같습니다.

```
async fn down(&self, manager: &SchemaManager) -> Result<(), DbErr> {
    manager
        .drop_table(Table::drop().table(Users::Table).if_exists().to_owned())
        .await?;

    manager
```

```
            .drop_table(Table::drop().table(Category::Table).if_exists().to_owned())
            .await?;

    manager
        .drop_table(Table::drop().table(Product::Table).if_exists().to_owned())
        .await?;

    Ok(())
}
```

그런데 아직 `Users`, `Category`, `Product` 열거형들을 정의하지 않았습니다. 마지막으로 위의 `up`과 `down`에서 사용할 각 테이블을 나타내는 열거형들을 정의하면 됩니다. `DeriveIden` 트레이트를 사용하면 열거형의 이름을 테이블 이름으로 사용할 수 있습니다. SeaORM에서는 어떤 것이 마이그레이션의 대상인 객체인지를 판별하기 위해 `DeriveIden` 트레이트를 사용합니다.

열거형의 `Table` 항목은 테이블 자체를 나타내고, 나머지 항목은 각 컬럼을 나타냅니다.

```
#[derive(DeriveIden)]
enum Users {
    Table,
    Id,
    Username,
    Password,
}

#[derive(DeriveIden)]
enum Category {
    Table,
    Name,
}

#[derive(DeriveIden)]
enum Product {
    Table,
    Id,
    Title,
    Price,
    Category,
}
```

이제 마이그레이션을 실제로 데이터베이스에 적용해보겠습니다. 그런데 SeaORM은 우리가 사용하려는 데이터베이스에 어떻게 접속하는지 알지 못하는 상태입니다. 프로젝트의 루트 경로에 `.env`

파일을 만들고 `DATABASE_URL` 변수를 다음과 같이 입력합니다. 1장에서 생성한 유저와 데이터베이스를 그대로 사용하면 됩니다.

```
DATABASE_URL=postgres://axum:1234@localhost/axum
```

드디어 마이그레이션을 실행하는 명령어를 다음과 같이 입력합니다.

```
sea-orm-cli migrate up
```

실행 결과
```
Running `cargo run --manifest-path ./migration/Cargo.toml -- up -u postgres://axum:1234@localhost/axum`
    Compiling migration v0.1.0 (/temp/migration)
     Finished dev [unoptimized + debuginfo] target(s) in 4.66s
      Running `migration/target/debug/migration up -u 'postgres://axum:1234@localhost/axum'`
Applying all pending migrations
Applying migration 'm20240211_163337_create_table'
Migration 'm20240211_163337_create_table' has been applied
```

> 마이그레이션을 취소하고 원래 상태로 롤백하려면 `sea-orm-cli migrate down` 명령어를 실행하면 됩니다.

그다음으로는 데이터베이스에 만들어진 스키마로부터 러스트에서 사용할 쿼리 모델을 생성합니다. Postgres로부터 데이터를 받아오는 것이기 때문에 마이그레이션 코드와 상관없이 현재 데이터베이스에 정의된 테이블 정보를 사용합니다. Axum 코드에서 각 테이블에 쿼리를 실행할 때 SeaQuery 쿼리 빌더를 사용하는데, 이 쿼리 빌더에서 사용할 모델을 생성하는 것입니다. 쿼리 모델이 있으면 해당 테이블의 컬럼 이름과 타입을 쉽게 확인할 수 있습니다. 다음 명령어를 실행해 `src/entities` 경로에 모델을 생성합니다.

```
sea-orm-cli generate entity -o src/entities
```

실행 결과
```
Connecting to Postgres ...
Discovering schema ...
... discovered.
Generating category.rs
    > Column `name`: String, not_null
Generating product.rs
    > Column `id`: i32, auto_increment, not_null
    > Column `title`: String, not_null
    > Column `price`: i32, not_null
    > Column `category`: String, not_null
```

```
Generating user.rs
    > Column `id`: i32, auto_increment, not_null
    > Column `username`: Option<String>
    > Column `password`: Option<String>
Generating users.rs
    > Column `id`: i32, auto_increment, not_null
    > Column `username`: String, not_null, unique
    > Column `password`: String, not_null
Writing src/entities/category.rs
Writing src/entities/product.rs
Writing src/entities/user.rs
Writing src/entities/users.rs
Writing src/entities/mod.rs
Writing src/entities/prelude.rs
... Done.
```

3.3 SeaQuery

키워드 ▶▶▶ 식별자, 쿼리, SQL

여기서는 SeaQuery 쿼리 빌더를 사용해 러스트 코드로 SQL 쿼리를 작성하는 방법을 자세히 알아보겠습니다.

3.3.1 쿼리 빌더

SeaORM을 사용해 SQL 명령을 수행하는 방법을 살펴보려면 SeaORM의 쿼리 빌더인 SeaQuery의 개념에 대해서 먼저 살펴보아야 합니다. SeaQuery는 복잡한 SQL 쿼리를 표현력이 풍부한 방식으로 구성할 수 있는 강력한 도구입니다. 이때 스키마 정의에 따라 타입 안전성 역시 보장됩니다. SQL에 대한 높은 수준의 추상화 덕분에 백엔드 동작에 필요한 SQL 쿼리들을 쉽게 작성하고 유지 관리할 수 있습니다.

SeaORM에서 SQL을 만들고 실행하는 모든 기능은 SeaQuery를 통해서 이루어집니다. 사실 이전 절에서 살펴본 마이그레이션도 실제로는 SeaQuery를 통해서 작동합니다. SeaQuery는 SeaORM을 설치할 때 같이 설치되기 때문에 추가적으로 설치할 필요는 없습니다. 이번 절에서는 테이블을 생성하고, 데이터를 추가하거나 변경하는 등 다양한 SQL 쿼리를 SeaQuery로 표현하는 방법을 살펴보겠습니다.

3.3.2 식별자와 Iden

SQL에서 식별자는 다양한 데이터베이스 객체의 이름을 나타내는 데 사용됩니다. 즉 테이블, 행, 뷰, 인덱스, 트리거, 프로시저, 제약 조건과 같은 객체를 식별하고 참조하는 데 사용됩니다. SQL 식별자는 크게 두 가지 유형으로 구분할 수 있습니다.

그림 3-5 식별자

먼저 일반 식별자ordinary identifier는 반드시 문자로 시작하는 문자열로 문자, 숫자, 밑줄로 구성되어 있습니다. 예를 들어 `EmployeeID` 또는 `order_date`가 일반 식별자입니다. 구분 식별자delimited identifier는 큰따옴표(") 또는 괄호([])로 묶여 있습니다. 사용하려는 문자열이 특수문자나 공백 등을 포함하고 있어서 일반 식별자로 적합하지 않은 경우에는 구분 식별자가 사용됩니다. SQL에서 예약된 키워드 또는 숫자로 시작하는 문자열이 이에 해당합니다. 예를 들어 `"Employee ID"`나 `"[order_date]"`는 구분 식별자입니다.

그런데 SeaORM에서 식별자를 왜 알아야 하는 걸까요? SQL에서 식별자는 대소문자를 구분하기 때문에 `EmployeeID`, `employeeid`, `EMPLOYEEID`는 서로 다른 식별자로 간주됩니다. 그런데 테이블 열거형을 정의하는 코드를 살펴보면, 러스트 문법에 따라 모든 변수를 대문자로 시작하도록 파스칼 케이스로 작성해야 합니다.

```
#[derive(DeriveIden)]
enum Employee {
    Table,
    Id,
    EmployeeID,
    Department,
}
```

> 파스칼 케이스(Pascal Case)란 이름 첫 글자를 대문자로, 이어서 오는 단어의 첫 글자도 대문자로 사용하는 방법을 말합니다.

그런데 실제로 우리가 적용하길 원하는 SQL 코드를 살펴보면 각 필드명은 `id`, `employee_id`, `department`와 같이 스네이크 케이스로 구성되어 있습니다.

```
CREATE TABLE Employee ( id, employee_id, department ) ...
```

하지만 `DeriveIden` 트레이트 덕분에 열거형 변수들의 이름을 `EmployeeID`와 같이 적어도 SQL 문에서는 `employee_id`와 같이 자동으로 변환되었던 것입니다.

SeaORM의 `DeriveIden`은 `Iden` 트레이트 구현을 간소화하는 데 사용됩니다. 열거형 또는 구조체에 `#[derive(DeriveIden)]`를 사용하면 해당 데이터 구조에 대한 `sea_orm::sea_query::Iden` 트레이트가 자동으로 구현됩니다. 만일 `Iden` 트레이트를 직접 구현하려면 다음과 같이 복잡한 과정이 필요합니다.

```rust
use sea_orm::sea_query::Iden;
use std::fmt::Write;

pub enum Employee {
    Id,
    EmployeeID,
    Department,
}

impl Iden for Employee {
    fn unquoted(&self, s: &mut dyn Write) {
        match self {
            Self::Id => write!(s, "id").unwrap(),
            Self:: EmployeeID => write!(s, "employee_id").unwrap(),
            Self:: Department => write!(s, "department").unwrap(),
        }
    }
}
```

하지만 `DeriveIden` 덕분에 복잡한 구현을 모두 생략할 수 있습니다.

이 외에도 `DeriveIden`을 사용하면 SQL 식별자를 문자열을 사용해서 명시적으로 표현할 수 있습니다.

```rust
use sea_orm::DeriveIden;

#[derive(DeriveIden)]
pub enum Employee {
    Id,
    #[sea_orm(iden = "employee_id")]
    MyColumn,
    #[sea_orm(iden = "department")]
    YourColumn,
}
```

이 경우, `Employee`열거형의 `MyColumn`은 `employee_id`로, `YourColumn`은 `department`로 나타내게 됩니다. 구조체 필드의 정의와 실제 SQL 구현이 다르거나, 이름을 특별하게 표현해야 하는 경우 유용합니다.

3.3.3 데이터베이스 연결

데이터베이스 연결 부분은 `Database::connect`에 상수 `DATABASE_URL`로 정의된 값을 입력해서 생성하는데, 자세한 내용은 3.5절에서 다루겠습니다. 여기서는 다음과 같이 `conn`이라는 데이터베이스 연결을 만들어두면 데이터베이스에 쿼리를 수행할 수 있다는 점만 이해하면 됩니다.

```
use sea_orm::Database;
let conn = Database::connect(DATABASE_URL).await.unwrap();
```

3.3.4 SELECT

데이터베이스에서 쿼리를 수행하려면 먼저 데이터베이스에 연결해야 합니다. 여기서는 일단 연결이 만들어져서 사용할 수 있는 상태라고 가정하겠습니다. 이제 데이터베이스 연결이 필요하다면 `&conn`으로 연결을 참조해서 사용할 수 있습니다.

이제 `SELECT` 쿼리를 작성하는 방법을 살펴보겠습니다. 쿼리 빌더를 사용하려면 src/entitites에 생성한 각 테이블의 엔티티를 가져와야 합니다. `Users` 테이블의 엔티티를 다음과 같이 가져옵니다. 그리고 쿼리의 결과로 나오는 테이블은 쿼리 모델 `Model`로 나타나기 때문에 이 역시 불러와야 합니다.

```
use crate::entities::users::{Entity, Model};
```

다음으로는 데이터베이스가 엔티티를 테이블과 연결해서 사용할 수 있도록 `EntityTrait`를 불러와야 합니다.

```
use sea_orm::EntityTrait;
```

`EntityTrait`는 데이터베이스의 테이블을 나타내며, 이를 러스트 구조체에 연결하는 역할을 수행합니다. `EntityTrait`을 구현하는 구조체는 연결된 데이터베이스 테이블과 상호작용하기 위한 기본 CRUD를 수행할 수 있습니다.

여기서 이해를 돕기 위해 `Users` 테이블의 레코드가 다음과 같다고 가정하겠습니다.

id	username	password
1	indo	dev
2	buzzi	prod
3	mellon	test
4	cameron	admin
5	james	rust

테이블의 모든 레코드를 가져오는 코드와 동일한 작업을 수행하는 SQL 쿼리는 다음과 같습니다. `find` 함수가 `SELECT`의 역할을 하고, `all` 함수는 연결 `&conn`을 입력받아 레코드 전체를 가져오는 `*`의 역할을 합니다. 이 경우는 위의 표의 `id` 1~5까지의 모든 결과가 출력됩니다.

```
let users: Vec<Model> = Entity::find().
all(&conn).await.unwrap();
```

```
SELECT * FROM Users
```

결과를 하나만 가져오도록 `LIMIT 1`을 추가하려면 다음과 같이 `all` 대신 `one`을 사용하면 됩니다. 레코드가 하나만 나오기 때문에 리턴 타입이 더 이상 벡터가 아닌 `Option<Users>`라는 사실에 주의하세요.

```
let user: Model = Entity::find().one(&conn).await.
unwrap().unwrap();
```

```
SELECT * FROM Users LIMIT 1
```

id	username	password
1	indo	dev

이번에는 기본 `SELECT` 쿼리에 필터를 추가해보겠습니다. 컬럼의 값을 비교하기 위해서는 `ColumnTrait`가, 필터를 추가하기 위해서는 `QueryFilter`가 필요합니다. 다음과 같이 두 트레이트를 불러옵니다.

```
use sea_orm::{ColumnTrait, QueryFilter};
```

필터의 `WHERE` 절은 `filter` 함수로, `username = indo`는 `Users::Column::Username.eq("indo")`와 같이 표현할 수 있습니다.

```
let users: Vec<Model> = Entity::find().
filter(Users::Column::Username.eq("indo")).
all(&conn).await.unwrap();
```

```
SELECT * FROM Users WHERE username = indo
```

id	username	password
1	indo	dev

필터에 정렬을 적용하는 `ORDER BY`도 추가해보겠습니다. 여기에 필요한 트레이트는 `QueryOrder`이고, 정렬 순서를 나타내는 `Order` 역시 불러와야 합니다.

```
use sea_orm::{Order, QueryOrder};
```

`id`가 1보다 큰 유저 `username`을 오름차순으로 정렬하는 코드는 다음과 같습니다. `filter` 다음에 `order_by` 함수를 사용하면 됩니다.

```
let users: Vec<Model> = Entity::find()
    .filter(Users::Column::Id.gt(1))
    .order_by(Users::Column::Username, Order::Asc)
    .all(&conn)
    .await
    .unwrap();
```

```
SELECT * FROM Users WHERE id > 1 ORDER BY username
```

id	username	password
2	buzzi	prod
4	cameron	admin
5	james	rust
3	mellon	test

3.3.5 INSERT

데이터베이스에 새로운 레코드를 추가하는 `INSERT` 쿼리를 살펴보기 전에 `ActiveValue`와 `ActiveModel`의 개념을 먼저 알아보겠습니다.

그림 3-6 Entity와 ActiveModel

앞에서 살펴본 쿼리 모델 `Entity`는 데이터베이스의 레코드를 나타내는데, 쿼리의 결괏값으로 나온 정적인 값을 의미합니다. SeaQuery에서는 새로운 레코드를 만들거나 기존 레코드를 수정할 때는 `ActiveModel`을 사용하는데, 이 구조체의 각 필드 타입이 변경 가능한 값을 의미하는 `ActiveValue`로 이루어져 있습니다.

`ActiveValue`는 3가지의 변수를 가지고 있습니다.

- `Set`: 현재 설정된 값
- `NotSet`: 정의되지 않은 값
- `Unchanged`: 값이 변경되지 않은 상태

다만 이 중에서 `Set`과 `NotSet`만 주로 사용하고, `Unchanged`는 개발자가 사용할 일이 거의 없습니다.

`Entity`에서 `EntityTrait`를 사용해 테이블 레코드를 표현했던 것처럼 `ActiveModel`에서는 `ActiveModelTrait`를 사용해 변경 가능한 테이블 레코드를 나타내고 있습니다. 해당 트레이트를 구현하면 구조체의 각 필드에서 객체의 값을 변경하는 함수인 `insert`와 `update`를 사용할 수 있습니다. 두 함수는 객체의 변경사항을 데이터베이스에 적용하는 역할을 수행합니다.

지금까지 설명한 내용을 코드에 불러오기 위해 다음과 같이 작성합니다.

```
use crate::entities::users::ActiveModel;
use sea_orm::{ActiveModelTrait, ActiveValue};
```

가장 기본적인 형태의 `INSERT` 쿼리를 러스트 코드로 표현하는 방법은 `ActiveModel`을 만들고 `insert` 함수를 사용하는 것입니다. 이 경우 `insert`에서 리턴되는 타입은 `Result<Model, Err>` 타입이 되기 때문에 레코드 추가에 실패하는 경우에 대한 에러 처리를 해주어야 하지만, 편의상 `unwrap`으로 에러가 없다고 가정했습니다.

```
let new_user: Model = ActiveModel {
    id: NotSet,
    username: Set("sam".to_owned()),
    password: Set("code456".to_owned())
}
.insert(&conn)
.await
.unwrap();
```

```
INSERT INTO Users (username, password)
VALUES ("sam", "code456");
```

또 다른 방법은 `SELECT`처럼 `Entity`로부터 `insert` 함수를 직접 사용하는 것입니다. 이 경우에는 리턴 타입이 `InsertResult<ActiveModel>`이 됩니다. 마찬가지로 에러 처리를 간단하게 생략했습니다.

```
let result: InsertResult<ActiveModel> =
Entity::insert(ActiveModel {
        id: NotSet,
        username: Set("sam".to_owned()),
        password: Set("code456".to_owned()),
    })
    .exec(&conn)
    .await
    .unwrap();
```

```
INSERT INTO Users (username, password)
VALUES ("sam", "code456");
```

`InsertResult`는 `last_insert_id` 필드를 통해 추가된 레코드의 `id`를 얻을 수 있습니다.

```
let last_id = result.last_insert_id;
```

주의해야 하는 점은 `last_insert_id` 필드는 데이터베이스에 의해 자동으로 증가되는 `id`만 사용할 수 있다는 것입니다. SQL이나 SeaQuery를 통해 `id` 필드의 값을 직접 지정한 경우에는 해당되지 않습니다.

`INSERT` 문에서는 여러 개의 레코드를 한 번에 추가하는 것도 가능합니다. 이 경우에는 `insert_many` 함수가 사용되며, `ActiveModel`의 벡터를 입력하면 됩니다. 이 경우에도 `result.last_insert_id`를 사용해 가장 마지막에 추가된 레코드의 `id`를 얻을 수 있습니다. 추가한 레코드의 개수를 알고 있으면 다른 레코드들의 `id`도 계산이 가능합니다.

```
let result = Entity::insert_many(vec![
    ActiveModel {
        id: NotSet,
        username: Set("mary".to_owned()),
        password: Set("456xyz".to_owned()),
    },
    ActiveModel {
        id: NotSet,
        username: Set("pete".to_owned()),
        password: Set("login123".to_owned()),
    },
])
.exec(&conn)
.await
.unwrap();
```

```
INSERT INTO Users (username, password)
VALUES ("mary", "456xyz"),
       ("pete", "login123");
```

3.3.6 UPDATE

UPDATE 문에서도 `ActiveModel`을 사용합니다. 가장 일반적인 방법은 `find_by_id`로 원하는 레코드를 찾은 다음, `into` 함수로 `Model` 타입을 `ActiveModel`로 변환하는 것입니다. 그다음 업데이트할 필드를 새로운 `ActiveValue` 값으로 변경해줍니다. 마지막으로 `update` 함수를 사용하면 `ActiveModel`의 변경사항을 데이터베이스에 반영할 수 있습니다.

```
let mut user: ActiveModel = Entity::find_by_id(1)
    .one(&conn)
    .await
    .unwrap()
    .unwrap()
    .into();

user.username = ActiveValue::Set("john".to_owned());
user.password = ActiveValue::Set("pass".to_owned());

let updated_user = user.update(&conn).await.unwrap();
```

```
UPDATE Users
SET username = "john ", password = "new_pass"
WHERE id = 1;
```

3.3.7 DELETE

DELETE의 경우는 엔티티를 바로 활용할 수 있습니다. `id`를 사용해 찾은 레코드를 삭제합니다.

```
Entity::delete_by_id(1)
    .exec(&conn)
    .await.unwrap();
```

```
DELETE FROM Users WHERE id = 1;
```

만일 `id`가 아닌 다른 조건으로 필터를 사용하려면 `delete_many`를 사용하면 됩니다. `find`에서 했던 것과 비슷하게 `Condition`을 만들어주면 됩니다.

```
Entity::delete_many()
    .filter(Users::Column::Username.
contains("indo"))
    .exec(&conn)
    .await?;
```

```
DELETE FROM Users WHERE username LIKE %indo%;
```

지금까지 배운 CRUD 연산 방법을 정리해보면 그림 3-7과 같습니다. 상황에 따라 `Entity` 혹은 `ActiveModel`을 사용해야 하기 때문에 책에 나온 예제를 잘 이해하고 적용하는 것이 중요합니다.

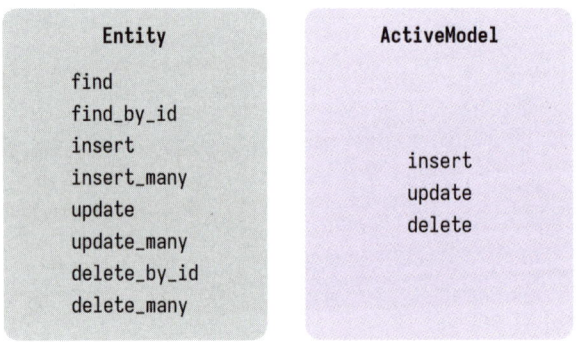

그림 3-7 Entity와 ActiveModel의 메서드

3.3.8 에러 처리

백엔드 서버의 입장에서 데이터베이스는 서드 파티에 해당합니다. 즉 소프트웨어적으로 완전히 통제되지 않는 컴포넌트라는 의미입니다. 따라서 데이터베이스와 통신을 수행할 때 예상치 못한 결과가 발생하거나 에러가 나타날 수 있고, 이를 올바르게 처리하는 것이 서버의 안정성을 높이는 데 중요합니다. 여기서는 일반적인 SQL 실행 오류를 처리하는 방법과 데이터베이스마다 서로 다른 특수한 에러를 처리하는 경우를 각각 살펴보겠습니다.

`DbErr::sql_err()` 메서드를 사용하면 유일성unique constraint 위반 또는 외래 키 위반foreign key violation 오류와 같은 SQL 관련 오류를, 일반적인 데이터베이스 오류를 나타내는 타입 `SqlErr`로 변환할 수 있습니다.

```rust
use sea_orm::{DbErr, SqlErr};

let new_user: Result<Model, DbErr> = ActiveModel {
    id: NotSet,
    username: Set("sam".to_owned()),
    password: Set("code456".to_owned())
}
.insert(&conn)
.await;

match new_user {
    Ok(user) => {
        ...
    }
    Err(err) => match err {
        DbErr::Query(SqlErr::UniqueConstraintViolation(details)) => {
            ...
        }
        DbErr::Query(SqlErr::ForeignKeyConstraintViolation(details)) => {
            ...
        }
        _ => {
            ...
        }
    },
}
```

데이터베이스의 종류에 따라서 특수한 에러를 리턴하는 경우도 있습니다. 예를 들어 MySQL에서는 에러 코드 23505가 유일성 위반, 23503이 외래 키 위반을 의미합니다. 이렇게 별도의 에러 코드를 통해 에러 처리를 해주어야 하는 경우 `RuntimeErr`을 사용하면 깔끔하게 에러 처리가 가능합니다.

다음 코드에서는 데이터베이스에 레코드를 추가할 때 발생할 수 있는 에러를 `DbErr::Runtime` 열거형을 통해 `Internal`과 `SqlxError`로 나누어 처리하고 있습니다. `Internal`은 주로 SeaORM 내부에서 생성된 에러를 처리하고, `SqlxError`는 쿼리 수행 중 발생한 에러를 처리하는 데 사용됩니다. `SqlxError`에서는 데이터베이스의 에러 코드에 따라 서로 다른 처리를 해주고 있습니다.

```rust
use sea_orm::RuntimeErr;

let new_user_result = ActiveModel {
    id: NotSet,
    username: Set("sam".to_owned()),
    password: Set("code456".to_owned())
}
.insert(&conn)
.await;

match new_user_result {
    Ok(user) => {
        ...
    }
    Err(err) => match err {
        DbErr::Exec(RuntimeErr::Internal(details)) => {
            println!("Internal runtime error: {}", details);
        }
        DbErr::Exec(RuntimeErr::SqlxError(error)) => {
            match error {
                sqlx::Error::Database(db_error) => {
                    if let Some(code) = db_error.code() {
                        match code.as_ref() {
                            "23505" => println!("Unique constraint violation"),
                            "23503" => println!("Foreign key constraint violation"),
                            _ => println!("Other database error: {}", code),
                        }
                    }
                }
                _ => println!("Other SQLx error: {}", sqlx_error),
            }
        }
    },
}
```

HTTP 요청에 Users 테이블 연결하기

키워드 ▶▶▶ 연결, 핸들러, JSON

이번에는 Axum 핸들러에서 데이터베이스에 연결한 다음, 쿼리를 수행할 수 있도록 코드를 작성해보겠습니다. 핸들러에서 요청을 받거나 응답을 보낼 때는 JSON 형식을 사용할 것입니다. 핸들러 함수를 작성하기 전에, 방금 쿼리 모델을 생성하면서 자동으로 생성된 entities/user.rs에 정의된 `Users` 모델을 요청 본문으로 받거나 응답으로 리턴할 수 있도록 모델에 약간의 수정이 필요합니다. 해당 모델을 JSON 포맷으로 변환하는 직렬화serialize와 JSON 포맷에서 러스트 구조체로 변환하는 역직렬화deserialize를 할 수 있도록 `Deserialize`와 `Serialize` 트레이트를 추가해주어야 합니다.

> **전문가 TIP** 직렬화는 메모리에 있는 객체를 디스크에 저장하거나 네트워크를 통해 전송할 수 있는 바이트 스트림으로 변환하는 과정입니다. 역직렬화는 반대로 바이트 스트림으로부터 원래 객체를 메모리에서 재구성합니다. 이를 통해 디스크에 저장되거나 네트워크로부터 전송된 객체를 복원할 수 있습니다.

```rust
use sea_orm::entity::prelude::*;
use serde::{Deserialize, Serialize};

#[derive(Clone, Debug, PartialEq, DeriveEntityModel, Eq, Serialize, Deserialize)]
#[sea_orm(table_name = "users")]
pub struct Model {
    #[sea_orm(primary_key)]
    pub id: i32,
    #[sea_orm(unique)]
    pub username: String,
    pub password: String,
}
```

이제 `/users` 경로의 GET 요청에 응답하는 핸들러를 `main.rs`에 작성해보겠습니다. `get_user` 함수는 쿼리 파라미터로부터 `id`와 `username`을 받아서 해당하는 유저를 찾아서 리턴하는 함수입니다.

데이터베이스 쿼리를 실행하는 부분은 다음과 같이 쿼리 모델 `Entity`의 `find` 함수를 사용합니다. 전체 결과 중 가장 먼저 등장하는 결괏값 1개를 찾는 코드입니다. `condition`은 핸들러의 입력으로부터 결정되는 조건입니다. 이 코드와 동일한 작업을 수행하는 SQL코드와 같이 나타내면 다음과 같습니다.

```rust
let user = Entity::find()
    .one(&db)
    .await
    .unwrap()
    .unwrap();
```

```sql
SELECT *
FROM users
LIMIT 1;
```

여기서는 데이터베이스에 정의된 `Users` 테이블을 나타내는 2가지 구조체가 사용됩니다.

- `Entity` 구조체는 `sea_orm`의 `EntityTrait` 트레이트를 통해 데이터베이스에 정의된 `Users` 테이블에 `SELECT` 쿼리를 수행할 수 있도록 정의되어 있습니다.
- `Model` 구조체는 `Serialize`와 `Deserialize` 트레이트를 통해 JSON 포맷으로 변환할 수 있도록 정의되어 있습니다.

이를 반영해서 `get_user` 함수를 다음과 같이 작성합니다.

```rust
async fn get_user(Query(params): Query<HashMap<String, String>>) -> Json<Model> {
    let conn = Database::connect(DATABASE_URL).await.unwrap();

    let mut condition = Condition::any();

    if let Some(id) = params.get("id") {
        condition = condition.add(Column::Id.eq(id.parse::<i32>().unwrap()));
    }

    if let Some(username) = params.get("username") {
        condition = condition.add(Column::Username.contains(username));
    }

    let user = Entity::find()
        .filter(condition)
        .one(&conn)
        .await
        .unwrap()
        .unwrap();

    Json(user)
}
```

`main` 함수에 GET 요청 핸들러를 추가한 코드는 다음과 같습니다.

```rust
mod entities;

use std::collections::HashMap;

use axum::{extract::Query, routing::get, Json, Router};
use sea_orm::{ColumnTrait, Condition, Database, EntityTrait, QueryFilter};
use entities::users::{Column, Entity, Model};

const DATABASE_URL: &str = "postgres://axum:1234@localhost/axum";

async fn get_user( ... ) { ... }

#[tokio::main]
async fn main() {
    let listener = tokio::net::TcpListener::bind("127.0.0.1:8000")
        .await
        .unwrap();
    axum::serve(listener, app).await.unwrap();
}
```

이제 테스트를 위해 `psql` 콘솔로 돌아가서 `Users` 테이블에 유저를 하나 추가해보겠습니다. 다음 쿼리를 입력하고 실행합니다.

```
INSERT INTO Users (username, password) VALUES ('test', 'test');
```

이제 Axum 서버를 실행하고 `GET` 메서드로 `/users` 엔드포인트에 요청을 보내보겠습니다. 주소를 `http://localhost:8000/users?id=1`과 같이 설정하면 됩니다. 그러면 다음과 같은 응답을 받을 수 있습니다.

실행 결과
```
{"id":1,"username":"test","password":"test"}
```

3.5 데이터베이스 연결

> 키워드 ▶▶▶ 연결 풀, 옵션, 효율성

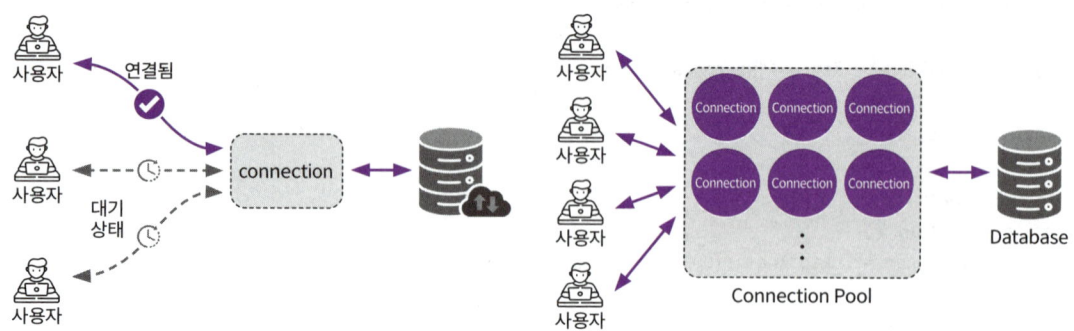

그림 3-8 데이터베이스 연결과 풀 연결

3.5.1 연결 풀

`DatabaseConnection`로 DB와 연결할 때 내부적으로 `sqlx::Pool`을 사용합니다. `Pool`은 여러 개의 연결을 미리 만들어두고 필요할 때마다 연결을 하나씩 꺼내서 사용할 수 있도록 설계된 자료형입니다. 여기서 단일 연결을 만들지 않고 연결 풀을 사용하는 가장 큰 이유는 서버 애플리케이션이 동시에 여러 개의 요청을 받고, 이 요청들은 각각 데이터베이스에 쿼리를 실행하게 되는데, 이때 연결이 한 개라면 각 요청이 쿼리를 실행하기 위해서 연결을 사용할 수 있을 때까지 차례대로 기다려야 하기 때문입니다. 물론 요청이 들어올 때마다 핸들러에서 새로운 데이터베이스 연결을 만들 수도 있지만 새로운 연결을 만드는 데는 시간이 오래 걸리기 때문에 API 응답 속도를 저하시키는 원인이 되며, 각 데이터베이스는 유지할 수 있는 최대 연결의 수가 제한되어 있기 때문에 무한정 연결을 새로 생성하는 것은 좋은 방법이 아닙니다.

따라서 여러 개의 연결을 풀로 만들어놓고 각 요청이 이를 공유하면서 사용하면 동시에 여러 개의 쿼리를 처리할 수 있게 됩니다. 데이터베이스 연결 풀에 대해서 자세히 알고 싶다면 'Pool in sqlx' 문서[1]를 참고하세요.

---

1 https://docs.rs/sqlx/latest/sqlx/struct.Pool.html

> **전문가 TIP** Pool은 Send, Sync, Clone 트레이트를 가지고 있기 때문에 프로그램이 시작될 때 Database Connection을 만든 다음, 각 핸들러에 공유하는 것이 가장 좋습니다. 뒤에서 어떻게 이 연결 상태를 공유할 수 있는지를 살펴볼 것입니다. 눈치채신 분들도 계시겠지만 State를 사용하면 됩니다.

3.5.2 연결 옵션

DatabaseConnection을 생성할 때 추가적인 옵션을 상세하게 지정할 수 있습니다. ConnectOptions::new를 사용해 ConnectOptions 객체를 만든 다음, 여러 가지 메서드를 사용해 옵션을 추가해줄 수 있습니다. 각 옵션에 대한 설명은 주석을 통해 설명하고 있습니다.

```rust
use sea_orm::{Database, DatabaseConnection, ConnectOptions};

let mut opt = ConnectOptions::new("protocol://username:password@host/database");

// 커넥션 풀 최대 연결 수 설정
opt.max_connections(100)
    // 커넥션 풀 최소 연결 수 설정
    .min_connections(5)
    // 연결 시도 타임아웃 설정
    .connect_timeout(Duration::from_secs(8))
    // 유휴 상태의 연결 획득 시도 타임아웃 설정
    .acquire_timeout(Duration::from_secs(8))
    // 유휴 상태의 연결 타임아웃 설정
    .idle_timeout(Duration::from_secs(8))
    // 연결 수명 타임아웃 설정
    .max_lifetime(Duration::from_secs(8))
    // SQLx 로깅 활성화 설정
    .sqlx_logging(true)
    // SQLx 로그 레벨 설정
    .sqlx_logging_level(log::LevelFilter::Info)
    // Postgres 스키마 경로 설정
    .set_schema_search_path("my_schema");

let conn: DatabaseConnection = Database::connect(opt).await?;
```

schema_search_path는 테이블을 찾을 때 어느 스키마에서 테이블을 찾을지를 의미하는 것입니다. Postgres의 기본 옵션은 사용자 이름(이 경우에는 axum)과 public 스키마를 사용합니다.

3.6 모듈화

키워드 ▶▶▶ 코드 품질, 환경 변수

3.4절에서 살펴본 코드는 핸들러, 라우터, 데이터베이스 연결이 모두 `main.rs`에 작성된 상태입니다. 앞으로 다른 핸들러를 추가하고, 라우터를 정교하게 다듬으려면 별도의 모듈로 각각의 내용을 분리하는 것이 좋습니다. 마찬가지로 데이터베이스 관련 코드도 별도 모듈로 분리해 논리적인 구분을 주어야 합니다. 다음과 같은 폴더 구조로 `api` 폴더와 `db` 폴더를 만들어 모듈화를 할 수 있습니다. 이 과정에서 `Users` 테이블에 대한 나머지 엔드포인트를 모두 완성해보겠습니다.

3.6.1 DB 모듈 분리

가장 먼저 DB 모듈을 분리합니다. `db/init.rs` 파일에 데이터베이스에 연결하는 함수 `init_db`를 정의해서 `main.rs`에서 해당 함수를 불러와 호출할 수 있도록 구성할 것입니다. 그런데 한 가지 문제점이 있는데, 바로 데이터베이스 연결 정보가 하드코딩되어 있다는 것입니다. 일반적으로 데이터베이스 연결 정보, 비밀번호와 같은 민감한 정보들이나 환경에 따라 변경될 수 있는 값들은 환경 변수environmental variable로 선언해서 사용합니다. 환경 변수란 애플리케이션이 실행되는 환경에 맞는 값을 제공하는 방법입니다. 예를 들어 애플리케이션이 구동되는 환경이 프로덕션production, 개발development, 테스트의 3개로 나뉘어져 있는 경우, 각 환경에서 서로 다른 데이터베이스를 사용할 것이므로, 이에 따라 연결 정보도 그에 맞게 주어져야 합니다. 하지만 연결 정보를 코드에 문자열로 저장하는 경우 각 환경에 맞는 소스코드를 따로따로 개발해야 한다는 불편함이 존재하게 됩니다.

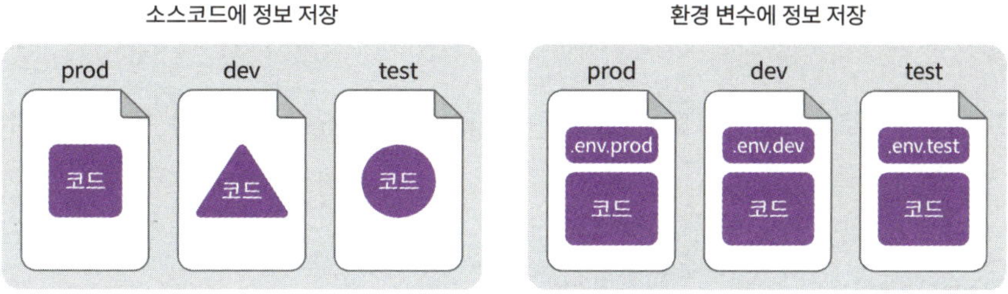

그림 3-9 하드코딩과 환경 변수

따라서 우리도 환경 변수를 파일에 저장해두었다가 애플리케이션에서 읽어보는 방식을 사용하겠습니다. 환경 변수는 일반적으로 .env 파일에 저장합니다.

> **더 알아보기** 주니어 개발자를 위한 .env 파일과 .gitignore 파일 설명
>
> .env 파일은 프로젝트에서 사용하는 다양한 환경 설정값을 저장하는 파일입니다. 여기에는 API 키, 데이터베이스 연결 정보, 비밀번호 등 민감한 정보가 포함될 수 있습니다. 이러한 민감한 정보가 깃허브와 같은 공개 저장소에 노출되면 보안 위협에 노출될 수 있기 때문에 주의해야 합니다.
>
> .gitignore 파일은 Git 버전 관리 시스템에서 특정 파일이나 디렉터리를 버전 관리 대상에서 제외하기 위해 사용하는 파일입니다. .gitignore 파일 안에 .env 파일을 추가하면 .env 파일은 Git에 올라가지 않고 로컬 환경에만 남아 있게 됩니다. 이렇게 함으로써 민감한 정보를 안전하게 보호할 수 있습니다.
>
> .env 파일을 .gitignore에 등록하는 방법은 다음과 같습니다. 만일 프로젝트의 루트 디렉터리에 .gitignore 파일이 없다면 새로 생성합니다. .gitignore 파일을 열고 .env를 새로운 줄에 추가합니다. .gitignore 파일을 Git에 추가하고 커밋합니다. 예를 들면 다음과 같이 터미널에서 파일을 커밋에 추가하고 새로운 커밋을 생성할 수 있습니다.
>
> ```
> git add .gitignore
> git commit -m "Add .env to .gitignore"
> ```

러스트에서 .env 파일로부터 데이터베이스 연결과 관련된 정보를 읽어올 수 있도록 dotenvy 크레이트를 Cargo.toml에 추가해주겠습니다.

```
dotenvy = "0.15.7"
```

.env 파일에는 다음과 같이 데이터베이스 연결 정보를 입력합니다. 기존에는 상수로 코드에 입력했던 연결 정보를 환경 변수로 대체하는 것입니다. 이때 환경 변수에서는 공백문자를 하나의 문자열로 인식하기 때문에 주의해야 합니다. 등호의 앞뒤에 공백 없이 변수와 값을 지정해주어야 정상적으로 값이 등록됩니다.

```
DATABASE_URL=postgres://axum:1234@localhost/axum
```

.env 파일로부터 실제로 값을 읽어오는 부분은 main.rs의 main 함수 가장 윗부분에 다음과 같이 작성해주면 됩니다.

```
dotenvy::dotenv().ok();
```

❶ 만일 환경 변수를 다른 파일에서 읽어오려면 dotenvy::from_filename("custom.env")?;을 사용할 수 있습니다.

다시 init.rs의 init_db 함수로 돌아가 보겠습니다. init_db는 환경 변수에서 읽어온 연결 정보를 바탕으로 데이터베이스에 연결합니다. 만일 환경 변수 DATABASE_URL가 .env 파일에 없다면 에러 메시지와 함께 패닉을 발생시킵니다. 환경 변수가 존재해서 연결이 성공하면 해당 연결을 리턴하고, 실패하면 더 이상 진행이 불가능하기 때문에 패닉을 일으켜 프로그램을 종료합니다.

```
use std::env;

use sea_orm::{Database, DatabaseConnection};

pub async fn init_db() -> DatabaseConnection {
    match Database::connect(env::var("DATABASE_URL").expect("DATABASE_URL is not set in .env file"))
        .await
    {
        Ok(db) => db,
        Err(e) => panic!("Error connecting to database: {}", e),
    }
}
```

db/mod.rs에는 다음과 같이 입력해서 init_db 함수를 공개 상태로 선언합니다.

```
pub mod init;

pub use init::init_db;
```

main.rs로 돌아와서, 데이터베이스 연결을 각 핸들러에서 매번 생성하는 것이 아니라 최초에 생성된 연결을 모든 핸들러에서 공유하도록 init_db에서 리턴된 연결 풀을 스테이트로 선언해줍니다.

```
dotenvy::dotenv().ok();
let conn: DatabaseConnection = init_db().await;
```

```
let app = Router::new()
    .route(
        "/users",
            ...
    )
    .with_state(conn); // 스테이트로 선언
```

이제 핸들러에서는 다음과 같이 State로 데이터베이스 연결을 공유해서 사용할 수 있습니다.

```
pub async fn get_user(
    State(conn): State<DatabaseConnection>,
    Query(params): Query<HashMap<String, String>>,
) -> Json<Vec<Model>>
```

3.6.2 API 모듈 분리

기존에 `main.rs`에 작성되어 있던 핸들러를 `api/users.rs` 모듈로 이동할 것입니다. 함수를 이동하면서 `get_user` 함수를 약간 수정해 필터링 기능을 추가해보겠습니다. 만일 `Users` 테이블에서 `id`가 일치하는 엔트리만 결과로 얻고 싶다면 다음과 같이 `Id.eq`로 상등 조건을 만들어 필터링을 할 수 있습니다.

```
let condition = Condition::all(Column::Id.eq(id.parse::<i32>().unwrap()));

Entity::find().filter(condition).all(&conn).await.unwrap()
```

그런데 `id`가 주어지지 않는 경우에는 이전과 같이 전체 데이터를 가지고 오려면 어떻게 해야 할까요? 지금 이 문제는 필터를 적용할지 말지를 런타임에 결정하기 때문에 발생하는 문제입니다. 정리하자면 `id`가 주어지면 필터링을 하고, 주어지지 않는 경우에는 필터링 없이 전체 데이터를 쿼리하도록 하고 싶습니다.

이를 위해서는 `filter`에 입력되는 `Condition`을 상황에 따라 맞게 생성할 수 있어야 합니다. `Condition`은 `all`과 `any` 함수를 사용해서 조합할 수 있습니다. `all`은 모든 조건을 만족하는 경우를, `any`는 조건 중 하나라도 만족하는 경우를 의미합니다.

`Condition`의 `add` 메서드를 사용하면 여러 조건을 AND 조건으로 연결할 수 있는데, 이를 이용해 필터링을 다음과 같이 할 수 있습니다. 기본 필터는 모든 레코드를 검색하지만, `id` 매개변수가

주어지면 `id`가 일치하는 레코드만 찾는 필터를 AND 조건으로 추가해서 결과적으로 추가된 필터 하나만 적용되는 것과 동일한 효과를 낼 수 있습니다.

```
let mut condition = Condition::all();

if let Some(id) = params.get("id") {
    condition = condition.add(Column::Id.eq(id.parse::<i32>().unwrap()));
}

Entity::find().filter(condition).all(&conn).await.unwrap()
```

> **전문가TIP** 이 부분을 그림 3-10을 참고해서 생각해보면 이해가 쉬울 것입니다. AND 연산자를 사용한다는 것은 곧 두 동그라미의 공통 부분을 찾는다는 것을 의미합니다. 전체와 일부의 공통 부분은 항상 일부가 되기 때문에 `all` 조건에 `Id.eq`를 합치면 결과는 항상 `Id.eq`가 됩니다.

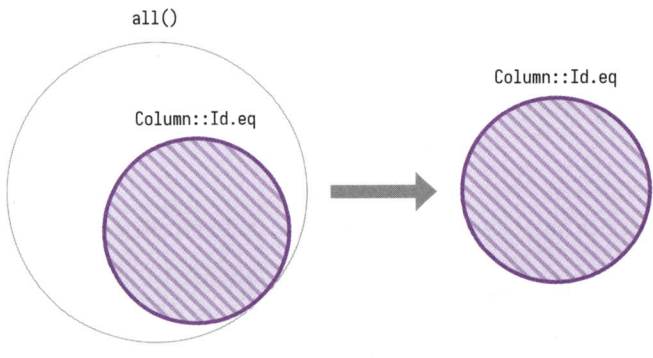

그림 3-10 all()과 Id.eq

마찬가지 방법으로 `username`이 쿼리 파라미터에 있는 경우 필터를 추가하도록 할 수 있습니다.

```
if let Some(username) = params.get("username") {
    condition = condition.add(Column::Username.contains(username));
}
```

여기까지의 내용을 모두 적용한 코드를 `users.rs`의 `get_user` 함수에 적용했습니다. 함수의 매개변수로 Query를 입력받아 여러 개의 필터 조건을 받을 수 있도록 수정했고, 쿼리 결과가 여러 개가 나올 수 있기 때문에 하나의 `Model`을 리턴하는 것이 아닌 `Vec<Model>`을 리턴하도록 수정했습니다. 코드에 적용된 필터가 `all`, `Id.eq`, `Username.contains`의 총 3개라는 점에 주의하세요.

```rust
use std::collections::HashMap;

use axum::{
    extract::{Query, State},
    Json,
};
use sea_orm::{
    ActiveModelTrait, ActiveValue, ColumnTrait, Condition, DatabaseConnection, EntityTrait,
    ModelTrait, QueryFilter,
};
use crate::entities::{
    users::{Entity, ActiveModel, Column, Model},
};
pub async fn get_user(
    State(conn): State<DatabaseConnection>,
    Query(params): Query<HashMap<String, String>>,
) -> Json<Vec<Model>> {
    let mut condition = Condition::all();

    if let Some(id) = params.get("id") {
        condition = condition.add(Column::Id.eq(id.parse::<i32>().unwrap()));
    }

    if let Some(username) = params.get("username") {
        condition = condition.add(Column::Username.contains(username));
    }

    Json(Entity::find().filter(condition).all(&conn).await.unwrap())
}
```

그런데 만일 `id` 필드에 정수형이 아닌 문자열이 들어오거나, 데이터베이스 쿼리 도중 에러가 발생하면 어떻게 될까요? 문자열을 정수로 변환하는 함수인 `parse::<i32>`에서 `unwrap`을 호출하기 때문에 정수형이 아닌 문자열이 입력되는 경우에는 즉시 패닉이 발생하게 됩니다. Axum은 핸들러에서 패닉이 발생하더라도 애플리케이션이 종료되지 않고 다른 요청을 계속해서 처리할 수 있습니다. 하지만 패닉이 발생하면 해당 핸들러는 곧바로 종료되기 때문에 사용자에게는 어떤 문제로 요청이 제대로 처리되지 않았는지가 전달되지 않습니다. 그러면 사용자는 요청이 잘못된 것인지, 서버에 문제가 생긴 것인지 알 수 없기 때문에 같은 요청을 여러 번 보내거나 서버 측의 문제인지를 직접 확인해야 하는 불편함이 생깁니다. Insomnia에서 `/users?id=a`로 GET 요청을 보내면 다음과 같이 응답을 받을 수 있습니다.

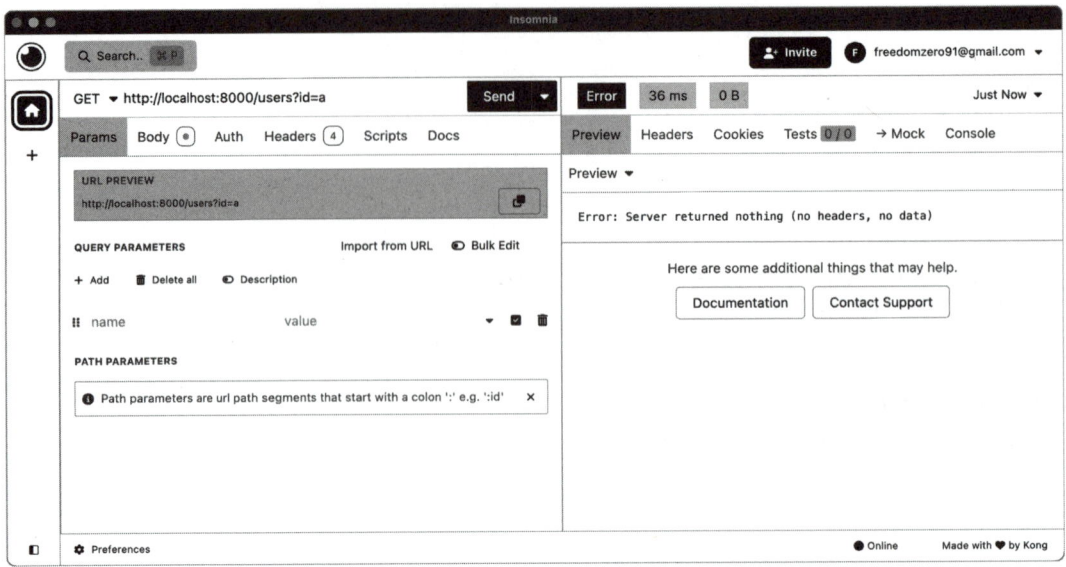

그림 3-11 구체적인 서버 오류를 알 수 없는 경우

따라서 `unwrap`을 사용하는 대신 오류 상황을 올바르게 처리하도록 코드를 수정해야 합니다. 먼저 발생하는 에러를 나타내는 `AppError` 구조체를 `utils/app_error.rs`에 다음과 같이 정의하겠습니다. 이 구조체는 핸들러가 클라이언트로 보낼 상태 코드를 나타내는 필드 `code`와 에러 메시지를 담을 `message` 필드를 가지고 있습니다. 이 구조체가 핸들러의 리턴 타입에 포함되어야 하기 때문에 `IntoResponse` 트레이트도 구현해줍니다. 이렇게 정의된 에러를 `get_users` 핸들러에서 `Result<Json<Vec<Model>>, AppError>` 타입으로 리턴해줄 것입니다.

```rust
use axum::{http::StatusCode, response::IntoResponse, Json};

pub struct AppError {
    code: StatusCode,
    message: String,
}

impl AppError {
    pub fn new(code: StatusCode, message: impl Into<String>) -> Self {
        Self {
            code,
            message: message.into(),
        }
    }
}
```

```rust
impl IntoResponse for AppError {
    fn into_response(self) -> axum::response::Response {
        (self.code, Json(self.message.clone())).into_response()
    }
}
```

`id` 매개변수를 파싱하는 부분과 데이터베이스 연결 부분에서 발생할 수 있는 오류들을, `match`를 사용해 처리해준 결과는 다음과 같습니다. 각 부분에서 에러가 발생하면 `AppError`에 상태 코드와 에러 메시지를 담아서 리턴해줍니다. 이제 오류가 발생하더라도 클라이언트는 상태 코드와 메시지를 통해 해당 요청에 어떤 문제가 있는지를 알 수 있습니다.

```rust
pub async fn get_users(
    State(conn): State<DatabaseConnection>,
    Query(params): Query<HashMap<String, String>>,
) -> Result<Json<Vec<Model>>, AppError> {
    let mut condition = Condition::all();

    if let Some(id) = params.get("id") {
        match id.parse::<i32>() {
            Ok(parsed_id) => condition = condition.add(Column::Id.eq(parsed_id)),
            // id 파싱 에러 처리
            Err(_) => {
                return Err(AppError::new(
                    StatusCode::BAD_REQUEST,
                    "ID must be an integer",
                ))
            }
        }
    }

    if let Some(username) = params.get("username") {
        condition = condition.add(Column::Username.contains(username));
    }

    match Entity::find()
        .filter(condition)
        .order_by(Column::Username, Order::Asc)
        .all(&conn)
        .await
    {
        Ok(users) => Ok(Json(users)),
        // DB 쿼리 에러 처리
        Err(_) => Err(AppError::new(
            StatusCode::INTERNAL_SERVER_ERROR,
```

```
            "Database error",
        )),
    }
}
```

Insomnia에서 `/users?id=a`로 GET 요청을 보내면 이제 다음과 같이 `"ID must be an integer"`라는 적절한 메시지를 받을 수 있습니다.

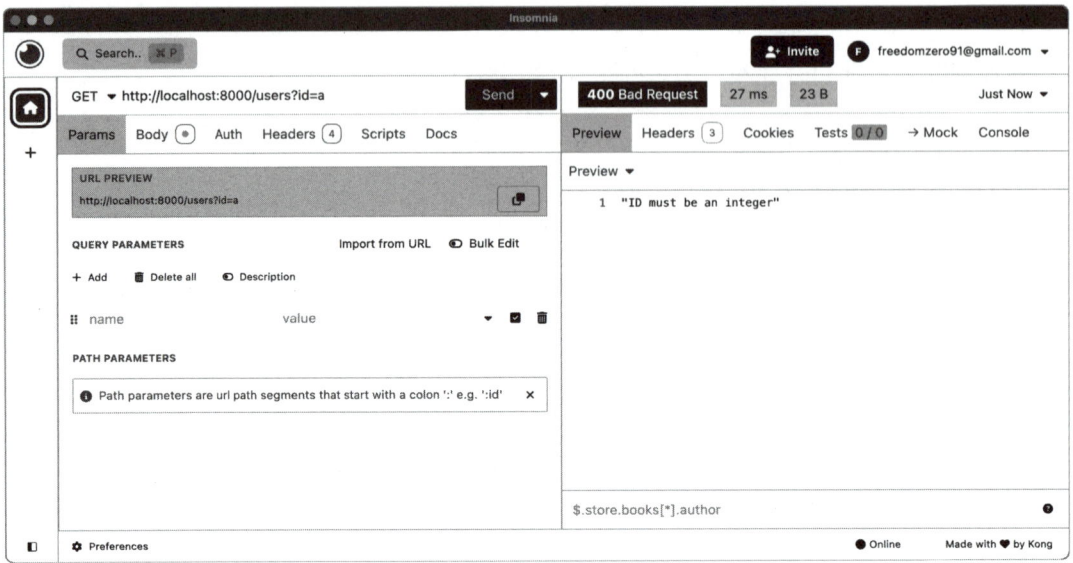

그림 3-12 서버 오류에 대한 메시지

`post_user`와 `put_user` 핸들러에서는 `Model`의 각 필드를 `Option`으로 만든 새로운 구조체 `UpsertModel`을 사용합니다. 만일 `Model`을 그대로 사용한다면 매번 요청을 보낼 때마다 모든 필드의 값을 넣어야 하기 때문에 번거로울 뿐만 아니라, 필요하지 않은 정보를 전송하고 처리해야 하는 비효율이 발생합니다. 따라서 `Option`을 사용해서 필드값이 `None`이 될 수 있도록 하면 클라이언트가 JSON 요청을 보낼 때 모든 필드의 데이터를 보낼 필요가 없어집니다. 예를 들어 테이블에 데이터를 추가할 때 `id`는 자동으로 증가되기 때문에 `id` 필드를 보낼 필요가 없습니다. `UpsertModel`은 다음과 같이 정의합니다.

```rust
#[derive(serde::Deserialize)]
pub struct UpsertModel {
    id: Option<i32>,
    username: Option<String>,
    password: Option<String>,
}
```

`post_user`에서 `UpsertModel`을 입력으로 받아 `id`를 제외한 나머지 필드로만 `ActiveModel`을 만들어 테이블에 값을 추가할 수 있도록 했습니다. `id`는 `ActiveValue::NotSet`을 사용해 데이터베이스가 `id`를 자동으로 생성하도록 합니다. 참고로, `username`이나 `password` 필드가 `None`으로 주어질 경우 새로운 User를 생성할 수 없기 때문에 사용자에게 에러를 리턴합니다. 데이터베이스에 레코드가 성공적으로 추가되었다면 `Model` 타입의 `result`를 리턴해줍니다.

> `UpsertModel`에 `Deserialize` 트레이트만 구현한 이유가 바로 핸들러의 리턴 타입은 여전히 `Model`이기 때문입니다.

```rust
pub async fn post_user(
    State(conn): State<DatabaseConnection>,
    Json(user): Json<UpsertModel>,
) -> Result<Json<Model>, AppError> {
    if user.username.is_none() || user.password.is_none() {
        return Err(AppError::new(
            StatusCode::BAD_REQUEST,
            "Username or password not provided",
        ));
    }
    let new_user = ActiveModel {
        id: ActiveValue::NotSet,
        username: ActiveValue::Set(user.username.unwrap()),
        password: ActiveValue::Set(user.password.unwrap()),
    };
    match new_user.insert(&conn).await {
        Ok(result) => Ok(Json(result)),
        Err(_) => Err(AppError::new(
            StatusCode::INTERNAL_SERVER_ERROR,
            "Database error",
        )),
    }
}
```

`put_user`는 코드가 길기 때문에 단계별로 나누어서 살펴보겠습니다. `put_user`에서도 업데이트하고자 하는 필드만 선택적으로 입력받기 위해서 `UpsertModel`을 사용합니다. 이때 `UpsertModel`은 `post_user`와는 다르게 `id`를 필수로 입력받아야 합니다. `id`를 입력받지 않으면 업데이트할 대상을 찾을 수 없기 때문입니다.

```rust
pub async fn put_user(
    State(conn): State<DatabaseConnection>,
    Json(user): Json<UpsertModel>,
) -> Result<Json<Model>, AppError> {
    let id = match user.id {
```

3.6 모듈화

```
            Some(id) => id,
            None => {
                return Err(AppError::new(
                    StatusCode::BAD_REQUEST,
                    "User ID not provided",
                ))
            }
        };
```

대상을 찾은 다음에는 업데이트하고자 하는 레코드가 존재하는지를 검사합니다. 먼저 쿼리 결과가 `Ok`인지 `Err`인지를 검사하고, `Ok`인 경우 값이 `None`인지를 다시 한번 검사합니다. 이 중 어느 하나라도 문제가 있다면 그에 맞는 에러를 리턴해주도록 구성했습니다.

```
let found_user = match Entity::find_by_id(id).one(&conn).await {
    Ok(user) => user.ok_or(AppError::new(StatusCode::NOT_FOUND, "User not found"))?,
    Err(_) => {
        return Err(AppError::new(
            StatusCode::INTERNAL_SERVER_ERROR,
            "Database error",
        ))
    }
};
```

유저를 찾았다면 `Model` 타입의 `found_user`에 `into` 함수를 사용해 `ActiveModel` 타입의 `active_user`로 변환합니다. 이제 `active_user`의 필드를 업데이트한 다음, 나중에 실제 데이터베이스에 적용하도록 할 수 있습니다.

```
let mut active_user: ActiveModel = found_user.into();
```

우리는 아직 클라이언트가 `username`을 수정하려고 하는지, 혹은 `password`를 수정하려고 하는지 모르기 때문에 각 경우를 모두 체크해주어야 합니다. 클라이언트가 보낸 `ActiveModel`인 `user` 객체의 각 필드가 `ActiveValue::Set`인지를 통해서 어떤 필드가 업데이트되어야 하는지를 알 수 있습니다. 만일 `ActivaValue::NotSet`인 경우에는 기존 유저 `active_user`의 원래 필드값을 사용해 변경되지 않도록 했습니다.

```
active_user.username = user
    .username
    .map(ActiveValue::Set)
```

```
        .unwrap_or(active_user.username);
active_user.password = user
    .password
    .map(ActiveValue::Set)
    .unwrap_or(active_user.password);
```

드디어 업데이트된 `active_user`를 데이터베이스에 반영시켜주면 됩니다. 업데이트가 성공적이었다면 `Model`타입의 `result`을 리턴해줍니다. 마지막까지 에러 처리를 해야 한다는 점을 잊지 마세요.

```
    match active_user.update(&conn).await {
        Ok(result) => Ok(Json(result)),
        Err(_) => Err(AppError::new(
            StatusCode::INTERNAL_SERVER_ERROR,
            "Database error",
        )),
    }
}
```

`delete_user`도 코드를 단계별로 나누어 자세히 살펴보겠습니다. 레코드 삭제를 `id`로 할 것이기 때문에 이번에는 핸들러에서 입력으로 쿼리 파라미터 `id`만 입력받습니다.

```
pub async fn delete_user(
    State(conn): State<DatabaseConnection>,
    Query(params): Query<HashMap<String, String>>,
) -> Result<Json<&'static str>, AppError> {
    let id = match params.get("id") {
        Some(id) => id,
        None => {
            return Err(AppError::new(
                StatusCode::BAD_REQUEST,
                "User ID not provided",
            ))
        }
    };
```

`id`가 정수형으로 알맞게 입력되었다면 데이터베이스에서 삭제를 진행합니다. 데이터베이스에서 성공적으로 삭제되었다면 문자열 `"User deleted"`을 리턴합니다.

```
    match Entity::delete_by_id(
        id.parse::<i32>()
            .map_err(|_| AppError::new(StatusCode::BAD_REQUEST, "ID must be an integer"))?,
```

```
    )
    .exec(&conn)
    .await
    {
        Ok(_) => Ok(Json("User deleted")),
        Err(_) => Err(AppError::new(
            StatusCode::INTERNAL_SERVER_ERROR,
            "Database error",
        )),
    }
}
```

이제 모든 엔드포인트가 추가되었으므로 모듈을 경로에 추가하기 위해 `api/mod.rs`에 다음과 같이 입력합니다.

```
pub mod users;
```

이제 완성된 핸들러를 `main.rs`에서 사용하도록 합니다. 기존 `/users` 경로에 여러 개의 핸들러를 연속으로 이어서 라우팅을 정의하면 됩니다. 클라이언트에서는 같은 경로에 `HTTP` 메서드만 다르게 해서 각 엔드포인트를 사용할 수 있습니다.

```
let app = Router::new()
    .route(
        "/users",
        get(get_users)
            .post(post_user)
            .put(put_user)
            .delete(delete_user),
    )
    .with_state(conn);
```

3.7 나머지 엔드포인트 완성하기

키워드 ▶▶▶ **REST API, 엔드포인트**

3.6절에서는 `Users` 테이블에 대해서 GET, POST, PUT, DELETE 요청을 수행하는 핸들러들을 작성했습니다. 이번에는 `Category`와 `Product` 테이블에 대해서도 동일한 메서드를 처리할 수 있도록 나머지 엔드포인트를 완성해보겠습니다. `Category`와 `Product` 관련 엔드포인트를 넣기 위해서 `api` 폴더 밑에 `category.rs`와 `product.rs` 파일을 생성합니다. 그리고 `mod.rs`에 다음 라인을 추가합니다.

```
pub mod category;
pub mod product;
```

3.7.1 Category

`Category`는 별도의 프라이머리 키가 없기 때문에 카테고리를 입력, 조회, 삭제만 가능하고 수정은 하지 않습니다. `User` 테이블과 다르게 업서트 모델이 존재하지 않는다는 점을 제외하면 /users 엔드포인트의 핸들러와 거의 동일합니다. `get_category`와 `post_category`의 코드는 다음과 같습니다.

```rust
use std::collections::HashMap;

use axum::{
    extract::{Query, State},
    http::StatusCode,
    Json,
};

use sea_orm::{
    ActiveModelTrait, ActiveValue, ColumnTrait, Condition, DatabaseConnection, EntityTrait,
    ModelTrait, QueryFilter,
};

use crate::{
    entities::category::{ActiveModel, Column, Entity, Model},
    utils::app_error::AppError,
};

pub async fn get_category(
    State(conn): State<DatabaseConnection>,
    Query(params): Query<HashMap<String, String>>,
```

```rust
) -> Result<Json<Vec<Model>>, AppError> {
    let mut condition = Condition::all();

    if let Some(name) = params.get("name") {
        condition = condition.add(Column::Name.contains(name));
    }

    match Entity::find().filter(condition).all(&conn).await {
        Ok(categories) => Ok(Json(categories)),
        Err(_) => Err(AppError::new(
            StatusCode::INTERNAL_SERVER_ERROR,
            "Database error",
        )),
    }
}

pub async fn post_category(
    State(conn): State<DatabaseConnection>,
    Json(category): Json<Model>,
) -> Result<Json<Model>, AppError> {
    let new_category = ActiveModel {
        name: ActiveValue::Set(category.name),
    };

    match new_category.insert(&conn).await {
        Ok(result) => Ok(Json(result)),
        Err(_) => Err(AppError::new(
            StatusCode::INTERNAL_SERVER_ERROR,
            "Database error",
        )),
    }
}
```

delete_category는 name이 입력되었는지, 그리고 해당 name이 데이터베이스에 존재하는지를 확인한 다음 데이터베이스에서 삭제를 수행합니다. 코드에서 match가 세 가지 분기, 즉 카테고리가 데이터베이스에 존재하는 경우, 존재하지 않는 경우, 데이터베이스 내부의 오류를 처리하는 경우를 처리하고 있습니다.

```rust
pub async fn delete_category(
    State(conn): State<DatabaseConnection>,
    Query(params): Query<HashMap<String, String>>,
) -> Result<Json<&'static str>, AppError> {
    if params.get("name").is_none() {
        return Err(AppError::new(StatusCode::BAD_REQUEST, "Name is required"));
```

```
    }
    let category = match Entity::find()
        .filter(Condition::any().add(Column::Name.contains(params.get("name").unwrap())))
        .one(&conn)
        .await
    {
        Ok(Some(category)) => category,
        Ok(None) => return Err(AppError::new(StatusCode::NOT_FOUND, "Category not found")),
        Err(_) => {
            return Err(AppError::new(
                StatusCode::INTERNAL_SERVER_ERROR,
                "Database error",
            ))
        }
    };
    match category.delete(&conn).await {
        Ok(_) => Ok(Json("Deleted")),
        Err(_) => Err(AppError::new(
            StatusCode::INTERNAL_SERVER_ERROR,
            "Database error",
        )),
    }
}
```

3.7.2 Product

`Users`와 마찬가지로 업서트upsert를 위한 별도 모델이 필요하고 핸들러도 거의 동일합니다. 다만 `get_product` 함수에서 쿼리 파라미터의 종류가 많기 때문에 불필요한 타입 검사를 피하기 위해 쿼리 파라미터에서도 `UpsertModel`을 사용한다는 점이 약간 다릅니다. 만일 쿼리 파라미터에 타입을 `HashMap<String, String>`과 같이 지정했다면 `id`와 `price`가 해시맵에 포함되어 있는지, 그리고 타입이 정수형인지를 별도로 검사해야 하기 때문에 코드가 길어지고 복잡해졌을 것입니다. `UpsertModel`은 역직렬화 과정에서 타입을 자동으로 처리해주기 때문에 코드가 훨씬 간결해집니다.

```
use axum::{
    extract::{Query, State},
    http::StatusCode,
    Json,
};

use sea_orm::{
    ActiveModelTrait, ActiveValue, ColumnTrait, Condition, DatabaseConnection, EntityTrait,
```

```rust
    ModelTrait, QueryFilter,
};

use crate::{
    entities::product::{ActiveModel, Column, Entity, Model},
    utils::app_error::AppError,
};

#[derive(serde::Deserialize)]
pub struct UpsertModel {
    id: Option<i32>,
    title: Option<String>,
    price: Option<i32>,
    category: Option<String>,
}

pub async fn get_product(
    State(conn): State<DatabaseConnection>,
    Query(params): Query<UpsertModel>,
) -> Result<Json<Vec<Model>>, AppError> {
    let mut condition = Condition::all();

    if let Some(id) = params.id {
        condition = condition.add(Column::Id.eq(id))
    }

    if let Some(title) = params.title {
        condition = condition.add(Column::Title.contains(title));
    }
    if let Some(price) = params.price {
        condition = condition.add(Column::Price.eq(price));
    }
    if let Some(category) = params.category {
        condition = condition.add(Column::Category.contains(category));
    }

    match Entity::find().filter(condition).all(&conn).await {
        Ok(products) => Ok(Json(products)),
        Err(_) => Err(AppError::new(
            StatusCode::INTERNAL_SERVER_ERROR,
            "Database error",
        )),
    }
}
```

post_product와 put_product는 다음과 같습니다. 앞에서 살펴본 다른 post_와 put_ 핸들러와 동일한 흐름을 가지고 있습니다. post_product 함수는 ActiveModel을 먼저 만든 다음, 해당 객체를 사용해 `INSERT` 쿼리를 수행합니다. 쿼리가 성공적으로 수행되면 `ActiveModel`을 JSON 형식으로 바꾸어 클라이언트에게 리턴해줍니다.

```rust
pub async fn post_product(
    State(conn): State<DatabaseConnection>,
    Json(product): Json<UpsertModel>,
) -> Result<Json<Model>, AppError> {
    let new_product = ActiveModel {
        id: ActiveValue::NotSet,
        title: ActiveValue::Set(product.title.unwrap()),
        price: ActiveValue::Set(product.price.unwrap()),
        category: ActiveValue::Set(product.category.unwrap()),
    };

    match new_product.insert(&conn).await {
        Ok(inserted_product) => Ok(Json(inserted_product)),
        Err(_) => Err(AppError::new(
            StatusCode::INTERNAL_SERVER_ERROR,
            "Database error",
        )),
    }
}
```

`put_product`는 Entity로 ID가 일치하는 레코드를 찾습니다. 해당 레코드로부터 `ActiveModel`을 생성하는데, 사용자가 JSON 형태로 보낸 데이터인 `product` 매개변수로부터 수정할 값을 꺼내 `ActiveModel`을 생성합니다. 사용자가 수정하지 않은 필드는 레코드의 값을 그대로 사용합니다.

```rust
pub async fn put_product(
    State(conn): State<DatabaseConnection>,
    Json(product): Json<UpsertModel>,
) -> Result<Json<Model>, AppError> {
    let result = match Entity::find_by_id(product.id.unwrap()).one(&conn).await {
        Ok(result) => result.ok_or(AppError::new(StatusCode::NOT_FOUND, "Product not found"))?,
        Err(_) => {
            return Err(AppError::new(
                StatusCode::INTERNAL_SERVER_ERROR,
                "Database error",
            ))
        }
    };

    let new_product = ActiveModel {
        id: ActiveValue::Set(result.id),
        title: ActiveValue::Set(product.title.unwrap_or(result.title)),
```

```
        price: ActiveValue::Set(product.price.unwrap_or(result.price)),
        category: ActiveValue::Set(product.category.unwrap_or(result.category)),
    };

    match new_product.update(&conn).await {
        Ok(updated_product) => Ok(Json(updated_product)),
        Err(_) => Err(AppError::new(
            StatusCode::INTERNAL_SERVER_ERROR,
            "Database error",
        )),
    }
}
```

`delete_product` 역시 쿼리 파라미터를 입력으로 받기 때문에 타입 검사를 피하기 위해 `Upsert Model`을 사용합니다. 앞의 다른 `delete_` 핸들러들과 달리 복잡한 필터를 통해 레코드를 찾은 다음 삭제하는 방식을 사용하고 있습니다.

```
pub async fn delete_product(
    State(conn): State<DatabaseConnection>,
    Query(params): Query<UpsertModel>,
) -> Result<Json<&'static str>, AppError> {
    let mut condition = Condition::any();

    if let Some(id) = params.id {
        condition = condition.add(Column::Id.eq(id));
    }

    if let Some(title) = params.title {
        condition = condition.add(Column::Title.contains(title));
    }

    if let Some(price) = params.price {
        condition = condition.add(Column::Price.eq(price));
    }

    if let Some(category) = params.category {
        condition = condition.add(Column::Category.contains(category));
    }

    let product = match Entity::find().filter(condition).one(&conn).await {
        Ok(product) => product.ok_or(AppError::new(StatusCode::NOT_FOUND, "Product not found"))?,
        Err(_) => {
            return Err(AppError::new(
                StatusCode::INTERNAL_SERVER_ERROR,
                "Database error",
```

```
        ))
    }
};

match product.delete(&conn).await {
    Ok(_) => Ok(Json("Deleted")),
    Err(_) => Err(AppError::new(
        StatusCode::INTERNAL_SERVER_ERROR,
        "Database error",
    )),
    }
}
```

3.7.3 라우팅

지금까지 작성한 핸들러를 애플리케이션에 연결하기 위해 `main.rs`에 다음과 같이 입력합니다. 핸들러를 체이닝하는 방식으로 라우팅을 정의할 수 있습니다. 이제 모든 핸들러에서 State를 통해 데이터베이스 연결 풀을 공유하고, 각 경로 `/users`, `/category`, `/product`를 통해 CRUD 연산에 해당하는 각 핸들러들을 호출할 수 있게 되었습니다.

```
let app = Router::new()
    .route(
        "/users",
        get(get_user)
            .post(post_user)
            .put(put_user)
            .delete(delete_user),
    )
    .route(
        "/category",
        get(get_category)
            .post(post_category)
            .delete(delete_category),
    )
    .route(
        "/product",
        get(get_product)
            .post(post_product)
            .put(put_product)
            .delete(delete_product),
    )
    .with_state(conn);
```

3.8 DBeaver 사용해보기

키워드 ▶▶▶ DBeaver, SQL

1장에서 설치했던 DBeaver를 사용해 Postgres 데이터베이스에 연결해보겠습니다. 프로그램을 실행하면 다음과 같은 화면이 나타납니다.

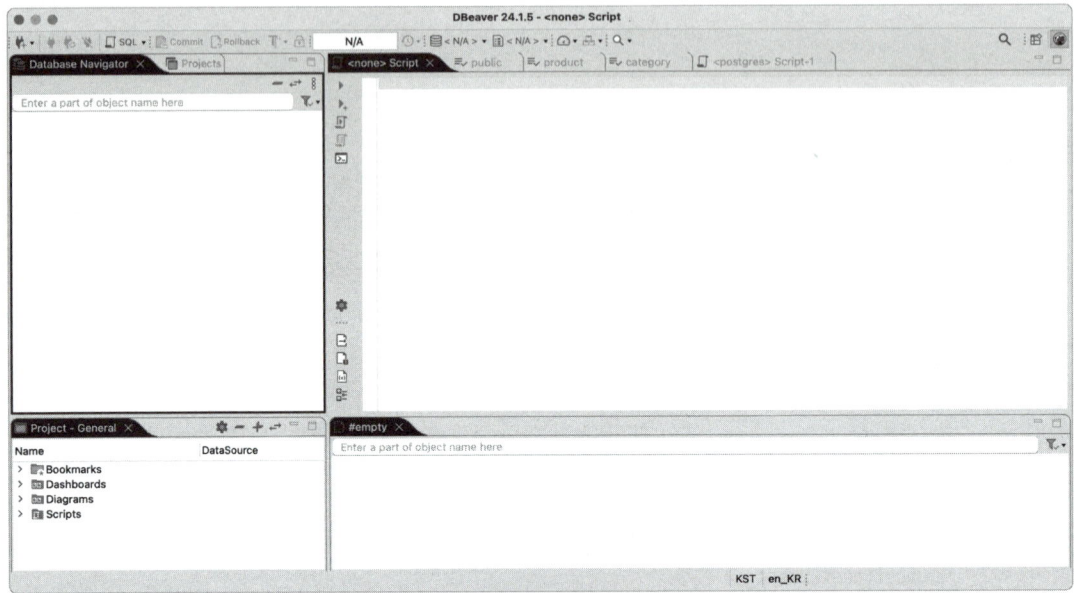

그림 3-13 DBeaver 메인 화면

여기서 좌측 상단의 플러그 모양 아이콘을 클릭해 새로운 데이터베이스 연결을 설정합니다.

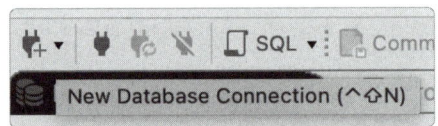

그림 3-14 새로운 데이터베이스 연결 생성

DBeaver는 매우 다양한 종류의 데이터베이스 연결을 지원합니다. 화면에 나타난 데이터베이스 중에서 PostgreSQL을 클릭하고 화면 하단의 [Next] 버튼을 클릭합니다.

그림 3-15 새로운 Postgres 연결 생성

SeaORM에 Postgres를 연결할 때 사용했던 연결 정보는 다음과 같습니다.

```
postgres://axum:1234@localhost/axum
```

이 정보를 그대로 사용하면 되는데, 데이터베이스 서버 주소나 포트 정보는 localhost와 5432라는 기본값을 그대로 사용하고 있기 때문에 수정하지 않아도 됩니다. Database에 axum을 입력하고 Authentication 패널에서 Username은 axum, 비밀번호는 1234를 입력합니다.

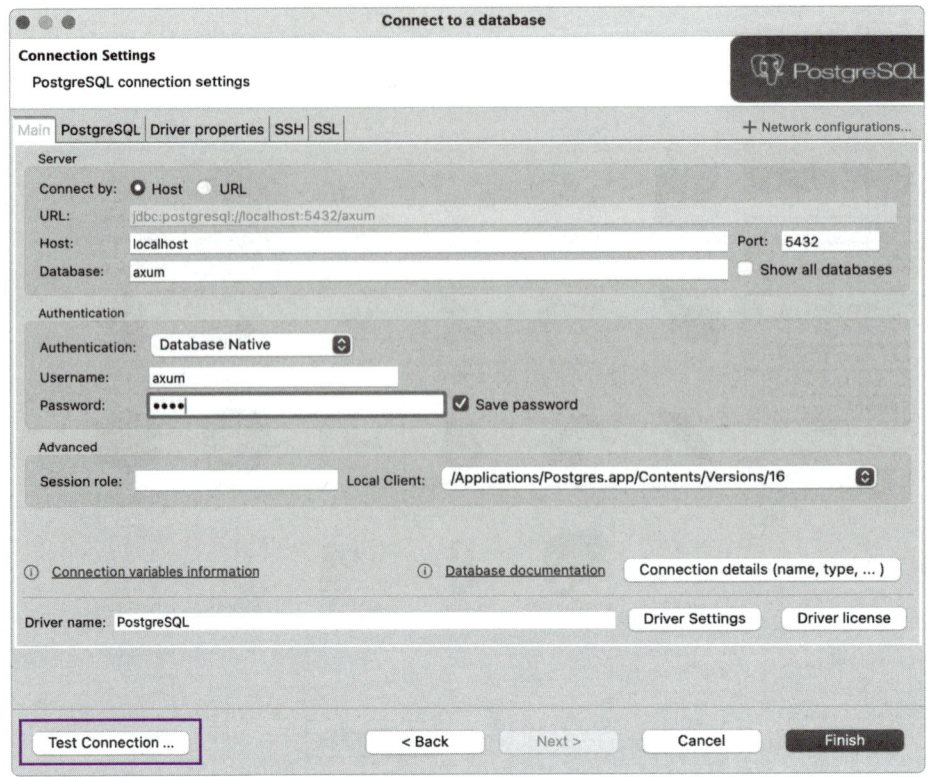

그림 3-16 Postgres의 Axum 데이터베이스 정보 입력

정보를 모두 입력한 다음, 좌측 하단의 [Test Connection] 버튼을 눌러서 연결 테스트를 수행합니다. Postgres 드라이버가 설치되어 있지 않다면 먼저 드라이버 설치가 진행됩니다. DBeaver에서 제안하는 모든 드라이버를 다운로드하고 설치합니다.

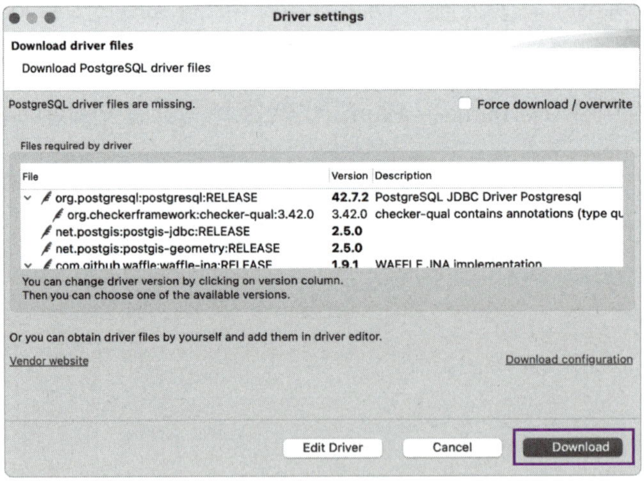

그림 3-17 Postgres 연결 드라이버 설치

드라이버 설치 후에는 그림 3-18과 같이 연결 성공 팝업이 나타나면 정상적으로 데이터베이스와 DBeaver가 연결된 것입니다. [OK] 버튼을 눌러 팝업을 닫은 후, 우측 하단의 [Finished] 버튼을 누르면 연결 설정이 완료됩니다.

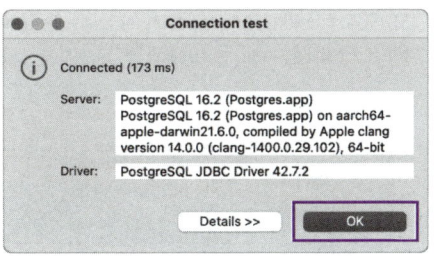

그림 3-18 연결 테스트 성공 화면

이제 연결된 데이터베이스 정보를 좌측 패널에서 확인할 수 있습니다. postgres 밑에 [Databases]를 클릭하면 우리가 생성해두었던 axum 데이터베이스를 볼 수 있습니다. Schemas - public - Tables로 진입한 다음 [Tables]를 더블클릭하면 하면 우측 패널에서 axum 데이터베이스에 생성되어 있는 테이블들을 확인할 수 있습니다.

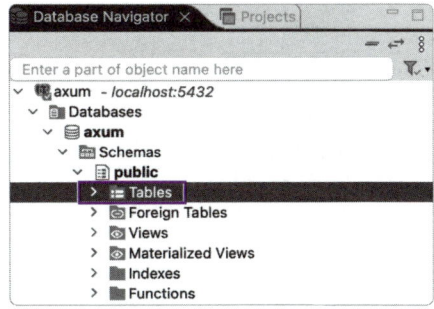

그림 3-19 데이터베이스 스키마와 테이블

이 화면에서는 각 테이블의 이름과 여러 가지 정보들을 확인할 수 있습니다.

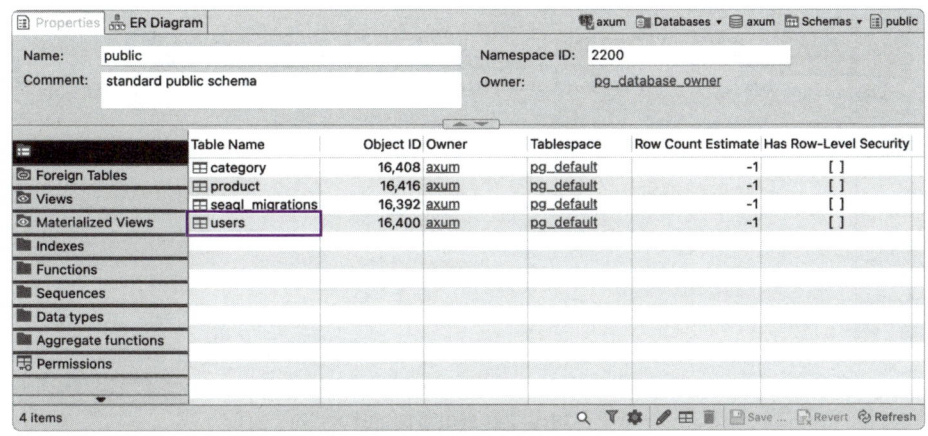

그림 3-20 데이터베이스 테이블 정보

목록의 테이블 중에서 [users]를 더블클릭하면 테이블에 정의된 컬럼 정보도 볼 수 있습니다. 컬럼의 이름, 타입 등의 정보가 모두 표시됩니다. 이 정보는 다음 SQL 쿼리를 실행해서 얻은 것과 동일합니다.

```
SELECT * FROM information_schema.columns
WHERE table_name = 'users';
```

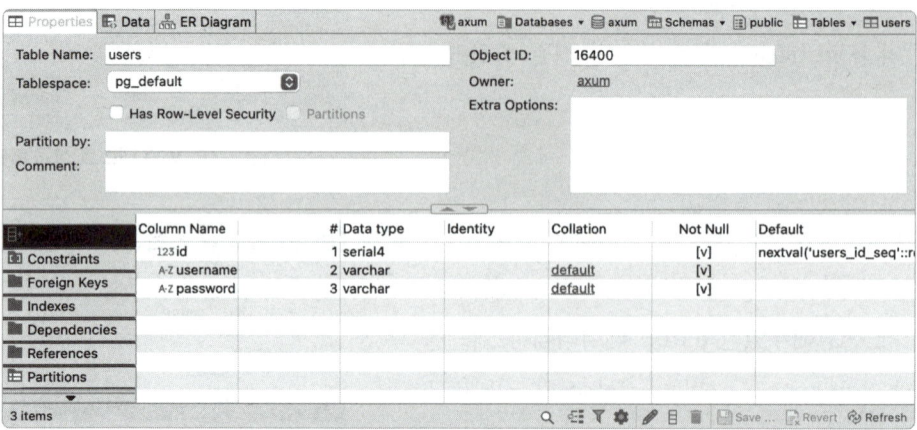

그림 3-21 users 테이블 정보

우측 패널 상단의 Data 탭에 들어가면 테이블에 저장되어 있는 레코드를 볼 수 있습니다. `users` 테이블의 `id`, `username`, `password` 컬럼을 확인할 수 있습니다.

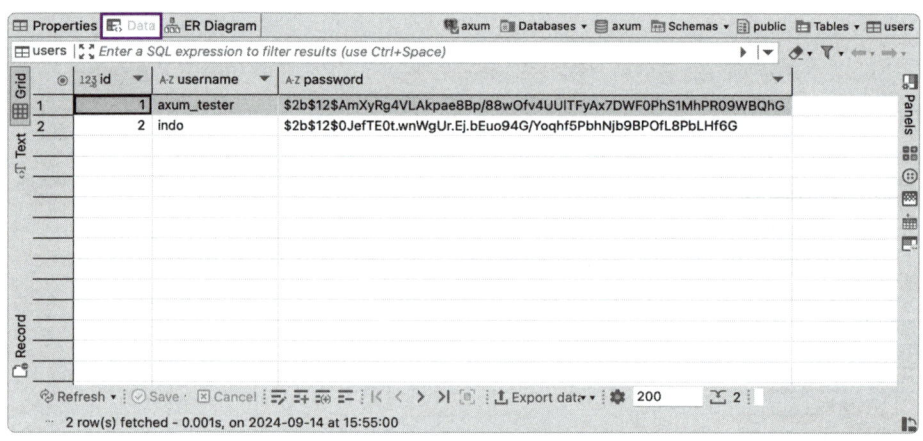

그림 3-22 테이블 데이터

만일 단순히 데이터를 조회하는 것 외에 직접 SQL 쿼리를 실행하려면 좌측 패널 상단의 [SQL] 버튼을 클릭합니다.

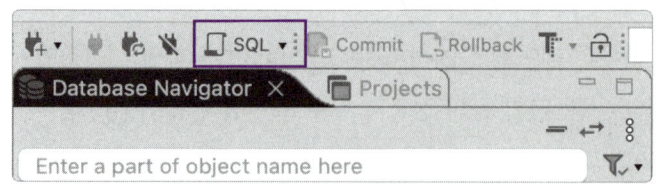

그림 3-23 새로운 SQL 파일 생성

우측 패널에 SQL 쿼리를 작성할 수 있는 창이 열리게 되고, 여기에 코드를 입력한 다음, 편집기 좌측의 삼각형 모양의 **[실행]** 버튼을 누르면 쿼리가 실행됩니다.

```
SELECT * FROM users;
```

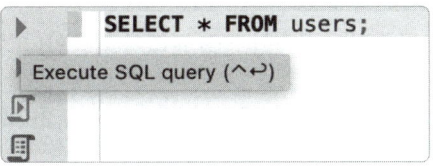

그림 3-24 SQL 쿼리 실행

실행된 쿼리의 결과는 편집기 하단에서 볼 수 있습니다. SELECT 쿼리 결과가 Data 탭에서 본 것과 동일하게 나타나는 것을 확인할 수 있습니다.

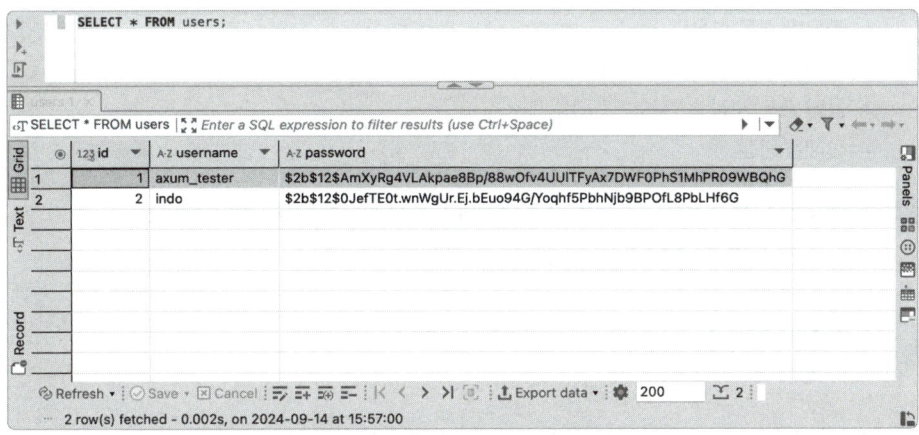

그림 3-25 SQL 쿼리 실행 결과

DBeaver는 이 외에도 간단하게 테이블을 생성하고 수정하는 기능, 유저를 추가하고 삭제하는 기능 등 다양한 기능을 제공하고 있습니다. 이 책에서 다루지 않은 기능이 많으니 공식 문서를 통해 여러 기능들을 공부하길 바랍니다.

돌아보기

- sea-orm을 사용해서 데이터베이스 스키마를 정의하고 마이그레이션을 수행할 수 있습니다.
- SeaQuery를 사용해서 데이터베이스에 접근할 수 있는 쿼리 모델을 생성할 수 있습니다.
- 데이터베이스 연결 풀을 만들어서 유연한 연결 관리가 가능합니다.
- 엔드포인트를 정의하고 라우팅을 연결해 CRUD 연산이 가능한 API를 구성했습니다.
- DBeaver를 사용해 데이터베이스를 조회하고 SQL 쿼리를 실행하는 방법을 배웠습니다.

쪽지시험

문제 1 다음 중 axum::extract::Json<T>를 사용하는 목적은 무엇인가?
① 라우팅 경로 설정
② JSON 요청을 Rust 구조체로 파싱
③ 응답 코드 지정
④ 상태값 저장

문제 2 Axum에서 요청 본문을 구조체로 자동 파싱하기 위해 필요한 파생 애트리뷰트는?
① #[derive(Default)]
② #[derive(Json)]
③ #[derive(Serialize)]
④ #[derive(Deserialize)]

문제 3 다음 중 #[derive(Serialize)] 속성이 반드시 필요한 상황은?
① 클라이언트에서 받은 JSON 데이터를 파싱할 때
② URL 경로 파라미터를 추출할 때
③ Rust 구조체를 JSON 응답으로 보낼 때
④ 상태 값을 공유할 때

문제 4 다음 중 Axum에서 HTTP 요청의 헤더 값을 추출할 수 있는 방식은?
① axum::extract::HeaderMap
② std::net::TcpStream
③ std::env::vars()
④ serde_json::from_str()

문제 5 다음 중 SeaORM의 주요 특징으로 알맞은 설명은?
① SQL 쿼리를 직접 문자열로 작성해야 한다
② Rust에서만 동작하는 서버 전용 ORM이다
③ Rust 타입 시스템과 통합된 안전한 ORM 프레임워크이다
④ 관계형 DB만 지원하지 않는다

문제 6 Axum과 SeaORM을 함께 사용할 때, 주로 어떤 형태로 DB 연결 풀을 공유하는가?
① static 전역 변수
② JSON 인코딩
③ `axum::extract::State`
④ RefCell

문제 7 SeaORM에서 Entity는 무엇을 의미하는가?
① SQL 데이터베이스 클라이언트
② 데이터베이스 테이블과 매핑되는 Rust 구조체
③ HTTP 라우터
④ 서버 핸들러 함수

정답: 1. ②, 2. ④, 3. ③, 4. ①, 5. ③, 6. ③, 7. ②

MEMO

학습 포인트
- 미들웨어의 중요성
- tower를 활용해 빠르고 편리하게 미들웨어 사용하기
- 커스텀 미들웨어 레이어 구현하기

CHAPTER 4
tower 미들웨어

백엔드 서버를 개발하다 보면 클라이언트로부터 요청을 받아서 실제 로직을 처리하기 전에 여러 가지 사전 작업을 해야 하거나, 응답에 사후 작업이 필요한 경우가 있습니다. 이러한 공통적인 작업을 각 함수마다 작성하는 대신 클라이언트와 서버의 중간에서 요청과 응답을 가로채 작업을 수행하는 미들웨어를 사용할 수 있습니다. 이번 장에서는 tower를 사용해 미들웨어를 구현하는 방법을 알아보겠습니다.

4.1 미들웨어란?

키워드 ▶▶▶ 동작 원리, tower

클라이언트와 서버 사이에 위치한 미들웨어는 다양한 기능을 수행하는 계층입니다. 즉 클라이언트에서 서버로 요청을 보내거나, 서버에서 응답을 클라이언트로 보낼 때 그 중간에서 요청과 응답을 가로채 다양한 기능을 수행할 수 있습니다. 미들웨어가 수행할 수 있는 여러 가지 작업 중 자주 사용되는 기능은 다음과 같습니다.

- **인증**authentication: 클라이언트가 사전에 인증된 사용자인지 확인합니다.
- **인가**authorization: 클라이언트가 보낸 요청이 허용된 요청인지 확인합니다. 예를 들어 특정 사용자만이 특정 엔드포인트에 접근할 수 있도록 제한하는 것입니다.
- **캐싱**caching: 클라이언트가 보낸 요청에 대한 응답을 캐싱했다가 재사용합니다.
- **로깅**logging: 클라이언트가 보낸 요청과 서버가 보낸 응답에 대한 로그를 남깁니다.

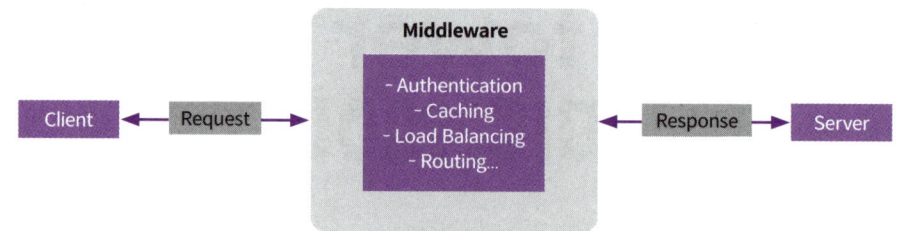

그림 4-1 미들웨어의 동작 원리

미들웨어는 웹 서버와 독립적으로 작동하기 때문에 웹 서버의 구조와는 크게 상관이 없습니다. 웹 서버에 블록을 끼우고 빼듯이 미들웨어를 추가하거나 제거할 수 있습니다. 이렇게 미들웨어를 추가하거나 제거하는 것을 미들웨어 스택middleware stack을 조작한다고 합니다. 따라서 미들웨어는 개발자가 직접 만드는 것보다는 미리 만들어진 기능을 가져다 사용하는 것이 일반적입니다.

4.1.1 tower 크레이트

`tower`는 Axum과 마찬가지로 `tokio` 런타임 위에서 동작하는 미들웨어 크레이트입니다. 여러 개의 미들웨어를 탑처럼 쌓아서 사용할 수 있기 때문에 `tower`라는 이름을 가지고 있습니다. `tower`는 `Service` 트레이트를 구현하는 비동기 함수를 미들웨어로 앱에 등록할 수 있도록 하는 크레이트입니다. 해당 비동기 함수는 요청을 받은 다음 응답 또는 오류를 리턴하는 형태로 구현됩니다. 각 미들웨어는 블록처럼 모듈화가 되어 있어서 언제든 재사용이 가능하고, 미들웨어를 추가하거나 제거하는 것이 아주 간단합니다.

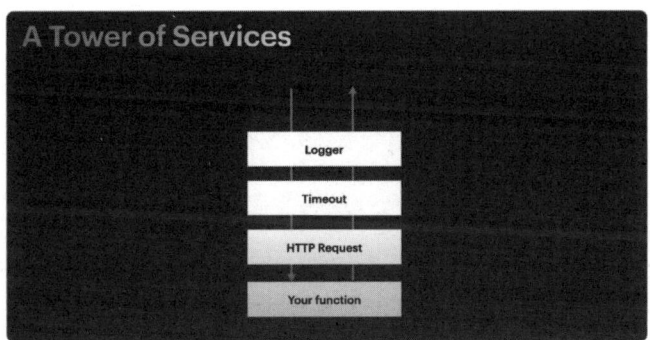

그림 4-2 tower 크레이트

Axum을 처음 개발할 때부터 `tower`와의 호환성을 우선순위에 두고 개발[1]한 만큼 코드 내에서 `tower`를 굉장히 매끄럽게 연결해서 사용할 수 있습니다. 물론 `tower`는 Axum에만 사용할 수 있는 것이 아닌 모든 백엔드 프레임워크와 호환되도록 설계되어서 다른 백엔드 프레임워크에서도 사용할 수 있습니다.

---

1 https://www.youtube.com/watch?v=w1atdqNsA80&list=WL&index=74&t=2s

4.2 미들웨어 레이어 추가해보기

키워드 ▶▶▶ 레이어, 미들웨어

`tower-http`는 `tower` 위에 구축된 HTTP 전용 미들웨어와 유틸리티를 제공하는 크레이트입니다. `tower-http`에는 일반적으로 HTTP 서버와 클라이언트를 구축할 때 유용한 다양한 미들웨어가 포함되어 있습니다. 미들웨어를 Axum 애플리케이션에 계층적으로 추가할 때 쓰이는 것이 레이어입니다. 레이어를 사용하면 간단하게 새로운 미들웨어를 애플리케이션에 추가할 수 있습니다. 이번 장에서 사용할 레이어는 다음 두 가지입니다.

- `TraceLayer`는 요청과 응답에 대한 로깅을 추가합니다. 일반 HTTP 요청과 gRPC를 모두 지원합니다.
- `TimeoutLayer`는 요청에 대한 시간 제한을 추가합니다.

이 외에도 자주 사용되는 주요 레이어는 다음과 같습니다.

- `CompressionLayer`와 `DecompressionLayer`를 사용해 응답 본문을 압축하거나 압축 해제할 수 있습니다.
- `FollowRedirectLayer`는 리디렉션을 자동으로 수행합니다.

이제 프로젝트에 다음과 같이 의존성을 추가합니다. `tracing`과 `tracing-subscriber`는 로깅을 위한 크레이트로, 미들웨어로 `TraceLayer`를 추가할 때 필요합니다.

```
tower = { version = "0.4.13", features = ["full"] }
tower-http = { version = "0.4.4", features = ["full"] }
tracing = "0.1.40"
tracing-subscriber = { version = "0.3.18", features = ["env-filter"] }
```

4.2.1 시간 제한 레이어

백엔드 서비스에서는 데이터베이스 연결을 통해 데이터를 불러오거나, 서드파티 API를 통해 데이터를 받아오는 경우가 있습니다. 만일 데이터베이스나 서드파티 API와 같은 백엔드 애플리케이션 외부의 의존성에 문제가 생겨서 데이터를 받아오는 데 너무 오랜 시간이 걸리는 경우, 무작정 데이터가 들어올 때까지 기다리기보다는 제한 시간을 두고 해당 시간 내에 데이터가 도착하지 않으면 실패로 간주하는 것이 효율적입니다. 클라이언트 입장에서도 언제 API 호출이 끝날지 모르는 상태로 계속 기다리기보다는 API에 시간 제한이 존재하고, 해당 시간까지만 기다리면 된다는 것을 아는 것이 더 좋습니다. 클라이언트가 보낸 요청이 일정 시간 내에 처리되지 않을 경우 요청을 중단시키는 시간 제한 레이어를 추가해보겠습니다.

다음 두 줄을 `main.rs`의 첫 줄에 추가합니다. `std::time::Duration`은 시간 범위나 간격을 나타내는 구조체입니다. `from_secs()`, `from_millis()`, `new()`와 같은 메서드를 사용하여 `Duration` 인스턴스를 생성하고 같은 타입끼리 시간을 더하거나 빼거나 비교하는 등의 다양한 연산을 수행할 수 있습니다. `TimeoutLayer`는 실제로 시간 제한을 설정할 수 있는 구조체입니다.

```rust
use std::time::Duration;
use tower_http::timeout::TimeoutLayer;
```

그리고 `app`의 마지막에 다음을 추가합니다. 미들웨어 레이어를 추가하려면 간단하게 `layer` 메서드를 사용하기만 하면 됩니다. 앞에서도 설명했지만 `layer` 메서드는 `Service` 크레이트를 구현하는 모든 구조체를 레이어로 추가할 수 있습니다. `Duration::from_millis`는 밀리초를 입력으로 받으며, 이에 따라 요청이 처리될 제한 시간을 3000ms, 즉 3초로 설정하겠다는 의미가 됩니다. 이제 3초 이상 소요되는 요청은 자동으로 시간 초과로 처리됩니다.

```rust
let app = Router::new()
    ...
    .layer(TimeoutLayer::new(Duration::from_millis(3000)));
```

정말 시간 제한 레이어가 생각처럼 동작하는지 확인해보겠습니다. 요청 처리가 일부러 5초 이상 소요되게끔 `tokio::time::sleep`를 사용해 의도적으로 핸들러가 실행되는 데 오래 걸리도록 했습니다. `users.rs`의 `delete_user` 첫 줄에 다음을 추가합니다.

```rust
pub async fn delete_user(
    State(conn): State<DatabaseConnection>,
    Query(params): Query<HashMap<String, String>>,
) -> Json<&'static str> {
    tokio::time::sleep(tokio::time::Duration::from_secs(5)).await; // 추가됨

    ...
}
```

Insomnia에서 `/users` 경로로 `DELETE` 메서드를 호출해보면, `delete_user`의 실행 시간이 3초보다 긴 5초가 걸리기 때문에 다음과 같이 408 Request Timeout 응답을 받을 수 있습니다.

```
HTTP/1.1 408 Request Timeout
content-length: 0
date: Sun, 22 Oct 2023 06:34:42 GMT
```

테스트를 마친 후에 `tokio::time::sleep` 라인은 다시 삭제하는 것을 잊지 마세요.

4.2.2 로깅 레이어

러스트의 경우는 로그 설정이 꽤나 까다롭습니다. 내장 크레이트인 `log`가 존재하지만, 실제로 로그를 기록하는 내용 없이 인터페이스(파사드façade라고도 합니다)만 정의되어 있기 때문에 로그를 기록하려면 서드파티 크레이트를 필수적으로 설치해야만 합니다. 아직 러스트 생태계에는 딱 정해진 로깅 크레이트가 존재하지 않기 때문에 개발자가 원하는 크레이트를 설치해서 사용하는 것이 일반적입니다. 여러 크레이트 중에서도 가장 많이 사용되는 크레이트를 깃허브 스타 순으로 나열해보면 다음과 같습니다.

- tokio-rs/tracing: 4.1k
- slog-rs/slog: 1.4k
- estk/log4rs: 832
- rust-cli/env_logger: 647

우리는 이 중에서 가장 큰 인기를 누리고 있는 `tracing`을 사용해 러스트에서의 로깅 사용법을 알아보려고 합니다. 다만 주의해야 할 점은 `tracing` 크레이트는 단순히 로깅만을 지원하는 것이 아닌 애플리케이션의 상태 감시 등과 같은 추가적인 기능을 제공한다는 점입니다. 따라서 정말 단순한 로깅 기능만을 원한다면 다른 크레이트도 둘러보는 것을 추천합니다.

`main.rs`의 첫 줄에 다음을 추가합니다. `tracing_subscriber`는 로그를 출력하는 방식을 설정하는 크레이트입니다. 여기서는 기본 포맷을 사용하고 로그 레벨은 환경 변수로부터 읽어오도록 설정했습니다. 환경 변수를 `.env` 파일로부터 읽어오기 위해서 `dotenvy::dotenv().ok();`를 추가합니다.

```rust
use tower_http::trace::TraceLayer;
use tracing::info;
```

```rust
use tracing_subscriber::{fmt, prelude::*, EnvFilter};

async fn main() {
    dotenvy::dotenv().ok();

    tracing_subscriber::registry()
        .with(fmt::layer())
        .with(EnvFilter::from_default_env())
        .init();
```

로깅 레벨을 설정하는 `RUST_LOG` 환경 변수를 `.env` 파일에 다음과 같이 디버그 레벨로 설정합니다.

```
RUST_LOG=debug
```

이제 `println!` 매크로는 전부 `info!` 매크로로 변경합니다.

```rust
async fn main() {
    dotenvy::dotenv().ok();

    tracing_subscriber::registry()
        .with(fmt::layer())
        .with(EnvFilter::from_default_env())
        .init();

    info!("Connecting to DB...");
    let conn = init_db().await;

    info!("Starting server...");
    let app = Router::new()
        ...
}
```

`TraceLayer`를 사용해 HTTP 요청과 응답에 대해 자동적으로 로그를 남길 수 있게 할 수 있습니다. `app`의 마지막에 다음을 추가합니다.

```rust
...
.layer(TraceLayer::new_for_http());
```

이제 GET /users를 호출해보면 다음과 같이 로그가 기록되는 것을 알 수 있습니다. 로깅 미들웨어를 쓰는 이유는 개발자가 직접 로그를 남기는 것보다 훨씬 편리하기 때문입니다. 개발자가 직접 로그를 남기는 경우에는 로그를 남기는 코드를 직접 작성해야 하기 때문에 로그를 남기는 코드가 많아지면 코드가 지저분해질 수 있습니다. 또한 개발자가 추가한 로그는 애플리케이션 로직과 관련된 로그이기 때문에 HTTP 요청과 응답에 대한 정보를 포함하지 않습니다. 로깅 미들웨어를 사용하면 HTTP 요청과 응답에 대한 정보를 포함한 로그를 자동으로 남길 수 있으므로 애플리케이션을 디버깅할 때 매우 유용합니다.

```
2023-10-22T06:55:14.741756Z  INFO axum_project: Connecting to DB...
2023-10-22T06:55:14.758557Z  INFO axum_project: Starting server...
2023-10-22T06:55:18.510396Z DEBUG hyper::proto::h1::io: parsed 3 headers
2023-10-22T06:55:18.510437Z DEBUG hyper::proto::h1::conn: incoming body is empty
2023-10-22T06:55:18.510651Z DEBUG request{method=GET uri=/users?id=1 version=HTTP/1.1}: tower_
http::trace::on_request: started processing request
2023-10-22T06:55:18.514643Z  INFO request{method=GET uri=/users?id=1 version=HTTP/1.1}:
sqlx::query: summary="SELECT \"users\".\"id\", \"users\".\"username\", \"users\".\"password\" …"
db.statement="\n\nSELECT\n  \"users\".\"id\",\n  \"users\".\"username\",\n
\"users\".\"password\"\nFROM\n  \"users\"\nWHERE\n  \"users\".\"id\" = $1\n" rows_affected=1
rows_returned=1 elapsed=1.692875ms
2023-10-22T06:55:18.514911Z DEBUG request{method=GET uri=/users?id=1 version=HTTP/1.1}: tower_
http::trace::on_response: finished processing request latency=4 ms status=200
2023-10-22T06:55:18.515113Z DEBUG hyper::proto::h1::io: flushed 154 bytes
```

> **더 알아보기** 로그 레벨
>
> 로그의 중요도를 나타내는 로그 레벨은 다음과 같이 다섯 단계로 나누는 방법이 가장 많이 사용되고 있습니다. Error가 가장 높은 단계, Trace가 가장 낮은 단계입니다.
>
> ① Error - 주의가 필요한 오류 이벤트를 기록하는 데 사용됩니다. 일반적으로 정상적인 프로그램 실행을 방해하는 이벤트입니다.
> ② Warn - 잠재적으로 문제가 될 수 있는 경고 이벤트를 기록하는 데 사용됩니다. 프로그램 실행을 방해하지는 않지만 어떤 종류의 문제를 암시하는 것들입니다.
> ③ Info - 애플리케이션의 진행 상황을 강조하는 정보 메시지를 기록하는 데 사용됩니다. 알아두면 유용한 주요 런타임 이벤트를 기록합니다.
> ④ Debug - 디버깅에 유용한 우선순위가 낮은 진단 정보를 기록하는 데 사용됩니다.
> ⑤ Trace - 매우 상세한 진단 데이터를 기록하는 데 사용됩니다. 함수 호출 등의 정보를 기록합니다.
>
> Trace 레벨은 부가적인 정보를 많이 담고 있어서 로그의 양이 매우 많아지게 됩니다. 따라서 저수준에서 동작하는 코드의 문제를 파악해야 하는 경우처럼 특정 상황에서만 사용합니다. 보통 개발 환경이나 테스트 환경에서는 Debug 레벨까지 기록하고, 프로덕션 환경에서는 Info 레벨 로그까지를 기록하는 것이 일반적입니다. 만일 Axum 애플리케이션에서 Debug 레벨 로그를 보고 싶지 않다면 `RUST_LOG` 환경 변수를 `info`로 변경하면 됩니다.
>
> ```
> RUST_LOG=info
> ```

4.2.3 압축 레이어

`CompressionLayer`는 크기가 큰 응답 본문을 압축하는 데 사용됩니다. 일부 서버나 클라이언트에서는 크기가 너무 큰 요청 본문이나 응답 본문을 차단하는 기능이 있는 경우도 있습니다. 또한 텍스트는 바이트 스트림으로 전송되기 때문에 크기가 큰 텍스트를 전송하는 경우 컴퓨터에서 바이트 스트림을 문자열로 복원하거나 그 반대 작업을 처리하는 데 많은 시간이 걸리기도 합니다. 따라서 큰 크기의 데이터를 주고받아야 하는 경우, 클라이언트는 요청 헤더에 Accept-Encoding을, 서버는 응답 헤더에 Content-Encoding 헤더를 통해 압축된다는 사실을 알려줄 수 있습니다.

추가적으로 해당 헤더들에는 어떤 압축 방법을 사용할지를 다음과 같이 명시합니다. 클라이언트 요청에 압축 방법이 정해지면 이 방법대로 응답 본문을 주게 됩니다. 여기서는 압축 방법으로 `Gzip`을 사용했습니다.

```
Accept-Encoding : gzip
```

> **전문가 TIP** 압축 방법은 `tower-http` 크레이트의 피처에 따라 달라집니다.
> - `compression-br`: Brotli
> - `compression-deflate`: Deflate
> - `compression-gzip`: Gzip
> - `compression-zstd`: Zstd

압축 레이어를 추가하려면 먼저 해당 모듈을 불러와야 합니다.

```rust
use tower_http::compression::CompressionLayer;
```

그리고 다음과 같이 레이어를 마지막에 한 줄만 추가해주면 됩니다.

```rust
...
    .layer(TimeoutLayer::new(Duration::from_millis(1000)))
    .layer(TraceLayer::new_for_http())
    .layer(CompressionLayer::new());
```

레이어를 마지막에 추가해주어야 하는 이유는 미들웨어를 추가하는 순서가 중요하기 때문입니다. 각 미들웨어는 이전에 추가된 모든 미들웨어를 감싸는 형태로 구성되어 있습니다. 따라서 클라이언트로부터 요청이 들어오면 가장 바깥쪽 레이어(마지막으로 추가된 레이어)에서 가장 안쪽 레이어(처음 추가된 레이어)로 이동한 다음 핸들러에서 응답이 생성되고, 이 응답은 다시 가장 안쪽 레이어로 이동한 다음, 마지막 레이어를 거쳐 클라이언트에게 전달됩니다.

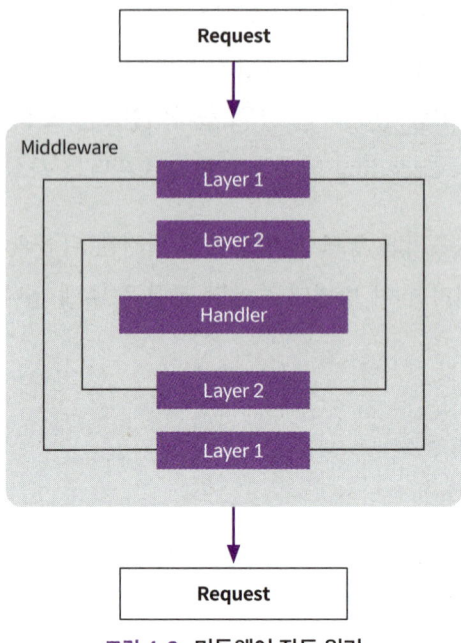

그림 4-3 미들웨어 작동 원리

이러한 이유로 `CompressionLayer`는 미들웨어 스택의 가장 밑에 추가되는 경우가 많습니다. 이는 응답 본문을 압축하기 때문이며, 일반적으로 다른 모든 미들웨어가 응답을 처리하고 변경한 후에 이 작업이 수행되는 것이 가장 이상적이기 때문입니다. 스택 중간에 `CompressionLayer`를 추가하면 그 이후에 추가된 모든 미들웨어가 압축된 응답을 받게 되면서 예상치 못한 결과가 발생하거나 에러가 발생할 여지가 있습니다.

이번에는 많은 양의 텍스트 데이터를 압축하지 않고 보내는 것과 압축해서 보내는 것을 비교해서 얼마나 효율적으로 압축이 되는지 확인해보겠습니다. 다음 링크로 접속해 텍스트 파일을 다운로드해주세요. 이 책의 깃허브 코드 저장소에 접속해서 `rest-api` 폴더 밑의 alice_in_wonderland.txt로 들어간 다음 우측 상단의 [Raw] 버튼을 클릭해서 다운로드할 수도 있습니다.

https://raw.githubusercontent.com/Indosaram/axum-book-code/main/rest-api/alice_in_wonderland.txt

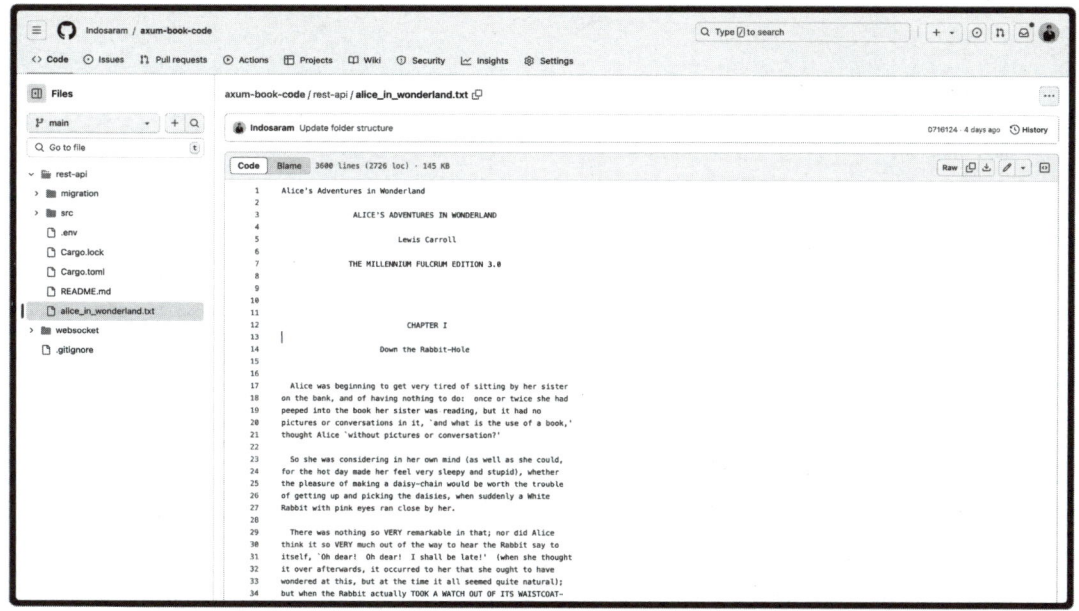

그림 4-4 예제 파일 페이지

그리고 `api` 폴더 밑에 `text.rs` 파일을 추가해주세요. 해당 파일에는 다음 내용을 입력합니다. 파일 스트림을 열어 텍스트 파일을 문자열로 불러오는 코드입니다.

```
pub async fn text() -> String {
    tokio::fs::read_to_string("alice_in_wonderland.txt")
        .await
        .unwrap()
}
```

`api/mod.rs`에는 마지막 줄에 `text` 모듈을 추가해주세요.

```
pub mod auth;
pub mod category;
pub mod product;
pub mod users;
pub mod text; // 추가됨
```

마지막으로 `main.rs`에는 `use api::text::text;`를 추가해 `text` 모듈을 불러오고, 라우팅 가장 마지막 줄에 `.route("/text", get(text))`를 추가하면 됩니다.

```
...
use api::text::text; // 추가됨

use db::init_db;

use utils::jwt::authenticate;

#[tokio::main]
async fn main() {
    dotenvy::dotenv().ok();

    tracing_subscriber::registry()
        .with(fmt::layer())
        .with(EnvFilter::from_default_env())
        .init();

    info!("Connecting to DB...");
    let conn = init_db().await;

    info!("Starting server...");
    let app = Router::new()
        .route("/users", get(get_users).put(put_user).delete(delete_user))

        ...

        .route("/auth/login", post(login))
        .route("/auth/signup", post(post_user))
        .route("/text", get(text)) // 추가됨
        .with_state(conn)
        .layer(TimeoutLayer::new(Duration::from_millis(1000)))
        .layer(TraceLayer::new_for_http())
        .layer(CompressionLayer::new());

    let listener = tokio::net::TcpListener::bind("127.0.0.1:8000")
        .await
        .unwrap();
    axum::serve(listener, app).await.unwrap();
}
```

이제 서버를 시작하고 다음과 같이 Insomnia로 요청을 보내보겠습니다. 요청 주소는 /text입니다. Headers에 `Accept-Encoding: gzip`을 반드시 추가해야 압축된 데이터를 받을 수 있습니다. 원래 텍스트 파일의 크기는 145.1 KB인데 압축된 파일 크기는 52.5 KB로 63% 정도 줄어든 것을 알 수 있습니다. 우측 패널의 Console 탭을 열어보면 서버에서 `content-encoding: gzip` 헤더를 보내주

는데, Insomnia에서 이 헤더를 읽어서 압축된 데이터를 다시 압축 해제하는 과정을 거쳐 화면에 텍스트를 보여줍니다.

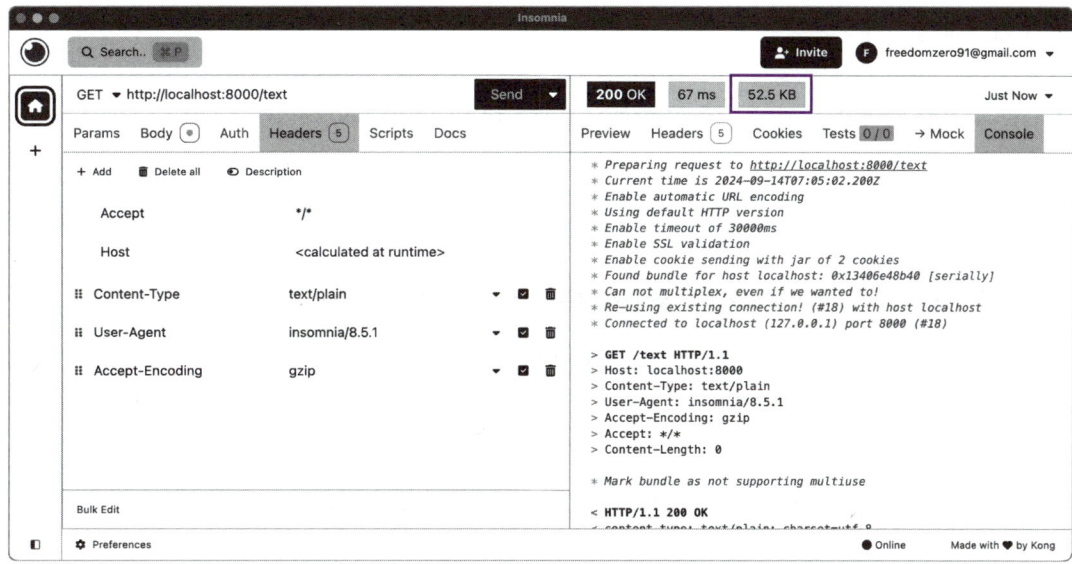

그림 4-5 압축된 데이터 응답

만일 헤더를 사용하지 않고 요청을 보내면 다음과 같이 전송된 데이터의 크기가 커지는 것을 알 수 있습니다.

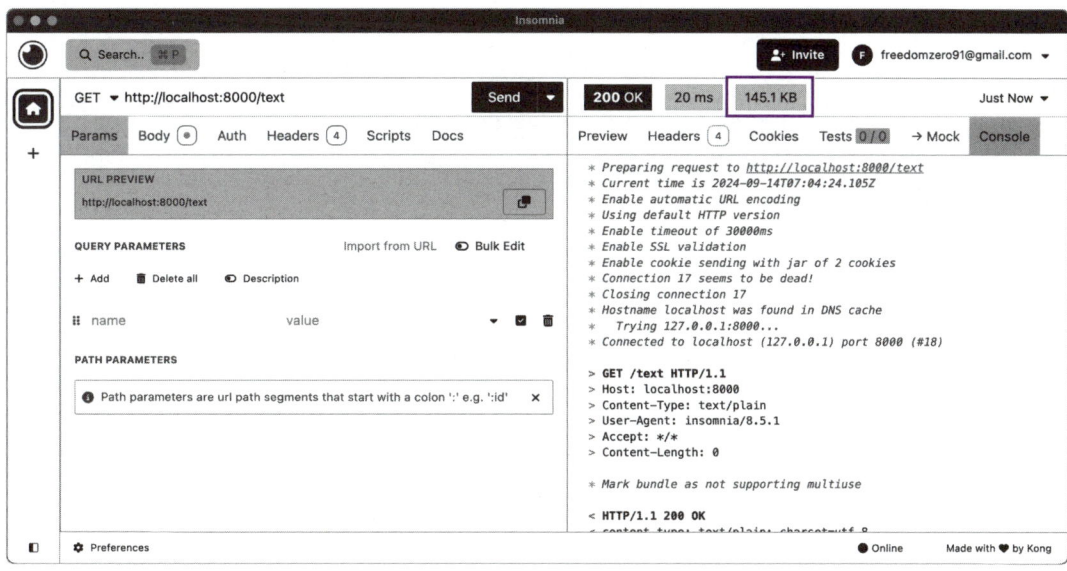

그림 4-6 압축되지 않은 데이터 응답

압축하지 않을 때 응답 시간이 줄어든 것은 압축 알고리즘의 실행에 시간이 소요되기 때문인데, 파일의 크기가 크거나 서버와 클라이언트가 물리적으로 멀리 떨어져 있는 경우에는 데이터를 압축하는 데 드는 시간보다 작은 크기의 압축된 데이터를 보내는 것이 더욱 효율적이기 때문에 걱정하지 않아도 됩니다.

참고로 추가하지 않은 피처의 압축 방법으로 Accept-Encoding 헤더를 포함해 보내더라도 Axum에서는 에러가 발생하지 않는 것을 볼 수 있습니다. 하지만 데이터가 압축되지 않은 상태로 전송되기 때문에 정확한 압축 방법을 명시해서 보내는 것이 효율적인 데이터 전달을 위해서 중요합니다.

그림 4-7 올바르지 않은 압축 헤더 전송

4.3 예제: JWT 인증 레이어 만들기

키워드 ▸▸▸ JWT, 인증, 암호화

인증은 API 설계에서 굉장히 중요한 부분 중 하나입니다. 허용된 사용자에게 허용된 기능만을 사용할 수 있도록 제한하는 방법으로, API의 무분별한 사용을 막고 보안 위협에 대응할 수 있는 기본적인 기능이기 때문입니다.

> **전문가 TIP** 우리말에서는 '인증'이라는 단어로 뭉뚱그려서 표현하는 경우가 많지만, 영어로는 Authentication(인증)와 Authorization(인가)이라는 두 가지 표현을 명확히 구분해서 사용합니다. API에서 'Auth'라고 줄여서 표현하는 경우 대부분 Authorization을 의미합니다.

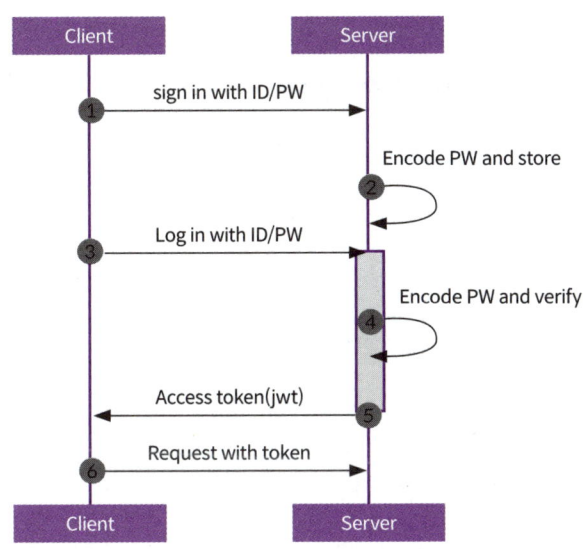

그림 4-8 JWT 인증 작동 원리

인증 레이어에서는 간략화한 JWT 인증 방식을 구현해보겠습니다. 사용자는 클라이언트를 통해 ID와 비밀번호로 회원가입을 합니다. 이때 비밀번호는 암호화되어 저장됩니다. 회원가입이 완료되면 클라이언트는 ID와 비밀번호를 사용해 로그인을 합니다. 로그인 시 사용자가 입력한 비밀번호를 기존에 암호화했던 방식과 동일하게 암호화하고, 데이터베이스에 저장된 암호화된 비밀번호와 일치하는지 확인합니다. 일치하는 경우 로그인이 성공하고, 서버는 클라이언트에게 JWT 토큰을 발급합니다. 클라이언트는 이 토큰을 사용해 서버에 요청을 보냅니다. 서버는 토큰을 보낸 사용자가 해당 토큰의 소유자인지를 검증한 후 요청을 처리합니다.

인증 레이어를 구현하기 위한 `utils` 폴더를 만들고 그 안에 다음과 같이 파일을 생성합니다.

```
utils
├── app_error.rs
├── hash.rs
├── jwt.rs
└── mod.rs
```

`app_error.rs`를 먼저 작성해보겠습니다. 앱에서 발생하는 에러를 처리하기 위한 `AppError` 구조체를 다음과 같이 정의합니다. 해당 구조체는 상태 코드를 나타내는 `code` 필드와 에러 메시지를 나타내는 `message` 필드를 가지고 있습니다. `AppError` 구조체는 `IntoResponse` 트레이트를 구현하고 있기 때문에 axum의 `Response`로 변환될 수 있는데, 이에 따라 핸들러 함수에서 리턴할 수 있는 타입이 됩니다.

```rust
use axum::{http::StatusCode, response::IntoResponse, Json};

pub struct AppError {
    code: StatusCode,
    message: String,
}

impl AppError {
    pub fn new(code: StatusCode, message: impl Into<String>) -> Self {
        Self {
            code,
            message: message.into(),
        }
    }
}

impl IntoResponse for AppError {
    fn into_response(self) -> axum::response::Response {
        (self.code, Json(self.message.clone())).into_response()
    }
}
```

이어서 비밀번호를 암호화하는 기능과 비밀번호를 검증하는 기능을 `hash.rs`에 정의할 것입니다. 다음 의존성을 추가합니다.

```
bcrypt = "0.15.0"
```

`bcrypt` 크레이트는 암호화를 제공하는 크레이트로 `hash`와 `verify`를 사용하면 각각 비밀번호 암호화와 검증을 간단하게 수행할 수 있습니다. 여기에서 `hash_password`와 `verify_password`는 이 두 함수를 래핑해서 `AppError`를 리턴하도록 만들었습니다.

`hash_password` 함수는 입력한 비밀번호를 암호화하여 해시값을 반환하는 기능을 수행합니다. 이 함수는 `bcrypt` 라이브러리를 사용하여 비밀번호를 안전하게 해시합니다. 해시값은 비밀번호를 복호화할 수 없도록 암호화된 형태로 저장됩니다. `COST` 상수는 `bcrypt` 라이브러리의 암호화 강도를 결정하는 값입니다. 값이 클수록 암호화 강도가 높아지지만, 처리 속도가 느려질 수 있습니다. 적절한 값을 선택하여 보안과 성능 사이의 균형을 맞출 수 있습니다. 보통 10~12 사이의 값을 선택하고, 12 이상이라면 암호화 강도가 매우 높다고 볼 수 있습니다.

`verify_password` 함수는 평문 상태의 입력된 비밀번호 `password`와 암호화된 비밀번호인 `hash`를 비교하여 일치하는지 확인하는 기능을 수행합니다. 이 함수는 `bcrypt` 라이브러리를 사용하여 해시값의 유효성을 검증합니다. 비밀번호와 해시값이 일치하는 경우 `true`를 반환하고, 그렇지 않은 경우 `false`를 반환합니다.

```rust
use super::app_error::AppError;
use axum::http::StatusCode;
use bcrypt::{hash, verify};
use tracing::error;

const COST: u32 = 12;

pub fn hash_password(password: &str) -> Result<String, AppError> {
    hash(password, COST).map_err(|err| {
        error!("Error hashing password: {:?}", err);
        AppError::new(StatusCode::INTERNAL_SERVER_ERROR, "Error securing password")
    })
}

pub fn verify_password(password: &str, hash: &str) -> Result<bool, AppError> {
    verify(password, hash).map_err(|err| {
        error!("Error verifying password: {:?}", err);
        AppError::new(
            StatusCode::INTERNAL_SERVER_ERROR,
            "The was a problem verifying your password",
        )
    })
}
```

```
        })
    }
```

jwt.rs에서는 JWT를 생성하고 검증하는 기능을 정의할 것입니다. 다음 의존성을 추가합니다.

```
jsonwebtoken = "9.2.0"
chrono = "0.4.31"
lazy_static = "1.4.0"
```

jsonwebtoken 크레이트를 사용하면 JWT를 생성하고 검증하는 기능을 간단하게 수행할 수 있습니다. jsonwebtoken 크레이트는 encode와 decode 함수를 제공하는데, 각각 JWT를 생성하고 검증하는 기능을 수행합니다. 토큰 정보로는 토큰 만료 시간 exp와 사용자 이름 username을 포함하고 있는 구조체인 Claims를 새로 만들었습니다. 토큰을 JWT 형태로 직렬화했다가 나중에 JWT에서 구조체로 역직렬화를 해야 하기 때문에 Serialize와 Deserialize 트레이트를 추가해주어야 합니다.

```rust
use super::app_error::AppError;
use axum::{
    http::{HeaderMap, Request, StatusCode},
    middleware::Next,
    response::Response, body::Body,
};
use chrono::Duration;
use jsonwebtoken::{decode, encode, DecodingKey, EncodingKey, Header, Validation};
use serde::{Deserialize, Serialize};
use std::env;
use tracing::{debug, error};

#[derive(Serialize, Deserialize)]
pub struct Claims {
    exp: usize,
    username: String,
}
```

여기서 암호화를 위한 비밀 키인 SECRET_KEY는 환경 변수로부터 읽어오는데, 환경 변수는 컴파일 타임에 읽어오지 못하기 때문에 SECRET_KEY 상수를 미리 만들어둘 수가 없습니다. lazy_static! 매크로를 사용하면 런타임에 매크로 내부의 코드를 실행해서 얻은 결괏값을 사용해서 상수 SECRET_KEY를 String 타입으로 만들 수 있습니다.

```
use lazy_static::lazy_static;

lazy_static! {
    static ref SECRET_KEY: String = env::var("SECRET_KEY").expect("SECRET_KEY must be set");
}
```

`create_token`과 `validate_token` 함수는 `encode`와 `decode` 함수를 래핑해서 `AppError`를 리턴하도록 만들었습니다. `create_token` 함수는 사용자 이름을 입력받아 JWT를 생성하는 기능을 수행합니다. 이 함수는 다음과 같은 단계로 진행됩니다.

- **토큰 만료 시간 설정**: `exp` 변수에 저장된 값으로, 현재 시간(UTC)을 기준으로 1시간 후의 만료 시간을 설정합니다.
- **클레임 생성**: 사용자 이름과 만료 시간 정보를 담은 `Claims` 구조체를 생성합니다.
- **헤더 및 암호화 키 설정**: 기본 헤더와 시크릿 키 `SECRET_KEY`를 사용하여 암호화 키 객체를 생성합니다.
- **토큰 인코딩**: 헤더, 클레임, 암호화 키를 사용하여 JWT를 인코딩합니다.

`create_token` 함수는 다음과 같습니다.

```
pub fn create_token(username: String) -> Result<String, AppError> {
    let now = chrono::Utc::now();
    let expires_at = now + Duration::hours(1);
    let exp = expires_at.timestamp() as usize;
    let claims = Claims { exp, username };
    let token_header = Header::default();
    let key = EncodingKey::from_secret(SECRET_KEY.as_bytes());

    encode(&token_header, &claims, &key).map_err(|err| {
        error!("Error creating token: {:?}", err);
        AppError::new(
            StatusCode::INTERNAL_SERVER_ERROR,
            "There was an error, please try again later",
        )
    })
}
```

`validate_token` 함수는 JWT 토큰 문자열을 입력받아 유효성을 검증하는 기능을 수행합니다. 이 함수는 다음과 같은 단계로 진행됩니다.

- **토큰 베어러 제거**: 토큰 문자열에서 'Bearer' 접두사를 제거합니다.
- **복호화 키 설정**: 시크릿 키 `SECRET_KEY`를 사용하여 복호화 키 객체를 생성합니다.
- **토큰 검증**: 토큰 문자열, 복호화 키, 알고리즘(HS256)을 사용하여 토큰의 유효성을 검증합니다.

검증 과정에서 다음과 같은 오류가 발생할 수 있습니다.

- **유효하지 않은 토큰**: 토큰 형식이 잘못되었거나 손상된 경우
- **유효하지 않은 서명**: 토큰의 서명이 일치하지 않는 경우
- **만료된 토큰**: 토큰의 만료 시간이 지난 경우

위와 같은 오류가 발생하면 `AppError`에서 HTTP 상태 코드와 해당 오류에 맞는 메시지를 포함해 리턴하게 됩니다. 사용자가 보낸 토큰이 만료되지 않은 유효한 토큰일 경우, 복호화된 정보를 리턴합니다. 이 클레임 정보에는 `create_token` 함수에서 만든 `Claims`의 만료 시간과 사용자 이름이 들어 있습니다.

```rust
pub fn validate_token(token: &str) -> Result<Claims, AppError> {
    let binding = token.replace("Bearer ", "");
    let key = DecodingKey::from_secret(SECRET_KEY.as_bytes());
    let validation = Validation::new(jsonwebtoken::Algorithm::HS256);

    decode::<Claims>(&binding, &key, &validation)
        .map_err(|err| match err.kind() {
            jsonwebtoken::errors::ErrorKind::InvalidToken
            | jsonwebtoken::errors::ErrorKind::InvalidSignature
            | jsonwebtoken::errors::ErrorKind::ExpiredSignature => {
                AppError::new(StatusCode::UNAUTHORIZED, "not authenticated!")
            }
            _ => {
                error!("Error validating token: {:?}", err);
                AppError::new(StatusCode::INTERNAL_SERVER_ERROR, "Error validating token")
            }
        })
        .and_then(|decoded| {
            if chrono::Utc::now().timestamp() > decoded.claims.exp as i64 {
                Err(AppError::new(
                    StatusCode::UNAUTHORIZED,
                    "not authenticated!",
                ))
            } else {
                Ok(decoded.claims)
```

```
        }
    })
}
```

지금까지 작성한 내용을 바탕으로 애플리케이션에 추가할 미들웨어를 작성합니다. `authenticate` 함수는 헤더로부터 토큰을 추출한 다음 토큰을 검증합니다. 검증에 성공하면 `next.run(request).await`를 호출해서 다음 미들웨어를 실행합니다. 검증에 실패하면 `AppError`를 리턴합니다.

```rust
// `jwt.rs` 계속
pub async fn authenticate(
    headers: HeaderMap,
    request: Request<Body>,
    next: Next,
) -> Result<Response, AppError> {
    if let Some(value) = headers.get("Authorization") {
        let token = value.to_str().map_err(|err| {
            error!("Error extracting token from headers: {:?}", err);
            AppError::new(StatusCode::INTERNAL_SERVER_ERROR, "Error reading token")
        })?;

        let claim = validate_token(token)?;

        debug!("Authenticated user: {}", claim.username);

        if claim.exp < (chrono::Utc::now().timestamp() as usize) {
            return Err(AppError::new(StatusCode::UNAUTHORIZED, "Token has expired"));
        }

        Ok(next.run(request).await)
    } else {
        Err(AppError::new(
            StatusCode::UNAUTHORIZED,
            "not authenticated!",
        ))
    }
}
```

이제 `auth.rs` 모듈을 `api` 폴더에 추가하고 다음 내용을 입력합니다. 사용자로부터 ID와 비밀번호를 입력받아 로그인할 수 있도록 `RequestUser` 구조체를 새로 정의했습니다.

```rust
use crate::entities::{prelude::Users, users::Column};
use crate::utils::app_error::AppError;
use crate::utils::hash::verify_password;
```

```rust
use crate::utils::jwt::create_token;
use axum::http::StatusCode;
use axum::{extract::State, Json};
use sea_orm::{ColumnTrait, DatabaseConnection, EntityTrait, QueryFilter};
use serde::{Deserialize, Serialize};

#[derive(Serialize, Deserialize)]
pub struct RequestUser {
    username: String,
    password: String,
}
```

login 함수에서는 RequestUser를 입력받아 여기서 추출한 username과 password를 사용해 실제 사용자 정보가 맞는지를 검증합니다. 먼저 username은 데이터베이스의 Users 테이블에 해당 사용자가 존재하는지를 검사합니다. 사용자가 존재하는 경우는 `crate::utils::hash::verify_password`를 사용해서 비밀번호의 유효성을 검증합니다. 이때 사용자가 보낸 비밀번호와 데이터베이스에서 찾은 비밀번호를 대조합니다. 데이터베이스에 저장된 비밀번호는 암호화 상태이고, 사용자가 보낸 비밀번호는 평문이기 때문에 verify_password 함수가 필요한 것입니다. 여기까지 모두 문제없이 진행되었다면 로그인에 성공한 것이고, 따라서 JWT 토큰을 발급합니다.

```rust
pub async fn login(
    State(db): State<DatabaseConnection>,
    Json(request_user): Json<RequestUser>,
) -> Result<String, AppError> {
    let user = Users::find()
        .filter(Column::Username.eq(request_user.username))
        .one(&db)
        .await
        .map_err(|error| {
            eprintln!("Error getting user by username: {:?}", error);
            AppError::new(
                StatusCode::INTERNAL_SERVER_ERROR,
                "Error logging in, please try again later",
            )
        })?
        .ok_or_else(|| {
            AppError::new(
                StatusCode::BAD_REQUEST,
                "incorrect username and/or password",
            )
        })?;

    if !verify_password(&request_user.password, &user.password)? {
```

```
        return Err(AppError::new(
            StatusCode::UNAUTHORIZED,
            "incorrect username and/or password",
        ));
    }

    Ok(create_token(user.username.clone())?)
}
```

이제 드디어 `main.rs`로 돌아갑니다. 다음과 같이 기존 라우터 하단에 `route_layer`를 추가합니다. 미들웨어 `authenticate`로부터 레이어를 만들기 위해서 `middleware::from_fn`를 사용했습니다. 그다음에 로그인 엔드포인트를 추가합니다. 이제 `route_layer`보다 이전에 정의된 엔드포인트에는 인증이 필요합니다. 즉 로그인 엔드포인트는 별도 인증 없이도 호출이 가능합니다.

```
use axum::middleware;

use api::auth::login;
use utils::jwt::authenticate;

...
        .route(
            "/product",
            get(get_product)
                .post(post_product)
                .put(put_product)
                .delete(delete_product),
        )
        .route_layer(middleware::from_fn(authenticate))
        .route("/auth/login", post(login))
        .with_state(conn)
...
```

여기까지 진행하다 보면 한 가지 문제가 발생합니다. 이전에 회원가입을 받을 때, 즉 새로운 유저를 데이터베이스에 추가할 때는 비밀번호를 평문으로 저장했습니다. 따라서 기존 유저에게 토큰을 발급할 수 없습니다. 물론 기존 유저의 비밀번호를 매뉴얼하게 암호화할 수도 있지만, 여기서는 기존 유저를 모두 삭제하도록 하겠습니다. 또한 새로운 유저의 비밀번호를 암호화하기 위해서 `users.rs`의 `post_user` 함수를 다음과 같이 수정합니다.

```
pub async fn post_user(
```

```
    State(conn): State<DatabaseConnection>,
    Json(user): Json<UpsertModel>,
) -> Result<Json<Model>, AppError> {
    let hashed_password = hash_password(&user.password.unwrap())?; // 비밀번호 암호화

    let new_user = ActiveModel {
        id: ActiveValue::NotSet,
        username: ActiveValue::Set(user.username.unwrap()),
        password: ActiveValue::Set(hashed_password), // 암호화된 비밀번호 저장
    };

    let result = new_user.insert(&conn).await.unwrap();

    Ok(Json(result))
}
```

새로운 유저를 하나 생성한 다음, 해당 유저로 로그인해서 토큰을 발급받아 보겠습니다.

```
POST /auth/login HTTP/1.1
Host: localhost:8000
Content-Type: application/json
User-Agent: insomnia/8.2.0
Accept: */*
Content-Length: 44

{
    "username": "indo",
    "password": "indo"
}
```

응답

```
"eyJ0eXAiOiJKV1QiLCJhbGciOiJIUzI1NiJ9.eyJleHAiOjE2OTgyMzk0NDIsInVzZXJuYW1lIjoiaW5kbyJ9.4D1ddVM0v7
0CfroMV_zF0pcHAQ8m-YoSNUvm80r9_Is"
```

발급받은 토큰을 헤더에 포함시키면 인증이 적용된 엔드포인트에 요청을 보낼 수 있습니다. 만일 토큰이 만료되거나 토큰을 제공하지 않으면 401 Unauthorized 응답을 받을 수 있습니다.

```
GET /users HTTP/1.1
Host: localhost:8000
User-Agent: insomnia/8.2.0
Authorization: Bearer eyJ0eXAiOiJKV1QiLCJhbGciOiJIUzI1NiJ9.eyJleHAiOjE2OTgyMzk0NDIsInVzZXJuYW1lIj
oiaW5kbyJ9.4D1ddVM0v70CfroMV_zF0pcHAQ8m-YoSNUvm80r9_Is
Accept: */*
```

응답
```
[
    {
        "id": 1,
        "username": "indo",
        "password": "$2b$12$e8PmOr/MXGUetXfU9zbRoeh3RoZjxQfkJhOSx471hmvYCuMRhOo4e"
    },
]
```

돌아보기

▶ 미들웨어란 클라이언트와 서버 사이에 위치해서 다양한 기능을 수행하는 계층입니다.

▶ `tower`는 `tokio` 런타임 위에서 동작하는 미들웨어 크레이트입니다.

▶ `tower-http`는 `tower` 위에 구축된 HTTP 전용 미들웨어와 유틸리티를 제공하는 크레이트입니다. `tower-http`에는 일반적으로 HTTP 서버와 클라이언트를 구축할 때 유용한 다양한 미들웨어가 포함되어 있습니다.

▶ 레이어를 사용하면 간단하게 새로운 미들웨어를 애플리케이션에 추가할 수 있습니다.

쪽지시험

문제 1 로그인 성공 시 서버가 클라이언트에 반환하는 것은 무엇인가?
① 로그인 성공 메시지
② 사용자 전체 정보
③ JWT 토큰
④ 쿠키

문제 2 JWT 생성 시 포함되는 정보로 적절한 것은?
① 비밀번호와 토큰 ID
② 사용자 이름과 만료 시간
③ 비밀번호 해시값과 클라이언트 IP
④ 세션 쿠키와 토큰 해시

정답: 1. ③, 2. ②

> **학습 포인트**
> ♥ 웹소켓의 이해
> ♥ 단일 연결 웹소켓과 다중 연결 웹소켓 구현하기

웹소켓

웹소켓websocket은 웹 서버와 웹 브라우저 간의 실시간 양방향 통신을 가능하게 하는 통신 프로토콜입니다. 클라이언트가 요청을 보낼 때마다 서버로부터 응답을 받는 HTTP와 달리, 웹소켓은 한 번 연결이 수립되면 서버와 클라이언트가 양방향 통신을 지속적으로 수행할 수 있습니다. 따라서 데이터 교환이 자주 필요한 온라인 채팅, 공동 편집, 실시간 데이터 시각화 등의 실시간 업데이트가 필요한 애플리케이션에 적합합니다. 이번 장에서는 Axum에서 웹소켓 프로토콜을 구현해보고 클라이언트와 서버 사이에 메시지를 어떻게 주고받는지 자세히 알아보겠습니다.

5.1 웹소켓 살펴보기

키워드 ▶▶▶ 웹소켓 원리, 핸드셰이크

웹소켓은 클라이언트와 서버 간에 핸드셰이크handshake를 시작하는 방식으로 작동합니다. 핸드셰이크는 클라이언트와 서버가 웹소켓 연결을 시작하기 위해 거치는 일종의 확인 과정입니다. 이는 마치 전화 통화를 시작할 때 상대방과 연결을 확인하는 과정과 비슷합니다. 웹소켓 연결은 처음에는 HTTP 프로토콜을 기반으로 시작하지만, 연결이 성립된 후에는 서버의 프로토콜 변경switch 요청에 따라 웹소켓 프로토콜로 통신하게 됩니다.

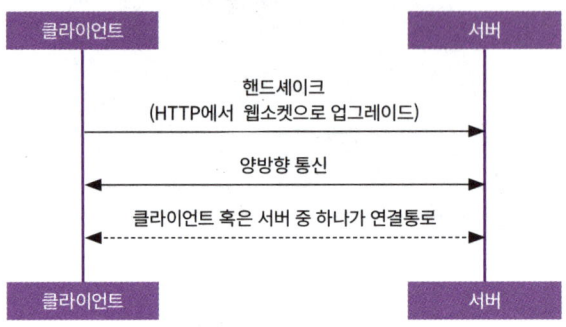

그림 5-1 웹소켓 작동 원리

핸드셰이크 과정은 다음과 같이 진행됩니다. 먼저 클라이언트가 일반적인 HTTP 요청을 보내면서 `Upgrade` 헤더를 통해 `WebSocket` 연결을 요청한다는 것을 명시합니다. 이때 `Sec-WebSocket-Key` 헤더를 포함하여 서버가 검증할 수 있는 임의의 문자열도 함께 전송합니다. 예를 들어 Insomnia를 사용해 소켓 서버로 HTTP 요청을 보내면 다음과 같은 기록을 Console에서 확인할 수 있습니다.

```
> GET /ws HTTP/1.1
> user-agent: insomnia/9.3.3
> cookie: null;
> Sec-WebSocket-Version: 13
> Sec-WebSocket-Key: FNI2J4JxsCpjoEWaxIVc+Q==
> Connection: Upgrade
> Upgrade: websocket
> Sec-WebSocket-Extensions: permessage-deflate; client_max_window_bits
> Host: 127.0.0.1:3000
```

서버는 이 요청을 받아들이고 클라이언트에게 응답을 보냅니다. 응답에는 몇 가지 헤더가 포함되는데, 먼저 `Upgrade` 헤더로 프로토콜을 웹소켓으로 전환하는 것에 동의한다는 것을 나타냅니다. `Connection` 헤더로 해당 연결을 끊지 않고 계속 유지할 것임을 알립니다. 또한 클라이언트가 보낸 `Sec-WebSocket-Key`를 기반으로 계산된 `Sec-WebSocket-Accept` 헤더를 포함하여 응답합니다. 소켓 서버에서 보내는 응답의 예시는 다음과 같습니다. 상태 코드가 `101 Switching Protocols`인 것을 통해 이제부터 프로토콜이 변경된다는 사실을 알 수 있습니다.

```
< HTTP/1.1 101 Switching Protocols
< connection: upgrade
< upgrade: websocket
< sec-websocket-accept: 6l9K5GaV3H738zVYv/Aatw7tqYw=
< date: Fri, 06 Sep 2024 01:35:22 GMT
```

핸드셰이크가 성공하면 HTTP 연결에서 웹소켓 연결로 업그레이드되고 이때부터는 웹소켓 프로토콜로 데이터를 주고받게 됩니다.

웹소켓을 사용하면 클라이언트가 새로운 데이터를 받기 위해 서버에 반복적으로 요청을 보내는 비효율적인 폴링polling 방식을 피할 수 있기 때문에 리소스 사용을 크게 줄일 수 있습니다. 이처럼 웹소켓은 기존의 HTTP 기반 접근 방식에 비해 클라이언트와 서버 간에 좀 더 효율적이고 유연한 통신 방식을 제공합니다. 하지만 웹소켓은 추가적인 복잡성과 오버헤드를 유발할 수 있으므로 꼭 필요한 경우에만 신중하게 사용하는 것이 중요합니다.

5.2 웹소켓 사용해보기

키워드 ▶▶▶ futures, tokio, 업그레이드

Axum에서 웹소켓을 사용하려면 다음과 같은 의존성을 추가해야 합니다.

```
[package]
name = "websocket"
version = "0.1.0"
edition = "2021"

[dependencies]
axum = { version = "0.7.4", features = ["ws"] }
tokio = { version = "1.28.2", features = ["full"] }
futures-util = "0.3.28"
```

`futures-util` 크레이트는 비동기 프로그래밍을 더욱 편리하게 지원하기 위해 만들어진 크레이트입니다. `futures`라는 기본적인 비동기 프로그래밍 모델을 기반으로 하면서, 실제 개발에서 자주 사용되는 다양한 유틸리티 함수와 타입을 제공합니다.

> **전문가TIP** `tokio`와 `futures_util` 모두 `futures`를 기반으로 하는 크레이트입니다. `std::future`는 사실 `futures`라고 하는 별도의 크레이트에서 `Future`라고 하는 트레이트를 포함하고 있는 일종의 작은 서브셋이라고 할 수 있습니다. 즉 `futures::future::Future`와 `std::future::Future`는 모두 같은 트레이트입니다.
>
> `std::futures`는 일종의 인터페이스를 정의하고 있고, `tokio`와 같은 서드파티 크레이트에서는 이를 기반으로 해서 비동기 런타임을 구현하는 것입니다. `futures_util`은 `futures`를 확장해 추가적인 편의 기능을 구현하고 있는 크레이트입니다. 엄밀히 따지면 `futures` 크레이트는 `futures_util`을 비롯한 `futures-core`, `futures-task` 등의 여러 가지 `futures_*` 크레이트를 사용하기 편하게 만들어놓은 대표 크레이트라고 할 수 있습니다.

이번에 `axum` 크레이트에는 `ws`라는 피처가 추가되었습니다. 이름에서 유추할 수 있듯이 웹소켓 기능을 추가하는 피처입니다. 해당 피처에는 `ws` 추출자가 포함되어 있습니다. 앞으로 사용할 몇 가지 추출자들에 대해서 간단히 설명하고 넘어가겠습니다.

`Message`는 WebSocket 연결을 통해 주고받는 데이터를 나타냅니다. 텍스트(`String`), 바이너리(`Vec<u8>`), 연결 종료(`CloseFrame`) 등 다양한 종류의 메시지를 표현할 수 있습니다.

`WebSocket`은 클라이언트와 서버 간의 양방향 통신 채널로, `Message`를 주고받는 통로 역할을 합니다.

`WebSocketUpgrade`는 HTTP 요청을 `WebSocket` 연결로 업그레이드하는 역할을 합니다. 클라이언트가 연결을 요청하면 서버는 `WebSocketUpgrade`를 사용해 연결을 생성합니다. `WebSocketUpgrade`는 HTTP 헤더를 검사해 핸드셰이크를 직접 수행합니다.

다음으로는 `futures_util`에서 사용하는 트레이트 두 가지를 살펴보겠습니다. 두 트레이트의 관계를 그림 5-2에 빗대어 생각하면 이해하기 쉽습니다. 하나의 파이프에 들어가는 입구와 나오는 입구가 있을 때, 물의 흐름은 항상 들어가는 쪽에서 나오는 쪽으로만 만들어지게 됩니다. 마찬가지로 데이터가 `SinkExt`에서 `StreamExt`로 흘러간다고 생각하면 됩니다.

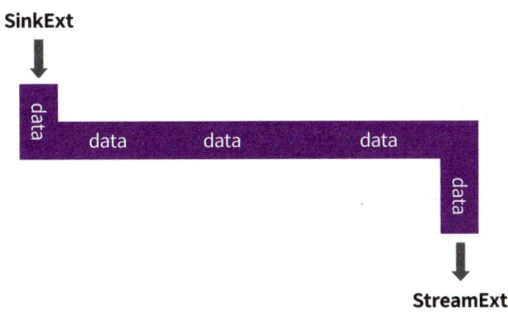

그림 5-2 SinkExt와 StreamExt

`SinkExt` 트레이트는 `Sink` 트레이트를 확장해 `Sink`에 대한 편리한 메서드를 제공합니다. `Sink`는 데이터를 소비하는 역할로 데이터를 받아서 처리하거나 저장합니다. `StreamExt` 트레이트는 `Stream` 트레이트를 확장해 `Stream`에 대한 편리한 메서드를 제공합니다. `Stream`은 마치 물이 끊임없이 흘러나오는 수도꼭지와 같이 데이터를 만들어 흘려보낸다고 생각하면 됩니다.

대표적으로 `SinkExt`와 `StreamExt`에서 처리하는 데이터의 종류는 다음과 같습니다.

- 파일 읽기와 쓰기 작업
- 네트워크 소켓을 통한 클라이언트와 서버 간 데이터 교환
- 데이터를 데이터베이스에 삽입하거나 쿼리 결과를 읽는 작업
- 사용자의 키보드 입력, 마우스 클릭 등의 이벤트 스트림

이 두 가지 기능을 활용해 간단한 소켓 통신 코드를 만들어보겠습니다. 먼저 `main` 함수에서는 `ws` 엔드포인트에 대해 `GET` 메서드를 설정합니다. 처음 클라이언트가 HTTP로 연결한 다음 웹소켓으로 프로토콜이 전환되기 때문에 `GET` 메서드가 필요합니다.

```rust
use axum::{routing::get, Router};

#[tokio::main]
async fn main() {
    let app = Router::new().route("/ws", get(websocket_handler));

    let listener = tokio::net::TcpListener::bind("0.0.0.0:8000").await.unwrap();
    axum::serve(listener, app).await.unwrap();
}
```

그다음으로는 해당 메서드에서 실행할 핸들러를 정의합니다. `websocket_handler` 핸들러 함수는 `WebSocketUpgrade`를 인자로 받아 웹소켓 핸드셰이크를 수행합니다. 핸드셰이크가 성공했다면 `on_upgrade` 메서드에서 연결이 성공적으로 설정되었을 때 실행할 비동기 콜백 함수를 등록합니다. 만일 핸드셰이크가 실패해 프로토콜 전환이 되지 않으면 해당 핸들러 자체가 실행되지 않습니다.

```rust
use axum::{extract::WebSocketUpgrade, response::IntoResponse};

async fn websocket_handler(ws: WebSocketUpgrade) -> impl IntoResponse {
    ws.on_upgrade(handle_socket)
}
```

마지막으로 `handle_socket` 콜백 함수에서는 웹소켓 연결을 나타내는 인자인 `ws: WebSocket`을 입력받아 실제 통신을 수행합니다. `ws.split()`은 `Sink + Stream` 트레이트를 갖는 웹소켓 연결로부터 각각을 분리해 `Sink`와 `Stream`을 만들어냅니다. 즉 `ws_tx`는 `Sink`로 데이터를 보내는 역할, `ws_rx`는 `Stream`으로 데이터를 받는 역할을 하게 됩니다.

> **전문가TIP** 실제로는 `ws_tx`는 `SplitSink<WebSocket, Message>` 타입, `ws_rx`는 `SplitStream<WebSocket>` 이지만 이해하기 쉽게 간단한 타입으로 나타내었습니다.

`while let` 루프에서는 이 두 가지 연결을 이용해 클라이언트로부터 메시지를 계속 받아 처리하고, 필요한 경우 메시지를 다시 클라이언트에게 보냅니다. 자세히 보면 `ws_rx.next().await`을 통해 스트림으로부터 다음 데이터를 반복해서 읽어오는 것을 알 수 있습니다. 만일 데이터가 존재하는 경우 `ws_tx.send()`를 통해 클라이언트에게 데이터를 송신합니다. 보낼 수 있는 데이터의 종류는 `Message` 열거형에서 정의된 것들만 보낼 수 있는데, 여기서는 `String`을 입력으로 받는 `Text` 변수를 사용해 데이터를 전달하고 있습니다.

```rust
use axum::extract::ws::{Message, WebSocket};

async fn handle_socket(ws: WebSocket) {
    let (mut ws_tx, mut ws_rx) = ws.split();

    while let Some(Ok(msg)) = ws_rx.next().await {
        ws_tx
            .send(Message::Text(format!(
                "Message received: {}",
                msg.to_text().unwrap()
            )))
            .await
            .unwrap();
    }
}
```

지금까지 설명한 내용의 전체 코드는 다음과 같습니다.

```rust
use axum::{
    extract::{
        ws::{Message, WebSocket},
        WebSocketUpgrade,
    },
    response::IntoResponse,
    routing::get,
    Router,
};
use futures_util::{sink::SinkExt, stream::StreamExt};

#[tokio::main]
async fn main() {
    let app = Router::new().route("/ws", get(websocket_handler));

    let listener = tokio::net::TcpListener::bind("0.0.0.0:8000").await.unwrap();
    axum::serve(listener, app).await.unwrap();
}

async fn websocket_handler(ws: WebSocketUpgrade) -> impl IntoResponse {
    ws.on_upgrade(handle_socket)
}

async fn handle_socket(ws: WebSocket) {
    let (mut ws_tx, mut ws_rx) = ws.split();

    while let Some(Ok(msg)) = ws_rx.next().await {
        ws_tx
```

```
            .send(Message::Text(format!(
                "Message received: {}",
                msg.to_text().unwrap()
            )))
            .await
            .unwrap();
    }
}
```

이제 `cargo run` 또는 `cargo watch -x run`으로 서버를 시작한 다음, Insomnia로 웹소켓으로 연결해보겠습니다. 주의할 점은 지금까지와는 다르게 새로운 요청을 만들 때 HTTP Request로 생성하는 것이 아닌 WebSocket Request로 생성해야 한다는 점입니다.

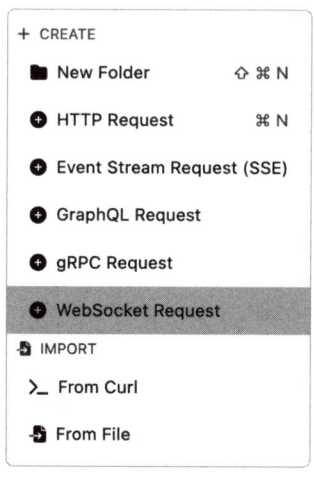

그림 5-3 웹소켓 요청 생성

이 종류로 요청을 생성해야 HTTP 연결을 나중에 웹소켓 프로토콜로 업그레이드하는 과정이 자동으로 수행됩니다. 혹시 Insomnia에서 요청을 보냈는데 다음과 같이 400 Bad Request가 응답으로 온다면 꼭 요청의 종류가 WebSocket Request인지 확인해보길 바랍니다.

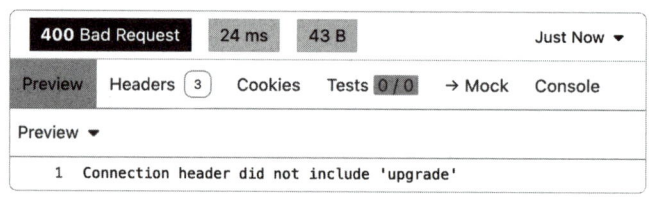

그림 5-4 잘못된 요청 생성 시 오류 메시지

프로토콜과 엔드포인트를 올바르게 설정한 후 [Connect] 버튼을 누르면 그림 5-5와 같이 연결 상태가 됩니다. 우측 패널의 Events 탭에서는 소켓 통신 내용을 확인할 수 있습니다. 처음 연결 시에는 Connected successfully라는 메시지를 통해 연결이 정상적으로 시작되었음을 알 수 있습니다.

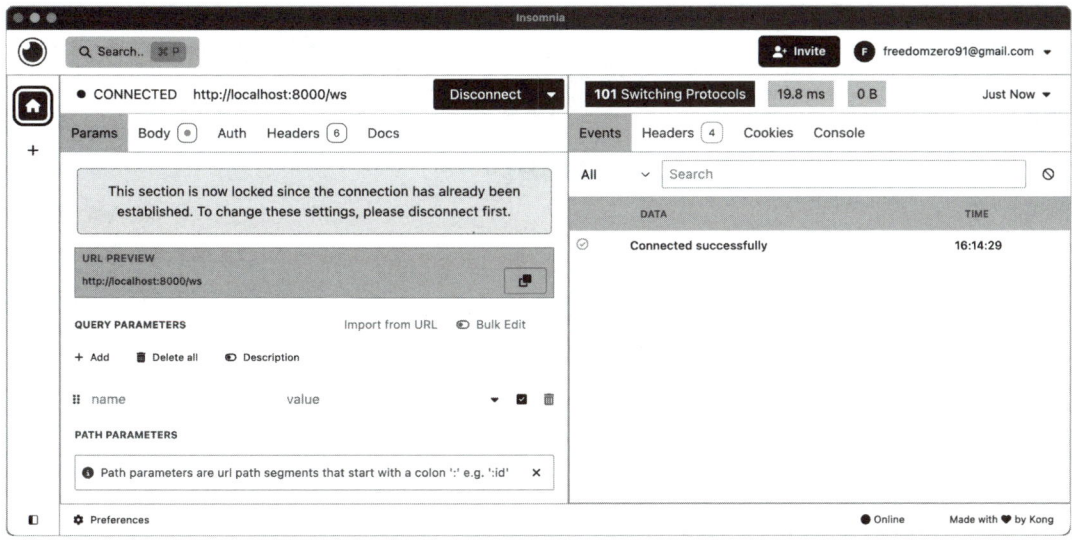

그림 5-5 웹소켓 프로토콜 전환 성공

서버로 새로운 메시지를 보내려면 좌측 패널 Body 탭에서 텍스트를 작성하고 [Send] 버튼을 클릭하면 됩니다. 여기서는 Hello Axum!이라는 메시지를 보내보겠습니다.

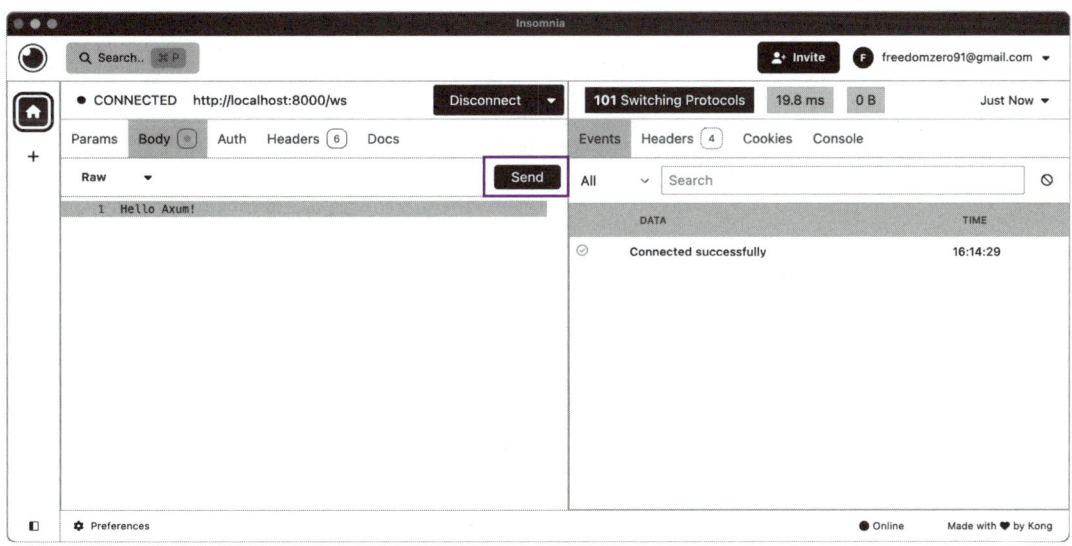

그림 5-6 웹소켓 메시지 보내기

우측 패널에서 서버로 메시지를 보낸다는 의미의 위쪽 방향을 가리키는 화살표와 함께 작성한 메시지가 표시됩니다. 서버에서는 메시지를 수신한 다음 Message recieved: Hello Axum!이라고 응답을 보냅니다.

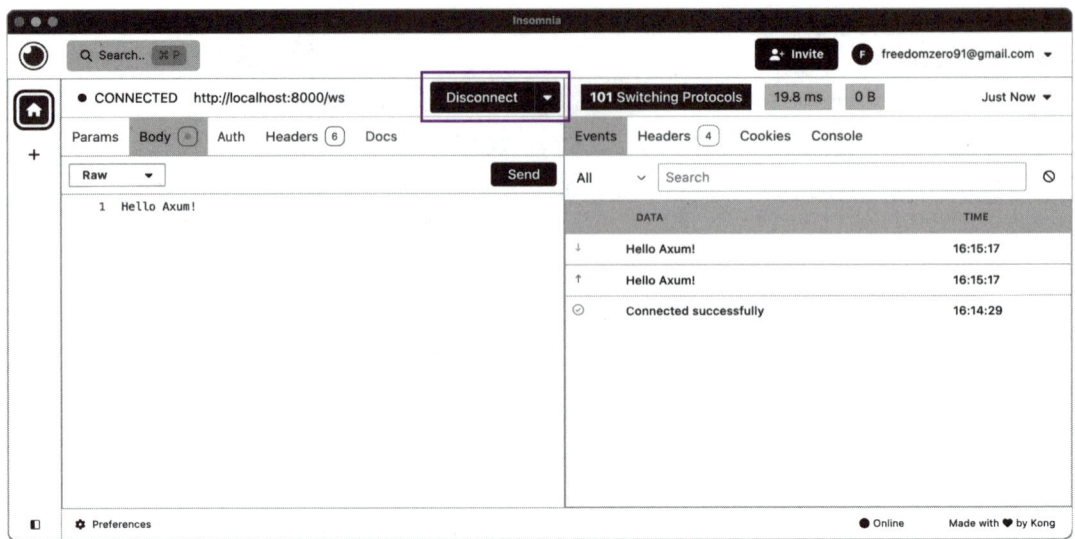

그림 5-7 웹소켓 메시지 수신

이제 서버나 클라이언트 중 어느 한쪽이 연결을 끊지 않는 이상 양방향 통신이 계속됩니다. 만일 Insomnia에서 연결을 종료하려면 좌측 패널 상단의 [Disconnect]를 누르면 됩니다.

5.3 동시 접속 웹소켓

키워드 ▶▶▶ 채널, 다중 연결, 동시 접속

이번 절에서는 여러 개의 클라이언트가 같은 서버에 접속해서 메시지를 주고받는 상황을 생각해 보겠습니다. 마치 메신저 프로그램에서 채팅을 하는 것처럼 어떤 사람이 메시지를 보내면 다른 사람들도 모두 같은 메시지를 받을 수 있도록 구성하려고 합니다. 이러한 상황은 여러 명이 메시지를 보내고 여러 명이 메시지를 수신하는 상황으로 `tokio::sync::broadcast`를 사용하면 쉽게 구현이 가능합니다.

`broadcast::channel` 함수를 사용해 통신 채널을 생성합니다. 함수는 발신자가 보내는 데이터가 활성 상태인 모든 수신자에게 전달되는 다중 생산자(Sender), 다중 소비자(Receiver) 채널을 생성합니다. 이들은 프로그램의 여러 부분에서 서로 통신하기 위해 사용됩니다. `Receiver`는 메시지를 수신하고, `Sender`는 메시지를 전송하는 역할을 합니다. 참고로 입력하는 정숫값은 채널에서 버퍼buffer로 저장할 수 있는 최대 메시지의 수를 의미합니다.

```
use tokio::sync::broadcast;

let (tx, mut rx1) = broadcast::channel(16);
```

채널은 메시지를 보낼 수 있는 `tx: Sender`와 메시지를 수신할 수 있는 `rx1: Receiver`로 나뉘어집니다. 여기서 `tx.subscribe()`를 통해 해당 송신자의 메시지를 수신할 새로운 수신자 `rx2: Sender`를 만들 수 있습니다. 즉 `tx` 하나로부터 `rx1`과 `rx2`가 같은 메시지를 수신합니다.

```
let mut rx2 = tx.subscribe();
```

`tokio::spawn` 함수는 새로운 비동기 태스크를 생성하고 실행합니다. `rx1.recv().await.unwrap()`는 채널에서 값을 비동기적으로 수신합니다. 이제 두 개의 비동기 태스크에서는 `rx1`과 `rx2`가 메시지를 두 번 수신받는 것을 비동기적으로 기다리게 됩니다. `assert_eq!` 매크로를 통해 첫 번째로 수신된 값이 10, 두 번째로 수신된 값이 20인지를 확인합니다.

```
tokio::spawn(async move {
    assert_eq!(rx1.recv().await.unwrap(), 10);
    assert_eq!(rx1.recv().await.unwrap(), 20);
});

tokio::spawn(async move {
    assert_eq!(rx2.recv().await.unwrap(), 10);
    assert_eq!(rx2.recv().await.unwrap(), 20);
});
```

이제 tx.send를 사용해 값을 전송합니다. 보낸 값을 수신자에서 확인하고 이상이 없으면 메인 스레드가 종료되며 프로그램도 끝날 것입니다.

```
tx.send(10).unwrap();
tx.send(20).unwrap();
```

채널로부터 생산자와 소비자를 만들어 메시지를 전달하는 전체 코드는 다음과 같습니다.

```
use tokio::sync::broadcast;

#[tokio::main]
async fn main() {
    let (tx, mut rx1) = broadcast::channel(16);
    let mut rx2 = tx.subscribe();

    tokio::spawn(async move {
        assert_eq!(rx1.recv().await.unwrap(), 10);
        assert_eq!(rx1.recv().await.unwrap(), 20);
    });

    tokio::spawn(async move {
        assert_eq!(rx2.recv().await.unwrap(), 10);
        assert_eq!(rx2.recv().await.unwrap(), 20);
    });

    tx.send(10).unwrap();
    tx.send(20).unwrap();
}
```

이제 소켓 클라이언트들이 이 채널을 통해 웹소켓 프로토콜로 전달된 메시지들을 주고받을 수 있도록 코드를 작성해보겠습니다. 이때 헷갈리지 말아야 할 것은 채널을 통해 메시지를 주고받는 것과 웹소켓으로 주고받는 과정이 완전히 분리되어 있다는 점입니다.

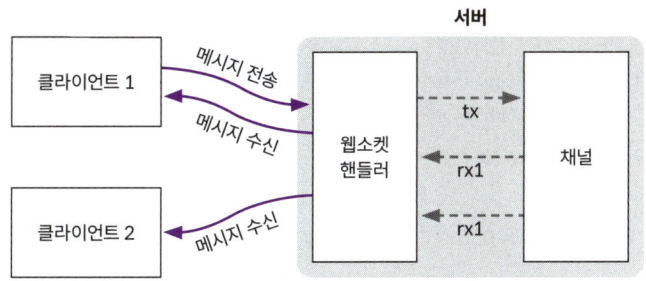

그림 5-8 웹소켓 핸들러와 채널을 활용한 다중 메시지 수신

클라이언트 1이 웹소켓을 통해 서버로 메시지를 보내면 이 메시지는 핸들러에 등록된 `tx`를 통해 채널로 보내지고, 이 메시지를 다시 `rx`를 통해 수신하게 됩니다. 수신한 메시지는 웹소켓을 통해 클라이언트 1과 클라이언트 2로 보냅니다.

이제 Axum으로 돌아와서, `main` 함수를 다음과 같이 작성합니다. 채널을 생성해서 `State`로 핸들러 사이에서 공유할 것입니다. 이때 `broadcast::channel(32)`로부터 `tx`만 만드는 이유는 `tx`만 공유하더라도 `tx.subscribe()`를 통해서 새로운 수신자 `rx`를 만들 수 있기 때문입니다. 이 `tx`는 `Arc<Mutex>`로 감싸집니다.

```rust
use std::sync::Arc;

use axum::{extract::ws::Message, routing::get, Router};

use tokio::sync::{
    broadcast::{self, Sender},
    Mutex,
};

#[derive(Debug, Clone)]
struct AppState {
    broadcast_tx: Arc<Mutex<Sender<Message>>>,
}

#[tokio::main]
async fn main() {
    let (tx, _) = broadcast::channel(32);
    let app = AppState {
        broadcast_tx: Arc::new(Mutex::new(tx)),
    };

    let app = Router::new()
        .route("/ws", get(websocket_handler))
```

```
        .with_state(app);

    let listener = tokio::net::TcpListener::bind("0.0.0.0:8000").await.unwrap();
    axum::serve(listener, app).await.unwrap();
}
```

다음은 핸들러 함수 `websocket_handler`입니다. 이제 핸들러에서 `State`를 입력받고 `on_upgrade`에 등록되는 콜백 함수 `handle_socket`에도 해당 `State`를 넘겨줍니다. 실제로 연결이 수립되었을 때 통신하는 부분이 콜백 함수이기 때문에 웹소켓으로 송수신된 메시지를 채널로 보내거나 받을 수 있도록 하기 위해서입니다. 이를 위해서 클로저 형태로 콜백 함수를 수정했습니다.

```
async fn websocket_handler(ws: WebSocketUpgrade, State(app): State<AppState>) -> impl IntoResponse
{
    ws.on_upgrade(|socket| handle_socket(socket, app))
}
```

`handle_socket` 함수에서는 새로운 수신자 `broadcast_rx`를 만들고 이 수신자를 사용해 채널로부터 데이터를 받아오는 비동기 태스크를 실행합니다. 비동기 태스크에는 `recv_broadcast` 함수가 사용됩니다. 그리고 웹소켓 클라이언트로부터 메시지를 수신하는 `recv_from_client`도 실행해줍니다.

```
async fn handle_socket(ws: WebSocket, app: AppState) {
    let (ws_tx, ws_rx) = ws.split();
    let ws_tx = Arc::new(Mutex::new(ws_tx));

    {
        let broadcast_rx = app.broadcast_tx.lock().await.subscribe();
        tokio::spawn(async move {
            recv_broadcast(ws_tx, broadcast_rx).await;
        });
    }

    recv_from_client(ws_rx, app.broadcast_tx).await;
}
```

`recv_broadcast`에서는 `broadcast_rx.recv().await`로 채널로부터 메시지를 반복적으로 수신합니다. 만일 채널로부터 새로운 메시지가 도착한 경우, `client_tx.lock().await.send(msg).await`를 사용해 웹소켓으로 해당 메시지를 보내고 있습니다.

```rust
async fn recv_broadcast(
    client_tx: Arc<Mutex<SplitSink<WebSocket, Message>>>,
    mut broadcast_rx: Receiver<Message>,
) {
    while let Ok(msg) = broadcast_rx.recv().await {
        if client_tx.lock().await.send(msg).await.is_err() {
            return; // 오류 발생 시 연결 해제
        }
    }
}
```

`recv_from_client` 함수는 `client_rx.next().await`가 웹소켓 연결로부터 메시지가 도착할 때마다 `broadcast_tx.lock().await.send(msg)`를 통해 채널로 메시지를 보냅니다.

```rust
async fn recv_from_client(
    mut client_rx: SplitStream<WebSocket>,
    broadcast_tx: Arc<Mutex<Sender<Message>>>,
) {
    while let Some(Ok(msg)) = client_rx.next().await {
        if matches!(msg, Message::Close(_)) {
            return;
        }
        if broadcast_tx.lock().await.send(msg).is_err() {
            println!("Failed to broadcast a message");
        }
    }
}
```

전체 코드는 다음과 같습니다.

```rust
use std::sync::Arc;

use axum::{
    extract::{
        ws::{Message, WebSocket},
        State, WebSocketUpgrade,
    },
    response::IntoResponse,
    routing::get,
    Router,
};
use futures_util::{
    sink::SinkExt,
    stream::{SplitSink, SplitStream, StreamExt},
```

```rust
};

use tokio::sync::{
    broadcast::{self, Receiver, Sender},
    Mutex,
};

#[derive(Debug, Clone)]
struct AppState {
    broadcast_tx: Arc<Mutex<Sender<Message>>>,
}

#[tokio::main]
async fn main() {
    let (tx, _) = broadcast::channel(32);
    let app = AppState {
        broadcast_tx: Arc::new(Mutex::new(tx)),
    };

    let app = Router::new()
        .route("/ws", get(websocket_handler))
        .with_state(app);

    let listener = tokio::net::TcpListener::bind("0.0.0.0:8000").await.unwrap();
    axum::serve(listener, app).await.unwrap();
}

async fn websocket_handler(ws: WebSocketUpgrade, State(app): State<AppState>) -> impl IntoResponse
{
    ws.on_upgrade(|socket| handle_socket(socket, app))
}

async fn handle_socket(ws: WebSocket, app: AppState) {
    let (ws_tx, ws_rx) = ws.split();
    let ws_tx = Arc::new(Mutex::new(ws_tx));

    {
        let broadcast_rx = app.broadcast_tx.lock().await.subscribe();
        tokio::spawn(async move {
            recv_broadcast(ws_tx, broadcast_rx).await;
        });
    }

    recv_from_client(ws_rx, app.broadcast_tx).await;
}

async fn recv_from_client(
    mut client_rx: SplitStream<WebSocket>,
```

```rust
    broadcast_tx: Arc<Mutex<Sender<Message>>>,
) {
    while let Some(Ok(msg)) = client_rx.next().await {
        if matches!(msg, Message::Close(_)) {
            return;
        }
        if broadcast_tx.lock().await.send(msg).is_err() {
            println!("Failed to broadcast a message");
        }
    }
}

async fn recv_broadcast(
    client_tx: Arc<Mutex<SplitSink<WebSocket, Message>>>,
    mut broadcast_rx: Receiver<Message>,
) {
    while let Ok(msg) = broadcast_rx.recv().await {
        if client_tx.lock().await.send(msg).await.is_err() {
            return; // disconnected.
        }
    }
}
```

이제 서버를 재시작하고 Insomnia로 서버에 연결해보겠습니다. 이번에는 클라이언트를 2개 만들어서 하나의 클라이언트에서 보내는 메시지가 현재 클라이언트뿐만 아니라 나머지 클라이언트에도 도착하는지 확인해보는 것이 목표입니다. 따라서 좌측 패널에서 웹소켓 요청을 하나는 client1으로, 나머지는 client2로 두 개를 생성합니다.

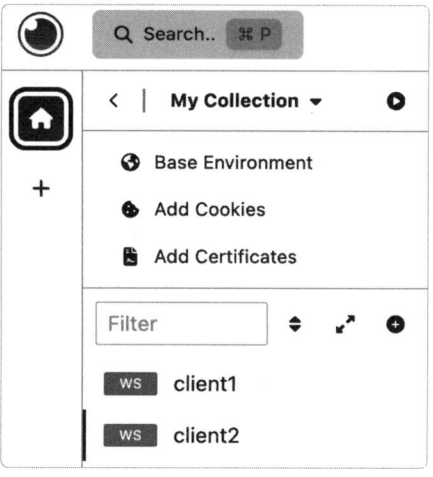

그림 5-9 두 개의 웹소켓 클라이언트 생성

그리고 두 요청 모두 웹소켓 서버에 연결합니다. 둘 다 연결 상태라면 그림 5-10에서와 같이 연결 이름 오른쪽에 초록색 동그라미가 나타납니다.

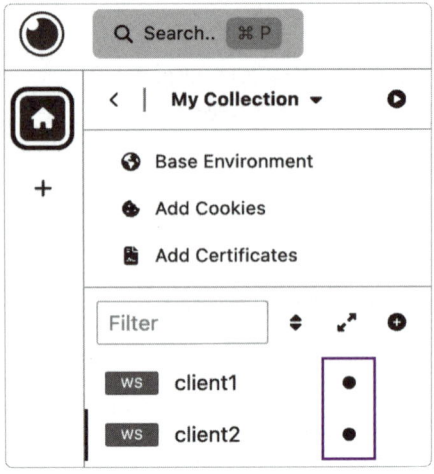

그림 5-10 연결 상태 확인 방법

이제 client1에서 "From Client 1"이라고 메시지를 보내보겠습니다. 우측 패널에서 볼 수 있듯이, client1이 보낸 메시지가 자기 자신에게도 응답으로 오는 것을 알 수 있습니다.

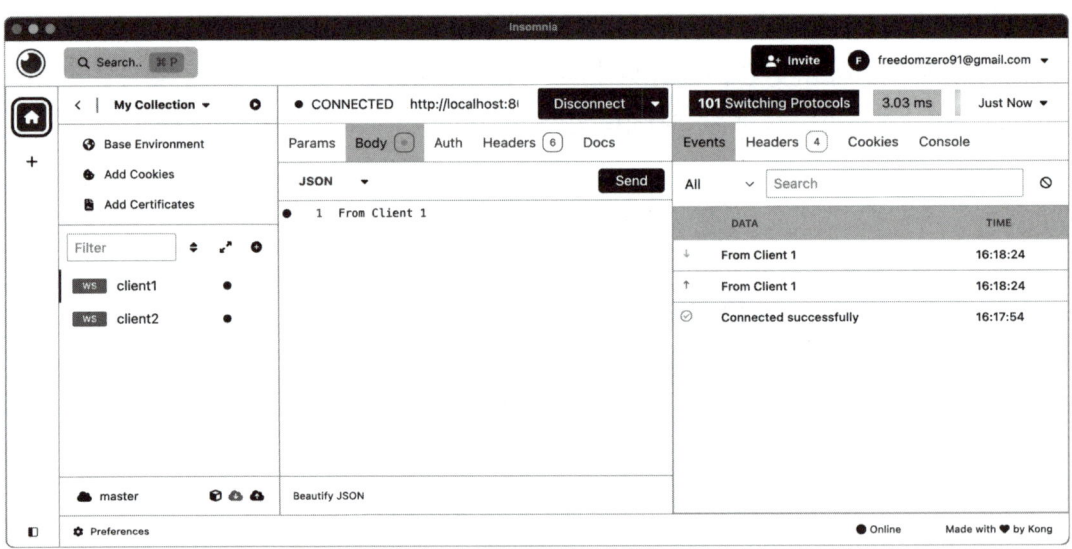

그림 5-11 client1에서 메시지 전송 후 수신

client2로 가보면 마찬가지로 `From Client 1`이라는 메시지가 도착해 있습니다. 또한 client2에서 메시지를 보내면 client1과 client2 모두가 메시지를 받을 수 있게 됩니다.

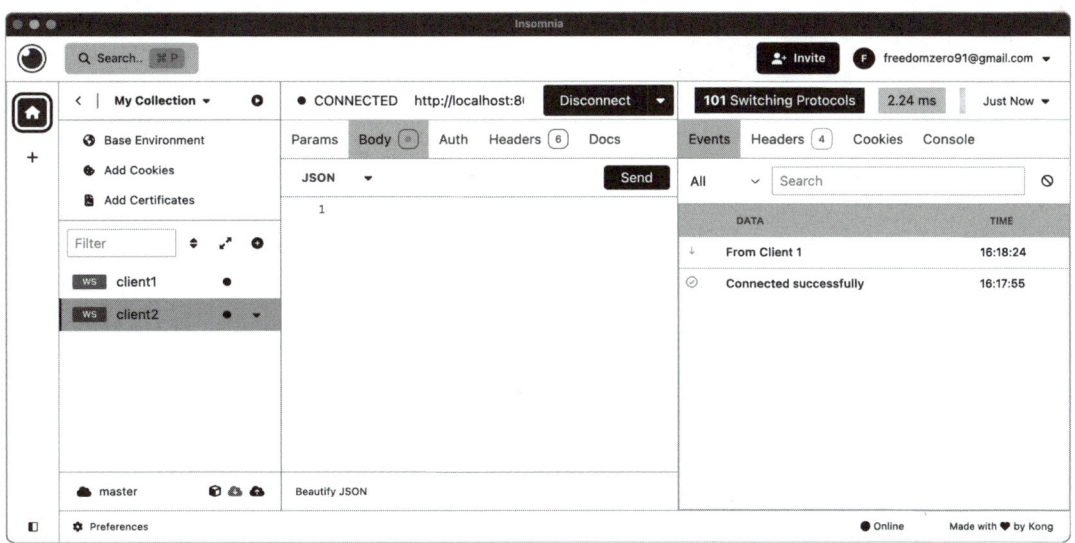

그림 5-12 client2에서 메시지 수신

이처럼 여러 클라이언트가 하나의 서버에 연결하고 동시에 메시지를 주고받는 것에서 조금 발전시키면 채팅 애플리케이션을 구현할 수 있습니다.

5.4 인증 헤더

키워드 ▶▶▶ 미들웨어, 인증, 토큰

앞에서 만들어본 소켓 애플리케이션에는 아직 한 가지 문제점이 있습니다. 바로 아무런 인증 절차 없이 클라이언트가 서버와 연결된다는 것입니다. 웹소켓 엔드포인트에도 미들웨어를 이용하면 간단하게 인증을 구현할 수 있습니다. `axum::middleware::from_fn`에 인증을 처리하는 `authenticate` 함수를 전달해서 적절한 인증 헤더 없이는 연결되지 않도록 해보겠습니다.

먼저 `main` 함수에 다음과 같이 미들웨어 레이어를 추가합니다.

```
#[tokio::main]
async fn main() {
    let (tx, _) = broadcast::channel(32);
    let app = AppState {
        broadcast_tx: Arc::new(Mutex::new(tx)),
    };

    let app = Router::new()
        .route("/ws", get(websocket_handler))
        .route_layer(middleware::from_fn(authenticate)) // 추가됨
        .with_state(app);

    let listener = tokio::net::TcpListener::bind("0.0.0.0:8000").await.unwrap();
    axum::serve(listener, app).await.unwrap();
}
```

`Authenticate` 함수는 `Authorization` 헤더의 값이 `Bearer token`인 경우에는 요청을 처리하고, 아니라면 요청을 거부하도록 구성되어 있습니다. 실제로는 4장에서 JWT 인증 레이어를 구현했던 것처럼 직접 토큰을 발급하고 검증하는 절차를 추가해야 하지만, 여기서는 편의상 간단하게 구현했습니다.

```
async fn authenticate(
    headers: HeaderMap,
    request: Request<Body>,
    next: Next,
) -> Result<Response, StatusCode> {
    if headers
        .get("Authorization")
```

```
            .map(|value| value == "Bearer token")
            .unwrap_or(false)
    {
        Ok(next.run(request).await)
    } else {
        Err(StatusCode::UNAUTHORIZED)
    }
}
```

5.3절과의 공통 부분인 웹소켓 핸들러를 제외한 전체 코드는 다음과 같습니다.

```
use std::sync::Arc;

use axum::{
    body::Body,
    extract::{
        ws::{Message, WebSocket},
        State, WebSocketUpgrade,
    },
    http::{HeaderMap, Request, StatusCode},
    middleware::{self, Next},
    response::{IntoResponse, Response},
    routing::get,
    Router,
};
use futures_util::{
    sink::SinkExt,
    stream::{SplitSink, SplitStream, StreamExt},
};

use tokio::sync::{
    broadcast::{self, Receiver, Sender},
    Mutex,
};

#[derive(Debug, Clone)]
struct AppState {
    broadcast_tx: Arc<Mutex<Sender<Message>>>,
}

#[tokio::main]
async fn main() {
    let (tx, _) = broadcast::channel(32);
    let app = AppState {
        broadcast_tx: Arc::new(Mutex::new(tx)),
    };
```

```
    let app = Router::new()
        .route("/ws", get(websocket_handler))
        .route_layer(middleware::from_fn(authenticate))
        .with_state(app);

    let listener = tokio::net::TcpListener::bind("0.0.0.0:8000").await.unwrap();
    axum::serve(listener, app).await.unwrap();
}

async fn authenticate(
    headers: HeaderMap,
    request: Request<Body>,
    next: Next,
) -> Result<Response, StatusCode> {
    if headers
        .get("Authorization")
        .map(|value| value == "Bearer token")
        .unwrap_or(false)
    {
        Ok(next.run(request).await)
    } else {
        Err(StatusCode::UNAUTHORIZED)
    }
}
```

이제 서버를 재시작하고, 기존과 같이 `Authorization` 헤더를 포함하지 않고 Insomnia에서 연결을 시도해보겠습니다. 그림 5-13과 같이 401 Unauthorized로 연결이 거부되는 것을 알 수 있습니다.

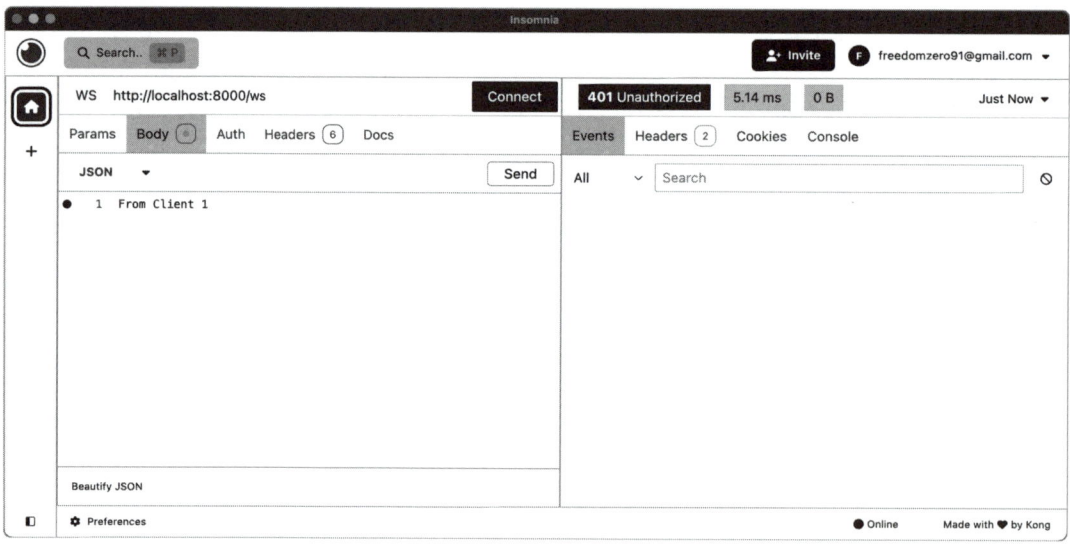

그림 5-13 401 상태 코드 수신

이번에는 그림 5-14와 같이 인증 헤더를 추가해보겠습니다.

그리고 다시 연결을 시도하면 그림 5-15와 같이 정상적으로 웹소켓 프로토콜로 전환되는 것을 알 수 있습니다.

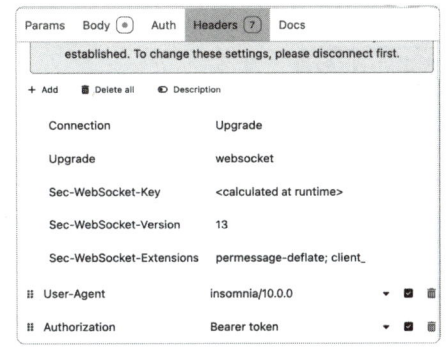

그림 5-14 인증 헤더 추가하기

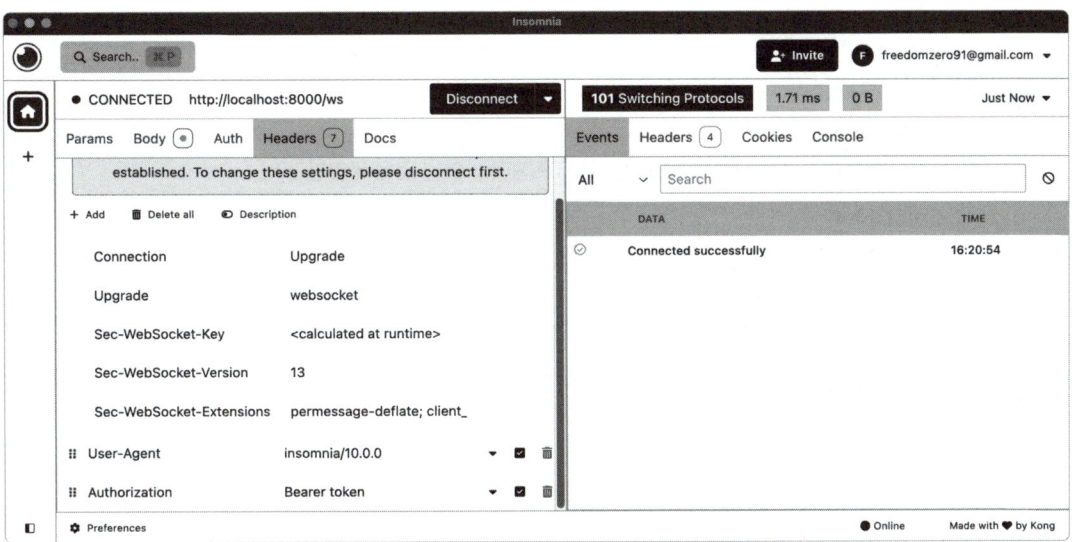

그림 5-15 인증 헤더 추가 후 프로토콜 전환 성공

> **더 알아보기** **WSS**
>
> WSS(Web Services Security)는 WebSocket 프로토콜의 보안 버전으로, HTTPS처럼 데이터를 암호화하여 안전하게 전송합니다. 일반적인 WebSocket 연결에서는 데이터가 암호화되지 않은 일반 텍스트로 전송되기 때문에 해킹이나 도청의 위험이 있지만, WSS는 TLS(Transport Layer Security)를 사용해 이러한 위험을 최소화합니다.
>
> WSS는 HTTP의 기본 포트인 80번 대신 HTTPS와 동일한 443번 포트를 사용하며, 브라우저는 자동으로 WSS 연결을 인식해 보안 연결을 설정합니다.
>
> WSS를 사용하려면 서버와 클라이언트 모두 TLS 인증서를 설치해야 합니다. TLS 인증서는 웹 서버의 신원을 확인하고 데이터 암호화에 사용되는 키를 제공하는 디지털 인증서입니다. WSS를 사용하면 개발자는 데이터 보안 문제에 대한 걱정 없이 실시간 웹 애플리케이션을 개발할 수 있습니다.

돌아보기

> 웹소켓 프로토콜의 특징과 핸드셰이크에 대해 살펴보았습니다.

> 웹소켓 핸들러를 통해 클라이언트와 연결을 수립하고 송신자와 수신자를 통해 메시지를 주고받는 방법을 살펴보았습니다.

> 채널을 통해 여러 개의 클라이언트가 서버와 동시에 메시지를 주고받는 방법을 살펴보았습니다.

> 인증 레이어를 통해 HTTP 엔드포인트와 동일하게 인증을 구성할 수 있습니다.

쪽지시험

문제 1 웹소켓 핸드셰이크 과정에서 사용되는 HTTP 헤더가 아닌 것은 무엇인가?
① Upgrade
② Connection
③ Content-Length
④ Sec-WebSocket-Key

문제 2 웹소켓은 어떤 방식의 통신을 가능하게 하는가?
① 서버 푸시 기반 단방향 통신
② 클라이언트 폴링 기반 통신
③ 서버와 클라이언트 간의 지속적인 양방향 통신
④ 트랜잭션 기반 RPC 호출

문제 3 웹소켓에서 `ws.split()`을 호출하면 어떤 결과를 얻는가?
① 데이터를 JSON으로 변환한다
② 클라이언트와 서버 연결을 해제한다
③ Sink와 Stream으로 분리한다
④ 서버를 재시작한다

문제 4 `tokio::sync::broadcast::channel`을 사용하는 이유로 적절한 것은?
① 메시지를 하나의 소비자에게만 전달하기 위해
② 다수의 생산자와 소비자가 메시지를 공유하기 위해
③ HTTP 요청을 처리하기 위해
④ 메시지를 영구 저장하기 위해

문제 5 웹소켓 클라이언트가 메시지를 보내면 모든 클라이언트에게 메시지를 전송하는 핵심 메커니즘은?
① `tokio::spawn`
② `recv_broadcast()`
③ `Arc<Mutex<Sender>>`
④ `on_upgrade()`

정답: 1. ③, 2. ③, 3. ③, 4. ②, 5. ③

MEMO

학습 포인트

♥ 풀스택 프로젝트 구조 이해하기
♥ Shuttle 서비스 활용 방법
♥ 도커로 서비스 배포하는 방법

프로젝트:
채팅 서비스 만들어보기

이번 장에서는 지금까지 배운 내용들을 모두 활용해 풀스택 채팅 서비스를 구현하고 배포해볼 것입니다. 배포에는 무료로 서비스를 배포할 수 있는 Shuttle을 활용할 것입니다. 또한 Shuttle을 사용하지 않고 도커를 활용해 서비스를 배포하는 방법도 살펴보겠습니다.

6.1 프로젝트 개요

키워드 ▸▸▸ **React, Full Stack, 프로젝트**

이번 장에서는 프런트엔드와 백엔드를 모두 구현한 채팅 서비스를 만들어보겠습니다. 코드를 완성한 후에는 클라우드 서비스를 이용해 웹에 배포하는 과정도 진행해보겠습니다. 프로젝트의 구조는 다음과 같습니다. 여러 명의 클라이언트가 웹 브라우저로 서비스에 접근하면 백엔드는 프런트엔드 웹 페이지를 전송합니다. 이제 프런트엔드에서는 백엔드와의 통신을 통해 다른 사람들과 동시에 채팅을 할 수 있습니다. 채팅은 방 단위로 이루어지고 새로운 방을 생성하거나 삭제할 수도 있습니다. 방과 채팅 내용은 데이터베이스에 저장됩니다.

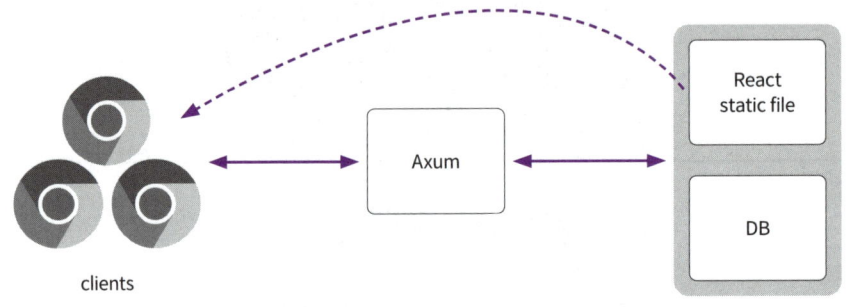

그림 6-1 프로젝트 구조

다음 주소로 접속하면 이번 장에서 함께 만들어볼 채팅 서비스의 데모 앱을 확인할 수 있습니다. 웹 브라우저에서 다음 주소로 접속해보세요.

https://axum-react-chat-mwdf.shuttle.app/

처음 접속하면 사용자 이름을 입력하라는 메시지가 나타납니다. 사용자 이름을 입력하고 [Enter] 버튼을 클릭하면 채팅방 목록을 볼 수 있는 페이지로 이동합니다.

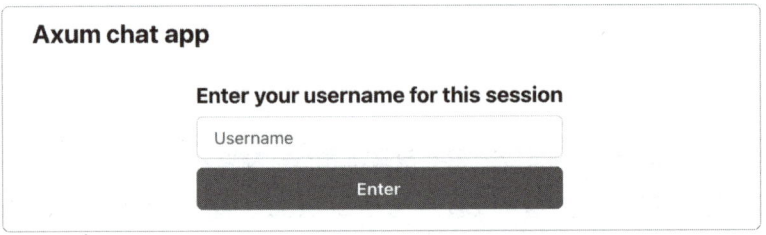

그림 6-2 채팅에서 사용할 이름 입력

기존에 생성되어 있는 채팅방에 참여할 수 있습니다. 혹은 [Create new room] 버튼을 눌러 새로운 채팅방을 생성하거나 [Delete] 버튼을 눌러 삭제할 수도 있습니다.

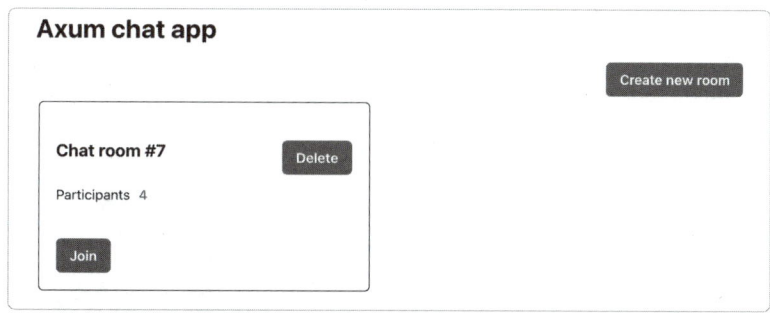

그림 6-3 채팅방 목록 화면

[Join] 버튼을 눌러 채팅방에 입장하면 다른 사용자들과 채팅을 할 수 있습니다. 채팅을 보낸 사람의 이름, 채팅 내용, 채팅을 보낸 시간이 표시됩니다.

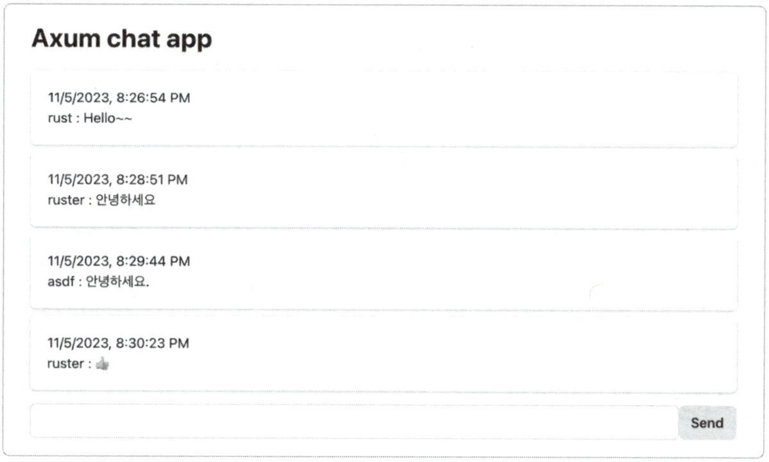

그림 6-4 채팅 화면

6.1.1 SSE란?

SSE_{server side event}는 서버에서 클라이언트로 이벤트를 전송하는 기술입니다. 클라이언트가 새로운 이벤트가 발생했는지를 서버에 계속 물어볼 필요 없이 이벤트가 발생하면 서버가 자동적으로 클라이언트로 이벤트를 전송합니다 클라이언트는 서버에 연결되어 있으면서 서버에서 이벤트를 전송받을 수 있습니다. 이벤트는 JSON 형태로 전송됩니다. SSE는 웹 브라우저에 내장된 기능이기 때문에 클라이언트는 이벤트를 수신하면 자바스크립트로 이벤트를 처리할 수 있습니다.

SSE는 웹소켓과 비슷한 기술이지만, 웹소켓과 달리 클라이언트에서 서버로 메시지를 전송할 수는 없고, 서버에서 클라이언트로만 메시지를 전송할 수 있습니다. 하지만 웹소켓과 달리 SSE는 HTTP를 사용하기 때문에 웹소켓보다 더 쉽게 실시간 서버를 구현할 수 있습니다. 이번 프로젝트에서는 클라이언트가 새로운 채팅 메시지를 REST API를 통해서 보낸 다음, 서버 쪽에서 수신한 메시지를 연결된 모든 클라이언트에 SSE로 전달하는 방식을 사용합니다.

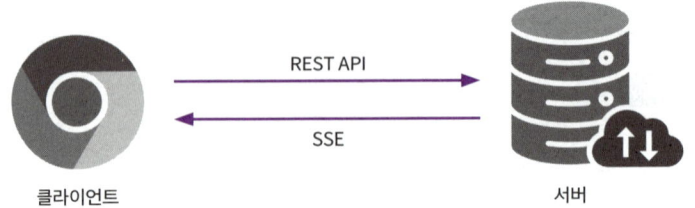

그림 6-5 SSE 채팅 애플리케이션 작동 원리

표 6-1 클라이언트-서버 통신 방법 정리

기능	폴링	롱 폴링	웹소켓	SSE
연결	단기간	새로운 데이터 또는 타임아웃까지 장기간	지속적	지속적
방향	단방향 (클라이언트에서 서버로)	단방향 (서버에서 클라이언트로)	양방향	단방향 (서버에서 클라이언트로)
효율성	비효율적	폴링보다 효율적	가장 효율적	효율적
지원	널리 지원	널리 지원	서버 측 지원 및 구형 브라우저와 호환성 문제	널리 지원

6.1.2 코드 저장소

이번 프로젝트의 전체 코드는 다음 깃허브 저장소에서 확인할 수 있습니다.

https://github.com/lndosaram/axum-react-chat-app

폴더는 크게 프런트엔드 코드가 있는 `frontend` 폴더와 백엔드 코드가 있는 `backend` 폴더로 구성되어 있습니다.

6.2 Shuttle로 배포하기

키워드 ▶▶▶ shuttle, 배포

이제 프로젝트를 다음과 같이 단계별로 진행해보겠습니다.

- Shuttle.dev 프로젝트 생성
- SSE 엔드포인트 생성
- 데이터베이스 연결
- REST API 엔드포인트 생성
- 프런트엔드 빌드
- 배포

Shuttle.dev는 별도의 클라우드 인프라를 구성할 필요 없이 CLI를 설치하고 프로젝트를 만든 후 배포 명령어를 입력하는 것만으로 러스트 백엔드를 쉽고 빠르게 배포할 수 있는 서비스입니다. 무료 요금제에서도 최대 3개의 프로젝트를 배포할 수 있습니다. 백엔드에서 미리 빌드된 프런트엔드를 서빙할 수 있기 때문에 결론적으로 프런트엔드와 백엔드를 무료로 배포하는 것이 가능합니다.

> Shuttle을 쓰지 않고 싶다면 다음 절에서 도커 이미지로 서비스를 빌드하는 방법을 소개할 예정이니 걱정하지 않아도 됩니다.

6.2.1 Step 1: Shuttle 프로젝트 생성

https://shuttle.dev 주소로 접속해 shuttle.dev 가입을 진행합니다. 회원가입은 화면 우측 상단의 [Log In] 버튼을 클릭하면 됩니다. 현재 회원가입은 깃허브 계정으로만 가능합니다.

그림 6-6 Shuttle.dev 메인 페이지

[Log In with Github] 버튼을 눌러 깃허브 계정 연동을 진행합니다. 우리 프로젝트 코드를 올려둘 깃허브 계정으로 진행하면 됩니다.

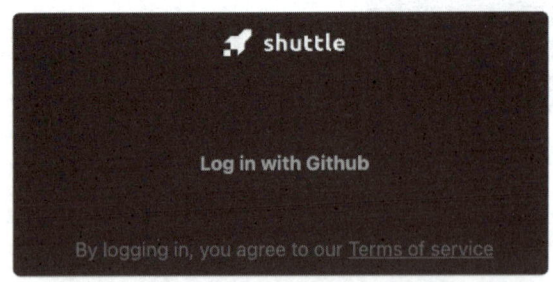

그림 6-7 Shuttle.dev 로그인

해당 버튼을 클릭하면 깃허브에서 `shuttle`에 접근 권한을 부여할 것인지를 확인합니다.

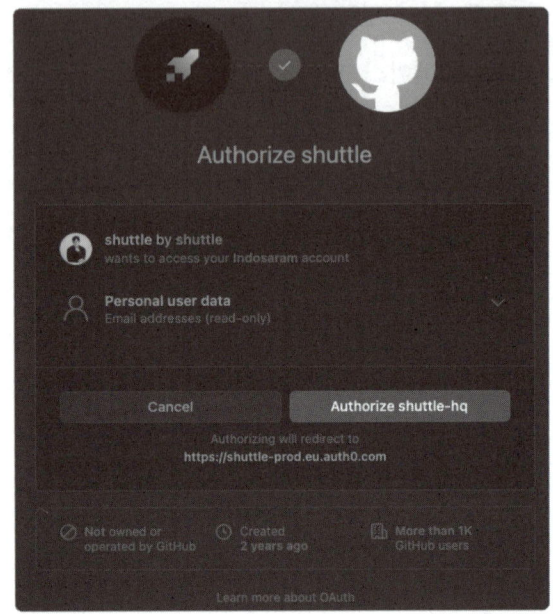

그림 6-8 깃허브로 로그인

회원가입이 완료된 다음에는 터미널에서 프로젝트를 진행할 폴더를 생성할 위치로 이동합니다. `shuttle`에서 새로운 폴더를 자동으로 생성해주기 때문에 새로운 폴더를 만들지 않고 폴더를 생성하고 싶은 위치로 이동해야 하는 점에 주의하세요. 그다음 대시보드에서 안내한 대로 CLI 도구 `shuttle`을 설치합니다.

그림 6-9 shuttle CLI 설치 페이지

```
cd project # 상위 폴더가 project
curl -sSfL https://www.shuttle.dev/install | bash
```

방금 설치한 `shuttle`을 사용해 새로운 프로젝트를 생성합니다. 브라우저가 실행되고 CLI와 계정을 연동할 것인지를 묻는 화면이 나타납니다. [Authorize] 버튼을 누르면 연동이 완료됩니다. 이제 다시 터미널로 돌아가 보면 다음과 같이 터미널에 출력되어 있을 것입니다.

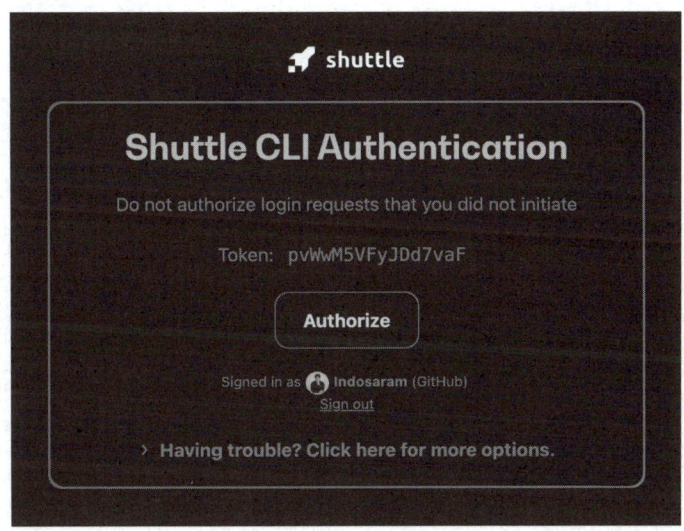

그림 6-10 연동 완료

```
shuttle init
```

```
INFO: Using NEW platform API (shuttle.dev)
First, let's log in to your Shuttle account.
Complete login in Shuttle Console to authenticate CLI.
If your browser did not automatically open, go to https://console.shuttle.dev/device-
auth?token=pvWwM5VFyJDd7vaF

Token: pvWwM5VFyJDd7vaF

Logged in as github-47408490 (user_01HRC9EXZEJ4G9CBS74AJHY2V7)

? Project name ›
```

이제 새로 생성할 프로젝트의 정보를 차례대로 입력합니다. 이때 프로젝트 이름은 axum-chat-app이라고 입력하더라도, 실제로 만들어지는 프로젝트의 이름에는 임의의 알파벳 뒤에 추가됩니다. 예를 들면 axum-chat-app-abcdef와 같이 생성됩니다. 프로젝트의 이름은 axum-chat-app

이고, 위치는 현재 경로(project) 밑에 axum-chat-app 폴더를 새로 생성하도록 합니다. 백엔드 프레임워크는 Axum입니다. 그다음 shuttle에서 프로젝트 이름으로 axum-chat-app을 사용하도록 합니다. 즉 폴더 이름과 프로젝트 이름은 다르며 배포 시에 사용할 이름이 프로젝트 이름이 되는 것입니다.

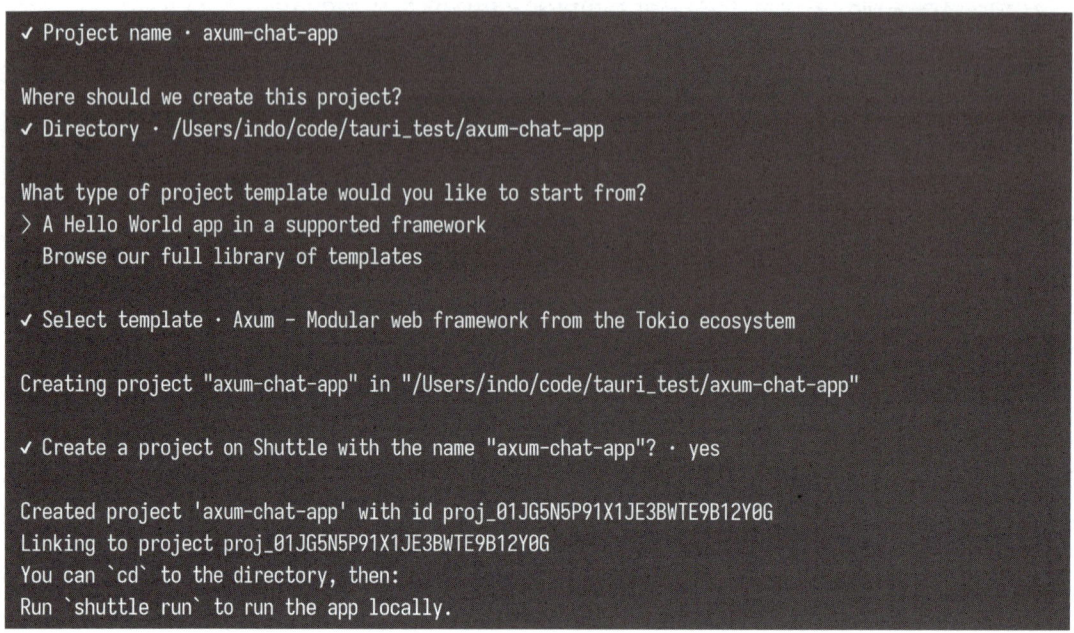

이제 대시보드에 프로젝트가 생성된 것을 확인할 수 있습니다. 아직까지는 별다른 코드를 작성하지 않았기 때문에 기본 프로젝트가 배포되어 있는 상태입니다.

그림 6-11 프로젝트 목록

코드를 살펴보면 main.rs가 앞에서 배웠던 Axum 프로젝트와는 약간 다르게 생성되는 것을 알 수 있습니다. main 함수에 붙은 애트리뷰트가 #[tokio::main]이 아니라 #[shuttle_runtime::main]인데, shuttle에서 앱을 실행할 런타임을 별도로 생성하고 여기서 서버를 실행해주는 방식입니다. 그렇기 때문에 app을 호스트나 포트에 바인딩해서 직접 서빙하는 것이 아니라 shuttle에서 알아서 앱을 서빙해주도록 되어 있습니다.

```rust
use axum::{routing::get, Router};

async fn hello_world() -> &'static str {
    "Hello, world!"
}

#[shuttle_runtime::main]
async fn main() -> shuttle_axum::ShuttleAxum {
    let app = Router::new().route("/", get(hello_world));

    Ok(app.into())
}
```

shuttle 프로젝트를 로컬에서 실행하려면 다음과 같이 `cargo shuttle run`을 사용해야 합니다. 소스 코드에 포트 번호가 없기 때문에 옵션으로 3000번 포트를 지정해주겠습니다.

```
shuttle run --port 3000
```

또는 `cargo watch`로 소스코드가 변경될 때마다 컴파일하고 서버를 재시작하도록 할 수도 있습니다. 다음과 같이 `shuttle run` 명령어를 실행하면 소스코드가 변경될 때마다 서버가 재시작됩니다.

```
cargo watch -x 'shuttle run --port 3000'
```

로컬 환경에서 웹 브라우저로 http://localhost:3000으로 접속하면 `"Hello, world!"`가 출력되는 것을 확인할 수 있습니다.

이 샘플 앱이 잘 배포되는지 테스트해보겠습니다. 배포에는 `shuttle deploy` 명령어를 사용합니다. 이때 아직 프로젝트가 Git 저장소에 커밋되지 않았다는 경고가 나타납니다. 이 경고는 무시해도 되는 경고이므로 `--allow-dirty` 옵션을 추가해서 무시하겠습니다.

```
shuttle deploy --allow-dirty
```

배포가 정상적으로 완료되면 이제 `Shuttle` 콘솔로 이동해 프로젝트의 URL을 확인할 수 있고, 이제 이 URL로 접속해 앱이 제대로 배포되었는지 확인할 수 있습니다.

그림 6-12 프로젝트의 배포 상태 확인

이제 본격적으로 코드를 작성해보겠습니다.

그다음 `Cargo.toml` 파일에 몇 가지 의존성을 수정하고 추가할 것입니다. 이 중 `shuttle` 관련 의존성은 다음과 같이 수정합니다.

- `shuttle-axum`: `shuttle`에서 사용할 백엔드 프레임워크를 Axum으로 지정하기 위해 사용되는 크레이트입니다.
- `shuttle-runtime`: `shuttle` 런타임은 자체 `tracing-subscriber`가 내장되어 있습니다. 만일 기본 로깅을 사용하고 싶다면 상관없지만, 만일 자체 로깅 시스템을 사용하고 싶거나 로깅에 추가 설정을 하고 싶다면 `default-features = false`로 설정해두어야 합니다.
- `shuttle-shared-db`: 공유 데이터베이스 플러그인을 사용하면 다른 사용자와 공유하는 데이터베이스 인스턴스 내에 자체 Postgres 또는 MongoDB 데이터베이스를 제공할 수 있습니다. 완전한 데이터베이스 격리가 걱정되지 않을 때 선택할 수 있는 옵션입니다. `shuttle`에서 자동으로 데이터베이스를 생성하고 호스팅해주기 때문에 로컬에서 실행하거나 클라우드에 배포할 때도 별도의 데이터베이스를 구축할 필요가 없습니다.

`Cargo.toml` 파일의 [dependencies] 섹션은 다음과 같습니다.

```toml
[dependencies]
shuttle-axum = { version = "*", features = ["axum"] }
shuttle-runtime = { version = "*", default-features = false }
shuttle-shared-db = { version = "*", features = ["postgres", "sqlx"] }
axum = { version = "0.7.4", features = ["json", "macros"] }
tokio = { version = "1.35.1", features = ["full"] }
tokio-stream = { version = "0.1.14", features = ["full"] }
tower-http = { version = "0.5.0", features = ["full"] }
futures-util = "0.3.30"
tower = { version = "0.4.13", features = ["full"] }
tracing = "0.1.40"
tracing-subscriber = { version = "0.3.18", features = ["env-filter"] }
sea-orm = { version = "1.1.2", features = [ "sqlx-postgres", "runtime-tokio-native-tls", "macros" ] }
```

```
]}
sqlx = "0.8.2"
migration = { path = "migration" }
serde_json = "1.0.108"
serde = "1.0.193"
dotenvy = "0.15.7"
chrono = "0.4.38"
```

마지막으로 환경 변수를 담을 .env 파일을 만들고 다음 내용을 입력합니다.

```
RUST_LOG=debug
```

6.2.2 Step 2: SSE 엔드포인트 만들기

다음으로는 SSE 엔드포인트를 만들고 Insomnia로 서버와 연결해보겠습니다. `main.rs`는 다음과 같이 작성합니다. 클라이언트가 보내는 메시지를 담을 수 있는 메시지 큐를 생성하고, 이를 `State`로 전달합니다. `State`는 데이터를 전체 앱에서 공유할 수 있는 방법입니다(2장 참고). 이렇게 생성된 메시지 큐는 `chat.rs` 파일에서 클라이언트들이 보낸 메시지를 저장하는 데 사용됩니다.

여기서 기존에 사용하지 않았던 라우팅 방식인 중첩 라우팅이 처음으로 등장합니다. 중첩 라우팅 nested routing이란, 하나의 라우터에 다른 라우터를 중첩해서 넣는 방식입니다. 지금까지의 엔드포인트 경로는 `"/users"`, `"/product"`와 같이 간단한 주소였는데, 여기서 추가하고자 하는 경로는 `"/chat/subscribe"`, `"/chat/send"`와 같이 `"/chat"`이라는 경로가 공통적으로 추가되었습니다. 이런 경우 중첩 라우팅을 사용하면 `"/chat"` 경로를 한 번만 작성하면 되기 때문에 코드가 간결해지고, 경로가 변경되었을 때도 유연하게 대처할 수 있습니다. `.nest`의 첫 번째 인자는 중첩할 경로이고, 두 번째 인자는 중첩할 라우터입니다. 중첩된 라우터는 다음과 같이 작성합니다.

```
let app = Router::new()
    .nest(
        "/chat",
        Router::new()
            .route("/subscribe", get(subscribe))
            .route("/send", post(send)),
    )
```

지금까지의 코드는 다음과 같습니다.

```rust
mod api;
use api::chat::{send, subscribe};
use axum::{
    extract::State,
    routing::{get, post},
    Router,
};

use tokio::sync::broadcast;
use tracing_subscriber::{fmt, prelude::*, EnvFilter};

#[shuttle_runtime::main]
async fn main() -> shuttle_axum::ShuttleAxum {
    dotenvy::dotenv().ok();

    tracing_subscriber::registry()
        .with(fmt::layer())
        .with(EnvFilter::from_default_env())
        .init();

    let message_queue: broadcast::Sender<String> = broadcast::channel(10).0;
    let app = Router::new()
        .nest(
            "/chat",
            Router::new()
                .route("/subscribe", get(subscribe))
                .route("/send", post(send)),
        )
        .with_state(message_queue);

    Ok(app.into())
}
```

이번에는 클라이언트와 통신하며 채팅을 주고받을 수 있는 엔드포인트를 작성해보겠습니다. 다음과 같이 폴더 구조를 생성하고 `/api` 폴더 안에 파일을 생성합니다.

```
src
├── api
│   ├── chat.rs
│   └── mod.rs
└── main.rs
```

`mod.rs` 파일은 다음과 같습니다.

```rust
pub mod chat;
```

chat.rs 파일은 클라이언트가 SSE를 구독할 수 있는 연결을 제공하는 `subscribe` 함수와 클라이언트가 서버로 메시지를 보낼 수 있는 `send` 함수 두 개로 이루어져 있습니다. 먼저 `subscribe` 함수는 다음과 같습니다. `State`를 통해 전달받은 메시지 큐를 `BroadcastStream`으로 변환합니다. `BroadcastStream`은 `Stream` 트레이트를 구현하고 있기 때문에 `Sse`에 전달할 수 있습니다. `Sse`는 연결을 유지하면서 큐에 새로운 메시지가 도착하는 경우 클라이언트에게 이를 알려주는 역할을 수행합니다. 이때 데이터의 형태는 `msg` 변수에 담긴 `Event` 구조체를 통해 JSON 형태로 전달됩니다.

```rust
use axum::{
    extract::State,
    response::{
        sse::{Event, KeepAlive, Sse},
        IntoResponse,
    },
};
use futures_util::stream::StreamExt;
use serde_json::json;
use tokio::sync::broadcast::{self};
use tokio_stream::wrappers::BroadcastStream;

pub async fn subscribe(
    State(queue): State<broadcast::Sender<String>>,
) -> impl IntoResponse {
    let stream = BroadcastStream::new(queue.subscribe()).map(|msg| match msg {
        Ok(msg) => Ok(Event::default()
            .event("message")
            .data(json!(msg).to_string())),
        Err(e) => Err(e),
    });

    Sse::new(stream).keep_alive(KeepAlive::default())
}
```

`send` 함수는 클라이언트가 메시지를 서버로 보낼 때 사용하는 REST API 엔드포인트로 SSE와 무관합니다. 해당 함수는 `State`를 통해 전달받은 메시지 큐에 `new_message`를 전송합니다.

```rust
pub async fn send(
    State(queue): State<broadcast::Sender<String>>,
    new_message: String,
) -> &'static str {
    queue.send(new_message).expect("Error sending message");

    "Message sent"
}
```

`shuttle run --port 3000` 명령어로 서버를 실행하고 Insomnia에서 새로운 요청을 생성합니다. 이때 생성 유형을 "Event Stream Request"로 설정합니다.

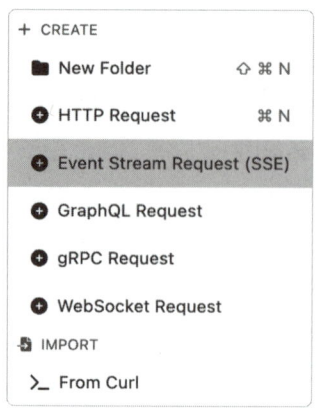

그림 6-13 SSE 요청 생성

다음 주소로 연결합니다. [Connect] 버튼을 클릭하면 서버와 SSE 연결이 수행됩니다.

http://localhost:3000/chat/subscribe

연결이 정상적으로 수립되면 화면 우측에 "200 OK"가 나타나고, 서버에서 보내는 메시지가 실시간으로 표시됩니다. 웹소켓에 연결했던 것과 마찬가지로, 화면 좌측에 만든 요청에 초록색 동그라미가 나타나서 현재 연결 상태임을 알 수 있습니다.

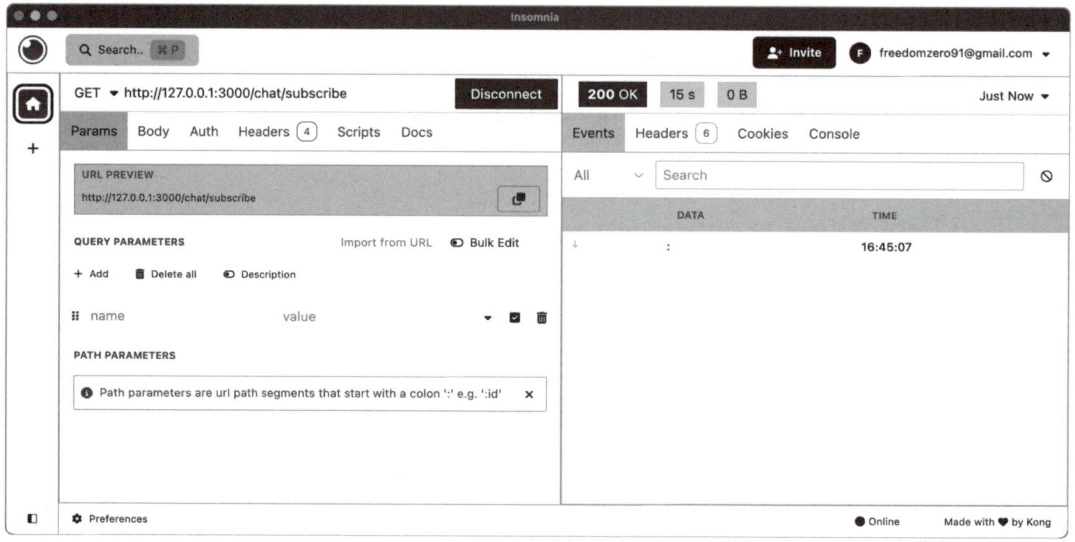

그림 6-14 SSE 연결 상태 확인

서버에 메시지를 보내보겠습니다. Insomnia에서 새로운 요청을 생성합니다. 이때 생성 유형을 "POST"로 설정합니다. 다음 주소로 "Hello Axum!"이라는 문자열을 보내 보겠습니다.

http://localhost:3000/chat/send

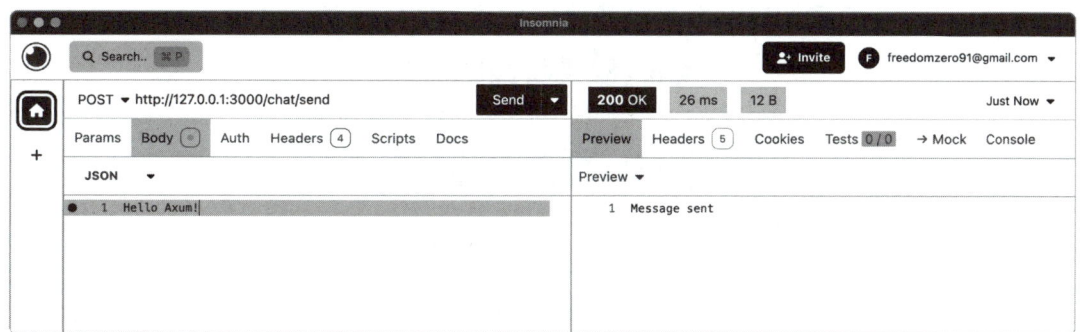

그림 6-15 SSE 메시지 송신

아까 연결한 요청으로 돌아가보면 방금 내가 보낸 메시지가 정상적으로 수신되는 것을 알 수 있습니다.

6.2.3 Step 3: 데이터베이스 연결

이번에는 애플리케이션에 데이터베이스를 연결해보겠습니다. 앞에서 잠깐 언급했던 공유 데이터베이스 플러그인인 `shuttle-shared-db`를 사용해 Postgres 데이터베이스를 자동으로 생성하고 연결하도록 하겠습니다.

`Shuttle`은 도커를 사용해 Postgres 컨테이너를 실행하기 때문에 로컬에서 테스트하려면 반드시 도커가 설치되어 있고, 도커 엔진이 실행 중이어야 합니다. 사용하는 컴퓨터에 도커를 설치할 때 도커 데스크톱docker desktop을 설치하면 편리합니다. 도커 데스크톱은 도커 사용에 필요한 모든 도구를 한꺼번에 설치하기 때문입니다.

https://www.docker.com/products/docker-desktop/

위 주소로 접속하면 자신의 운영체제에 맞는 프로그램이 이미 선택되어 있을 것입니다. 만일 올바르지 않은 운영체제라면 [드롭다운] 버튼으로 자신의 운영체제에 맞는 프로그램을 선택하세요. 버튼을 누르면 설치 파일이 다운로드됩니다.

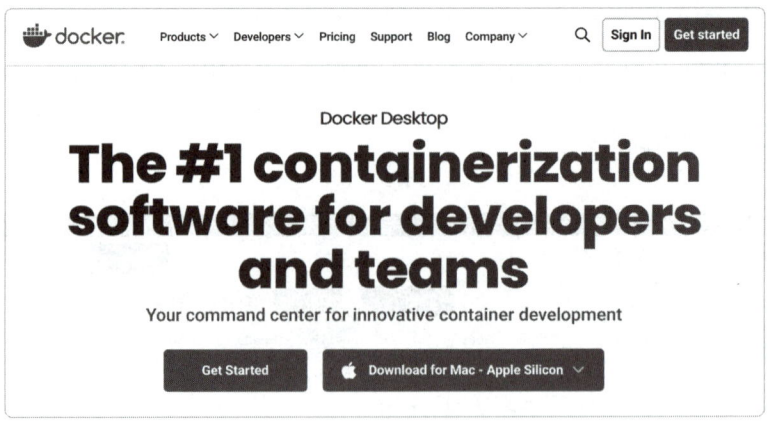

그림 6-16 도커 설치 페이지

다만 리눅스의 경우는 각 리눅스 배포판마다 지원 여부와 설치 방법이 약간씩 다르기 때문에 [다운로드] 버튼을 눌렀을 때 이동되는 페이지에서 자신의 리눅스 배포판에 맞는 설치 방법을 별도로 확인하시기 바랍니다.

도커를 설치한 다음 도커 데스크톱을 실행합니다. 도커 엔진이 실행 중이라면 다음 그림 6-17과 같이 좌측 하단에 Engine running이라는 메시지가 나타납니다.

그림 6-17 도커 엔진 실행 상태

`main.rs`를 다음과 같이 수정합니다. `#[shuttle_shared_db::Postgres]` 애트리뷰트는 해당 `pool` 변수가 공유 데이터베이스 연결 풀이라는 것을 나타냅니다. 이제 이 `pool`을 `SqlxPostgresConnector`에 입력하면 기존에 SeaORM을 사용하는 데 필요했던 `DatabaseConnection`과 비슷한 연결을 만들 수 있습니다.

```rust
use sea_orm::SqlxPostgresConnector;
use sqlx::PgPool;

#[shuttle_runtime::main]
async fn main(#[shuttle_shared_db::Postgres] pool: PgPool) -> shuttle_axum::ShuttleAxum {
    ...
    let conn = SqlxPostgresConnector::from_sqlx_postgres_pool(pool);
    ...
}
```

이 연결 역시 `State`를 사용해 핸들러에서 공유해야 하는 객체이기 때문에 `api/state.rs` 모듈을 만들고 다음과 같이 입력합니다. `FromRef`를 사용해 각 필드를 개별적으로 추출할 수 있도록 했습니다.

```
use crate::entities::chat::Model as Chat;

use axum::extract::FromRef;
use sea_orm::DatabaseConnection;
use tokio::sync::broadcast;

#[derive(Clone, FromRef)]
pub struct AppState {
    pub conn: DatabaseConnection,
    pub queue: broadcast::Sender<Chat>,
}
```

그러면 `main.rs`는 다음과 같습니다.

```
use api::state::AppState;

#[shuttle_runtime::main]
async fn main(#[shuttle_shared_db::Postgres] pool: PgPool) -> shuttle_axum::ShuttleAxum {
    ...

    let state = AppState {
        conn: SqlxPostgresConnector::from_sqlx_postgres_pool(pool),
        queue: broadcast::channel(10).0,
    };

    ...

    .with_state(state);
}
```

그다음으로는 DB 마이그레이션을 추가해보겠습니다. 챗봇 프로젝트에서 사용할 스키마와 테이블 간의 관계는 그림 6.18과 같습니다.

- `Room`의 `Participants`에 `User`의 목록으로 이루어져 있습니다.

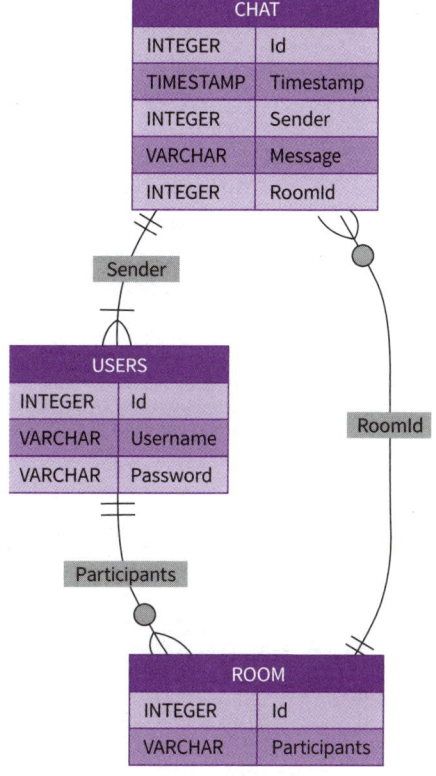

그림 6-18 **테이블 간의 관계**

- `Chat`에는 외래 키 `RoomId`를 통해 연결된 하나의 `Room`이 있습니다.
- `Chat`의 `Sender`는 한 명의 `User`를 가리킵니다.

마이그레이션을 위해 초기화를 진행합니다.

```
sea-orm migration init
```

`up` 함수에는 각 테이블을 생성하는 내용을 작성합니다. 먼저 `Users` 테이블을 정의하는 코드는 다음과 같습니다. `id`와 사용자 이름, 그리고 비밀번호를 저장합니다.

```
manager
    .create_table(
        Table::create()
            .table(Users::Table)
            .if_not_exists()
            .col(
                ColumnDef::new(Users::Id)
                    .integer()
                    .not_null()
                    .auto_increment()
                    .primary_key(),
            )
            .col(
                ColumnDef::new(Users::Username)
                    .string()
                    .unique_key()
                    .not_null(),
            )
            .col(ColumnDef::new(Users::Password).string().not_null())
            .to_owned(),
    )
    .await?;
```

`Room` 테이블은 다음과 같습니다. `id`와 참가자들의 목록을 저장합니다.

```
manager
    .create_table(
        Table::create()
            .table(Room::Table)
            .if_not_exists()
            .col(
                ColumnDef::new(Room::Id)
```

```
                .integer()
                .not_null()
                .auto_increment()
                .primary_key(),
        )
        .col(
            ColumnDef::new(Room::Participants)
                .string()
                .not_null(),
        )
        .to_owned(),
)
.await?;
```

Chat 테이블은 다음과 같습니다. 외래 키로 Chat 테이블의 `room_id` 컬럼을 Room 테이블의 `room_id` 컬럼과 연결하는 것을 잊으면 안 됩니다.

```
manager
    .create_table(
        Table::create()
            .table(Chat::Table)
            .if_not_exists()
            .col(
                ColumnDef::new(Chat::Id)
                    .integer()
                    .not_null()
                    .auto_increment()
                    .primary_key(),
            )
            .col(ColumnDef::new(Chat::Timestamp).timestamp().not_null())
            .col(ColumnDef::new(Chat::Sender).string().not_null())
            .col(ColumnDef::new(Chat::Message).string().not_null())
            .col(ColumnDef::new(Chat::RoomId).integer().not_null())
            .foreign_key(
                ForeignKey::create()
                    .name("fk_chat_room_id")
                    .from_tbl(Chat::Table)
                    .from_col(Chat::RoomId)
                    .to_tbl(Room::Table)
                    .to_col(Room::Id),
            )
            .to_owned(),
    )
    .await?;
```

이 내용들을 다음 코드의 `up` 함수에 추가하면 됩니다. 다음 코드에서는 `...`으로 해당 내용이 생략되어 있음에 주의하세요. `down` 함수에는 `up` 함수에서 생성한 테이블들을 삭제하는 내용을 작성합니다. `Chat` 테이블은 `Room` 테이블과 외래 키 관계이기 때문에 `Room` 테이블을 먼저 삭제한 다음 `Chat` 테이블을 삭제하는 것이 안전합니다.

```rust
use sea_orm_migration::prelude::*;

#[derive(DeriveMigrationName)]
pub struct Migration;

#[async_trait::async_trait]
impl MigrationTrait for Migration {
    async fn up(&self, manager: &SchemaManager) -> Result<(), DbErr> {

        ...

        Ok(())
    }

    async fn down(&self, manager: &SchemaManager) -> Result<(), DbErr> {
        manager
            .drop_table(Table::drop().table(Users::Table).if_exists().to_owned())
            .await?;

        manager
            .drop_table(Table::drop().table(Room::Table).if_exists().to_owned())
            .await?;

        manager
            .drop_table(Table::drop().table(Chat::Table).if_exists().to_owned())
            .await?;

        Ok(())
    }
}
```

마지막으로 각 테이블을 나타내는 열거형을 생성합니다.

```rust
#[derive(DeriveIden)]
enum Users {
    Table,
    Id,
    Username,
```

```
    Password,
}

#[derive(DeriveIden)]
enum Room {
    Table,
    Id,
    Participants,
}

#[derive(DeriveIden)]
enum Chat {
    Table,
    Id,
    Timestamp,
    Sender,
    Message,
    RoomId,
}
```

마이그레이션 적용은 기존에는 CLI를 통해서 `sea-orm migration up`과 같이 수행했지만, 지금은 배포가 `shuttle`을 통해 자동으로 이루어지기 때문에 코드상에서 자동으로 마이그레이션을 하도록 해주어야 합니다. 따라서 마이그레이션을 적용하지는 않고 `Entity`만 생성합니다.

```
sea-orm-cli generate entity -o src/entities
```

자동으로 마이그레이션을 진행할 때 마이그레이션 파일들을 읽어올 경로를 `Cargo.toml`에 지정해야 합니다. 이를 위해서 `migration` 폴더를 별도의 워크스페이스로 정의합니다. 그리고 해당 폴더를 크레이트로 추가합니다.

```
[workspace]
members = [".", "migration"]

[dependencies]
...
migration = { path = "migration" }
```

마이그레이션 코드를 추가한 `main.rs`는 다음과 같습니다. 추가로 불러와야 하는 타입은 ❶과 같습니다. 그리고 ❷에서 `Migrator::up`을 사용해 마이그레이션이 자동으로 진행됩니다. `up` 함수의 두 번째 인자는 마이그레이션을 진행할 특정 버전을 지정할 수 있습니다. 만일 None으로 지정하면 마이그레이션은 최신 버전까지 진행됩니다.

```rust
mod api;

use api::{
    chat::{send, subscribe},
};

use axum::{
    routing::{get, post},
    Router,
};

use migration::{Migrator, MigratorTrait}; // ❶
use sea_orm::SqlxPostgresConnector;
use sqlx::PgPool;
use tokio::sync::broadcast;
use tracing_subscriber::{fmt, prelude::*, EnvFilter};

#[shuttle_runtime::main]
async fn main(#[shuttle_shared_db::Postgres] pool: PgPool) -> shuttle_axum::ShuttleAxum {
    dotenvy::dotenv().ok();

    tracing_subscriber::registry()
        .with(fmt::layer())
        .with(EnvFilter::from_default_env())
        .init();

    let message_queue: broadcast::Sender<String> = broadcast::channel(10).0;

    Migrator::up(&state.conn, None).await.unwrap(); // ❷

    let app = Router::new()
        .nest(
            "/chat",
            Router::new()
                .route("/subscribe", get(subscribe))
                .route("/send", post(send)),
        )
        .with_state(message_queue);

    Ok(app.into())
}
```

6.2.4 Step 4: API 코드 추가하기

다음으로는 채팅방 관련 API, 채팅 목록 API, 사용자 관련 API 코드를 추가하겠습니다. 현재 `src` 폴더 구조는 다음과 같습니다.

```
src
├── api
│   ├── chat.rs
│   ├── chat_room.rs
│   ├── state.rs
│   └── mod.rs
├── entities
└── main.rs
```

`api` 폴더 밑에 `chat_room.rs`와 `user.rs`를 추가하고 `mod.rs` 파일을 다음과 같이 수정합니다.

```
pub mod chat;
pub mod chat_room;
pub mod state;
pub mod user;
```

`chat_room.rs` 파일의 내용은 다음과 같습니다.

```rust
use std::collections::HashMap;

use axum::{
    extract::{Query, State},
    Json,
};
use serde::{Deserialize, Serialize};

use sea_orm::{
    ActiveModelTrait, ActiveValue, ColumnTrait, Condition, DatabaseConnection, EntityTrait,
    ModelTrait, QueryFilter,
};

use crate::entities::{
    chat::{self, Entity as ChatEntity},
    room::{ActiveModel, Column, Entity as RoomEntity, Model},
};

pub async fn get_room(
    State(conn): State<DatabaseConnection>,
    Query(params): Query<HashMap<String, String>>,
) -> Json<Vec<NewRoom>> {
```

```rust
    let mut condition = Condition::all();

    if let Some(id) = params.get("id") {
        condition = condition.add(Column::Id.eq(id.parse::<i32>().unwrap()));
    }

    let rooms = RoomEntity::find()
        .filter(condition)
        .all(&conn)
        .await
        .unwrap();

    let mut new_rooms: Vec<NewRoom> = Vec::new();

    for room in rooms {
        let participants: Vec<String> = serde_json::from_str(&room.participants).unwrap();

        new_rooms.push(NewRoom {
            id: Some(room.id),
            participants,
        });
    }

    Json(new_rooms)
}

#[derive(Serialize, Deserialize)]
pub struct NewRoom {
    id: Option<i32>,
    participants: Vec<String>,
}

pub async fn post_room(
    State(conn): State<DatabaseConnection>,
    Json(room): Json<NewRoom>,
) -> Json<Model> {
    let participants = serde_json::to_string(&room.participants).unwrap();

    let room = ActiveModel {
        id: ActiveValue::not_set(),
        participants: ActiveValue::Set(participants),
    };

    Json(room.insert(&conn).await.unwrap())
}

pub async fn put_room(
    State(conn): State<DatabaseConnection>,
```

```rust
        Json(room): Json<NewRoom>,
    ) -> Json<Model> {
        let result = RoomEntity::find_by_id(room.id.unwrap())
            .one(&conn)
            .await
            .unwrap()
            .unwrap();

        let mut participants: Vec<String> = serde_json::from_str(&result.participants).unwrap();
        participants.push(room.participants[0].clone());

        let new_room = ActiveModel {
            id: ActiveValue::Set(result.id),
            participants: ActiveValue::Set(serde_json::to_string(&participants).unwrap()),
        };

        Json(new_room.update(&conn).await.unwrap())
    }

    pub async fn delete_room(
        State(conn): State<DatabaseConnection>,
        Query(params): Query<HashMap<String, String>>,
    ) -> Json<&'static str> {
        let id = params.get("id").unwrap().parse::<i32>().unwrap();

        let chats = ChatEntity::find()
            .filter(chat::Column::RoomId.eq(id))
            .all(&conn)
            .await
            .unwrap();

        for chat in chats {
            chat.delete(&conn).await.unwrap();
        }

        let room = RoomEntity::find_by_id(id)
            .one(&conn)
            .await
            .unwrap()
            .unwrap();

        room.delete(&conn).await.unwrap();

        Json("Deleted")
    }
```

user.rs 파일은 다음과 같습니다.

```rust
use std::collections::HashMap;

use axum::{
    extract::{Query, State},
    Json,
};

use sea_orm::{
    ActiveModelTrait, ActiveValue, ColumnTrait, Condition, DatabaseConnection, EntityTrait,
    ModelTrait, QueryFilter,
};

use crate::entities::users::{ActiveModel, Column, Entity as UsersEntity, Model};

pub async fn get_user(
    State(conn): State<DatabaseConnection>,
    Query(params): Query<HashMap<String, String>>,
) -> Json<Vec<Model>> {
    let mut condition = Condition::all();

    if let Some(id) = params.get("id") {
        condition = condition.add(Column::Id.eq(id.parse::<i32>().unwrap()));
    }

    if let Some(username) = params.get("username") {
        condition = condition.add(Column::Username.contains(username));
    }

    Json(
        UsersEntity::find()
            .filter(condition)
            .all(&conn)
            .await
            .unwrap(),
    )
}

#[derive(serde::Deserialize)]
pub struct UpsertModel {
    id: Option<i32>,
    username: Option<String>,
    password: Option<String>,
}

pub async fn post_user(
    State(conn): State<DatabaseConnection>,
    Json(user): Json<UpsertModel>,
) -> Json<Model> {
```

```rust
    let new_user = ActiveModel {
        id: ActiveValue::NotSet,
        username: ActiveValue::Set(user.username.unwrap()),
        password: ActiveValue::Set(user.password.unwrap()),
    };

    let result = new_user.insert(&conn).await.unwrap();

    Json(result)
}

pub async fn put_user(State(conn): State<DatabaseConnection>, Json(user): Json<UpsertModel>) -> Json<Model> {
    let result = UsersEntity::find_by_id(user.id.unwrap())
        .one(&conn)
        .await
        .unwrap()
        .unwrap();

    let new_user = ActiveModel {
        id: ActiveValue::Set(result.id),
        username: ActiveValue::Set(user.username.unwrap_or(result.username)),
        password: ActiveValue::Set(user.password.unwrap_or(result.password)),
    };

    Json(new_user.update(&conn).await.unwrap())
}

pub async fn delete_user(
    State(conn): State<DatabaseConnection>,
    Query(params): Query<HashMap<String, String>>,
) -> Json<&'static str> {
    tokio::time::sleep(tokio::time::Duration::from_secs(3)).await;
    let mut condition = Condition::any();

    if let Some(id) = params.get("id") {
        condition = condition.add(Column::Id.eq(id.parse::<i32>().unwrap()));
    }

    if let Some(username) = params.get("username") {
        condition = condition.add(Column::Username.contains(username));
    }

    let user = UsersEntity::find()
        .filter(condition)
        .one(&conn)
        .await
        .unwrap()
```

```
        .unwrap();

    user.delete(&conn).await.unwrap();

    Json("Deleted")
}
```

`chat.rs` 파일에는 `room_id`를 쿼리 파라미터로 받아서 해당 채팅방의 채팅 목록을 불러올 수 있는 엔드포인트를 추가합니다.

```
pub async fn get_chat(
    State(conn): State<DatabaseConnection>,
    Query(params): Query<HashMap<String, String>>,
) -> Json<Vec<Chat>> {
    let room_id = params.get("room_id").unwrap();

    Json(
        ChatEntity::find()
            .filter(Column::RoomId.eq(room_id.parse::<i32>().unwrap()))
            .all(&conn)
            .await
            .unwrap(),
    )
}
```

드디어 모든 핸들러가 완성되었습니다. `main.rs`에 라우팅을 추가하겠습니다.

```
let app = Router::new()
    .nest(
        "/chat",
        Router::new()
            .route("/", get(get_chat))
            .route("/subscribe", get(subscribe))
            .route("/send", post(send)),
    )
    .route(
        "/room",
        get(get_room)
            .post(post_room)
            .put(put_room)
            .delete(delete_room),
    )
    .route(
        "/user",
```

```
        get(get_user)
            .post(post_user)
            .put(put_user)
            .delete(delete_user),
    )
    .with_state(state);
```

6.2.5 Step 5: 프런트엔드와 백엔드 연동

다섯 번째 단계는 프런트엔드 빌드입니다. 프런트엔드를 실행하려면 Node.js 런타임과 `yarn` CLI 도구가 필요합니다. 프런트엔드는 React와 Vite를 사용해 구현했고, UI 시스템은 Chakra UI를 사용했습니다. 만일 React에 익숙하지 않다면 프런트엔드는 직접 빌드할 필요 없이 코드 저장소의 `backend/static` 폴더에 빌드된 파일을 그대로 복사해서 사용해도 됩니다. 프런트엔드를 직접 실행해보고 싶다면 다음 명령어를 사용해 의존성을 설치하고 개발 서버를 시작합니다.

```
cd frontend
yarn
yarn run dev
```

새로운 빌드를 만들려는 경우에는 다음 명령어를 사용합니다. `backend/static` 폴더에 빌드가 자동으로 생성됩니다.

```
yarn run build
```

백엔드에서는 해당 폴더에 있는 파일을 그대로 사용하기 때문에, 프런트엔드를 새로 빌드했다고 해서 백엔드 코드를 추가적으로 변경할 필요는 없습니다. 프런트엔드를 빌드하면 다음과 같은 폴더 구조가 생성됩니다.

```
.
├── Cargo.lock
├── Cargo.toml
├── migration
├── shuttle.db
├── src
│   ├── api
│   ├── entities
│   └── main.rs
├── static
```

백엔드에서 `static` 폴더를 서빙하기 위해서는 `tower_http`의 미들웨어 서비스 `ServeDir`와 `ServeFile`을 사용합니다.

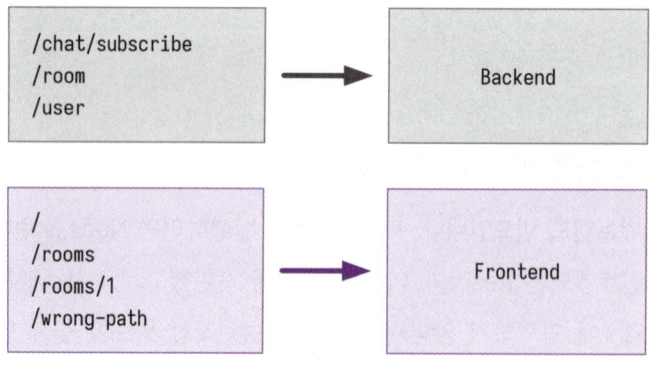

그림 6-19 정적 파일 서빙

이 코드는 Axum에서 제공하는 `nest_service` 메서드를 사용해서 위쪽에 정의된 다른 라우팅 경로에 해당되지 않을 경우에 해당 요청을 프런트엔드로 라우팅하기 위해 사용됩니다.

```
let app = Router::new()
    ...
    .nest_service(
        "/",
        ServeDir::new("static").not_found_service(ServeFile::new("static/index.html")),
    )
```

`.nest_service("/", ...)`는 루트 경로를 정적 파일을 서빙하는 서비스로 연결하고 있습니다. `ServeDir::new("static")` 부분은 `static` 디렉터리의 파일을 제공하는 새 서비스를 생성하고 있습니다. `not_found_service` 메서드는 `ServeDir` 서비스가 요청된 파일을 찾을 수 없을 때 폴백할 서비스 `ServeFile::new("static/index.html")`를 지정합니다. 이 경우 `static` 디렉터리에서 `index.html` 파일을 제공하도록 설정되어 있습니다.

요약하면, 이 코드는 루트 경로("/")에서 액세스할 때 `static` 디렉터리의 정적 파일을 제공하는 서비스를 설정하고 있습니다. 파일을 찾을 수 없으면 `static` 디렉터리의 `index.html` 파일을 제공하는 것으로 돌아갑니다. 이는 SPA_{single-page application}를 서빙할 때 자주 쓰이는 패턴입니다. SPA란, 하나의 HTML 파일로 여러 페이지를 보여줄 수 있는 웹 애플리케이션을 의미합니다. React는 가장 유명하고 많이 사용되는 SPA 라이브러리입니다. SPA의 정적 파일을 제공하고, 알 수 없는 경로에 대해서는 인덱스 파일로 되돌아가 SPA가 클라이언트 측에서 라우팅을 처리하게끔 하려는 경우입니다.

마지막으로 `shuttle`이 `static` 폴더의 정적 파일을 정상적으로 서빙할 수 있도록 `Shuttle.toml` 파일을 다음과 같이 수정합니다.

```
[build]
assets = [
  "static/*",
]
```

지금까지 작업한 내용이 정상적으로 작동하는지 확인하려면 `shuttle run`을 사용합니다. 프런트엔드 페이지가 나타나서 이름을 입력해 채팅방 목록 페이지로 진입이 가능해지고, 채팅방을 만들거나 삭제할 수 있으며, 채팅을 입력할 수 있으면 됩니다.

6.2.6 Step 6: 프로젝트 배포

마지막 단계로 `shuttle`에 프로젝트를 배포해보겠습니다. 지금까지 작업한 내용을 새로운 커밋을 만들어 깃허브 저장소에 푸시해주세요. 그다음에는 아래 명령어를 사용해 배포할 수 있습니다.

```
shuttle deploy
```

배포가 정상적으로 진행되었다면 화면 출력 마지막 부분에서 다음과 같이 연결된 공유 데이터베이스 정보와 프로젝트 상태가 나타납니다. 이제 해당 URI로 접속하면 다른 사람들과 실시간으로 채팅이 가능한 웹 앱을 이용할 수 있습니다.

```
2024-01-02T05:58:04.543+09:00 [Deployer]   INFO shuttle_deployer::deployment::run: Runtime started successfully
These databases are linked to axum-chat-app
+--------------------------------+-----------------------------------------------------------------+
| Type                           | Connection string                                               |
+--------------------------------+-----------------------------------------------------------------+
| database::shared::postgres     | postgres://user-axum-chat-app:7iNiOvbD5eho@db.shuttle.          |
|                                | rs:5432/db-axum-chat-app                                        |
+--------------------------------+-----------------------------------------------------------------+

Service Name:   axum-chat-app
Deployment ID:  5e261ac8-f1e7-4e88-8c0e-a00f5cb80f65
```

```
Status:        running
Last Updated:  2024-01-01T20:58:04Z
URI:           https://axum-chat-app.shuttleapp.rs
```

> 배포 후에 애플리케이션의 로그가 궁금하거나, 데이터베이스 연결 정보 등을 보고 싶다면 shuttle 콘솔로 접속하면 확인할 수 있습니다.

`shuttle`에 프로젝트를 배포할 때, 30분간 API 호출이 없거나 CPU 사용량이 매우 낮은 경우 프로젝트가 자동으로 중지됩니다. 중지 상태의 프로젝트로 접속하거나 요청을 보내면 프로젝트는 잠에서 깨어나서 다시 작업을 수행하는데, 잠에서 깨어나는 데 약 1초가량의 시간이 소요됩니다.

6.3 도커로 실행하기

키워드 ▸▸▸ 도커, 로컬

여기서는 `shuttle` 서비스를 사용하지 않고, 도커를 사용해 직접 클라우드에 배포하고 싶은 분들을 위해 도커 이미지를 빌드하는 방법을 소개합니다. 다만, 클라우드에 배포하는 방법은 따로 다루지 않습니다.

6.3.1 바이너리 크레이트 추가하기

현재 프로젝트의 `main.rs`는 `shuttle` 런타임을 사용하도록 설정되어 있습니다. 따라서 `main.rs`가 아닌 다른 파일을 엔트리포인트_{entrypoint}를 통해 코드를 실행하도록 해야 합니다. 바이너리 크레이트를 추가해서 도커에서 사용할 엔트리포인트를 추가로 정의해주겠습니다. `Cargo.toml`의 마지막 부분에 다음 내용을 추가합니다. 이제 해당 바이너리 크레이트를 실행하려면 `cargo run --bin docker`와 같이 할 수 있고, 빌드하려면 `cargo build --bin docker`와 같이 할 수 있습니다.

```
[[bin]]
name = "docker"
path = "src/main_docker.rs"
```

이제 `main_docker.rs` 파일을 생성합니다. 파일의 내용은 `main.rs`와 거의 동일한데, 세 가지 부분만 다릅니다.

- `main` 함수의 애트리뷰트가 `#[tokio::main]`입니다.
- 데이터베이스 연결을 `init_db` 함수를 사용해 직접 생성합니다. 여기에 사용되는 환경 변수 `DATABASE_URL`도 Postgres 연결 정보에 맞게 추가해주어야 합니다.
- `axum::serve`를 사용해 앱을 직접 서빙해줍니다.

`main.rs`와 공통적인 부분을 제외한 전체 코드는 다음과 같습니다.

```
mod db;

use db::init::init_db;
```

```
#[tokio::main]
async fn main() {
    ...

    let state = AppState {
        conn: init_db().await,
        queue: broadcast::channel(10).0,
    };

    ...

    let listener = tokio::net::TcpListener::bind("0.0.0.0:3000").await.unwrap();
    axum::serve(listener, app).await.unwrap();
}
```

`init` 모듈과 `init_db` 함수는 4장에서 다룬 것과 완전히 동일합니다.

6.3.2 도커 이미지 만들기

도커 이미지를 빌드하기 위해 `Dockerfile`을 작성해보겠습니다. 도커 파일에서는 프런트엔드와 백엔드를 각각 빌드하고 하나로 합치기 위해서 여러 단계를 거칩니다.

첫 번째로, 프런트엔드 단계가 있습니다. 이 단계에서는 베이스 이미지base image로 `node:20-alpine` 이미지를 사용합니다. 그런 다음 프런트엔드 코드를 컨테이너에 복사합니다. `yarn`을 사용하여 종속성을 설치합니다. 그리고 `vite`를 사용하여 `dist` 폴더에 결과물을 빌드합니다.

다음으로 백엔드 단계가 있습니다. 이 단계에서는 베이스 이미지로 `rust:1.73` 이미지를 사용합니다. 그런 다음 백엔드 코드를 컨테이너에 복사합니다. `docker`라는 이름의 바이너리 크레이트를 빌드합니다.

마지막으로 프로덕션 단계가 있습니다. 이 단계에서는 베이스 이미지로 새로운 `rust:1.73` 이미지를 사용합니다. 그런 다음 빌드된 프런트엔드 애셋을 `static` 폴더에 복사합니다. 백엔드 바이너리를 엔트리포인트로 설정합니다.

요약하자면 프런트엔드와 백엔드를 별도로 빌드한 다음, 아티팩트를 복사하여 하나의 프로덕션 이미지로 결합합니다. 단계를 사용해 빌드하면 각 아티팩트를 만들기 위해 필요한 의존성이나 중간 결과물들을 프로덕션 환경에 포함하지 않아도 되기 때문에 도커 이미지의 크기를 작게 만들 수 있다는 장점이 있습니다.

```dockerfile
# 프런트엔드 빌드
FROM node:20-alpine AS frontend
COPY frontend .
RUN yarn install
RUN yarn run vite build --outDir dist

# 러스트 빌드
FROM rust:1.73 AS backend
COPY backend .
RUN cargo build --release --bin docker

# 프로덕션 스테이지
FROM rust:1.73

COPY --from=frontend dist static
COPY --from=backend target/release/docker app
COPY --from=backend .env .env

ENTRYPOINT ["./app"]
```

6.3.3 도커 이미지 빌드

작성한 도커 파일을 기반으로 도커 이미지를 빌드하려면 다음 명령어를 사용합니다.

```
docker build -t axum-chat-app .
```

도커 이미지의 태그는 `axum-chat-app`으로 지정해주었는데, 이 부분은 상황에 맞게 수정하세요. 예를 들어 도커 허브docker hub와 같은 이미지 저장소를 사용하는 경우, 저장소 이름과 버전을 `<저장소 이름>:<버전>`과 같이 사용해 이미지 태그로 사용할 수 있습니다. 예를 들어 필자가 직접 빌드해서 업로드해놓은 도커 이미지의 경우는 다음 태그를 사용해 빌드한 다음 저장소에 푸시했습니다.

```
docker build -t indosaram/axum-chat-app:latest .
docker push indosaram/axum-chat-app:latest
```

해당 도커 이미지는 공개되어 있기 때문에 여러분도 다운받아서 실행해볼 수 있습니다.

6.3.4 도커 이미지 실행

만들어진 도커 이미지를 실행하려면 다음 명령어를 사용합니다. 우리의 애플리케이션에 3000번 포트를 개방해주는 것을 잊지 마세요.

```
docker run -p 3000:3000 axum-chat-app axum-chat-app
```

이제 http://localhost:3000으로 접속하면 웹 앱이 정상적으로 작동할 것입니다. 만일 데이터베이스 연결 오류가 발생한다면 Postgres가 실행 중인지, 연결 정보가 정확한지를 확인하세요. 이 도커 이미지를 사용하면 AWS와 같은 서버 호스팅 플랫폼에서 Axum 서버를 실행할 수 있습니다.

돌아보기

> shuttle.dev는 러스트로 작성된 웹 앱을 클라우드에 배포할 수 있는 플랫폼입니다.

> shuttle을 사용해 백엔드를 배포하는 방법을 배웠습니다.

> Axum의 도커 이미지를 빌드하고 실행하는 방법을 배웠습니다.

진솔한 서평을 올려주세요!

이 책 또는 이미 읽은 제이펍의 책이 있다면, 장단점을 잘 보여주는 솔직한 서평을 올려주세요.
매월 최대 5건의 우수 서평을 선별하여 원하는 제이펍 도서를 1권씩 드립니다!

- **서평 이벤트 참여 방법**
  1. 제이펍 책을 읽고 자신의 블로그나 SNS, 각 인터넷 서점 리뷰란에 서평을 올린다.
  2. 서평이 작성된 URL과 함께 review@jpub.kr로 메일을 보내 응모한다.

- **서평 당선자 발표**
  매월 첫째 주 제이펍 홈페이지(www.jpub.kr)에 공지하고, 해당 당선자에게는 메일로 연락을 드립니다.
  단, 서평단에 선정되어 작성한 서평은 응모 대상에서 제외합니다.

독자 여러분의 응원과 채찍질을 받아 더 나은 책을 만들 수 있도록 도와주시기 바랍니다.

찾아보기

기호 숫자
& 25
0.0.0.0 47
200 OK 43, 71
201 Created 71
204 No Content 71
400 Bad Request 43, 71
401 Unauthorized 71
403 Forbidden 71
404 Not Found 44, 71
500 Internal Server Error 44, 72

A
Actix-web 6
API 모듈 분리 131
API 코드 추가하기 231
API 테스트 도구 17
Axum 6

C
cargo 2, 9
Category 141
Chakra UI 237
CLI 2
CORS 88
cURL 17

D
DB 모듈 분리 128
DBeaver 15, 148
DELETE 42, 120
Diesel 99

E G H
ER 다이어그램 100
Extension 83
GET 42
GraphQL 99
HTTP 42

I J L
INSERT 116
Insomnia 17
JSON 42
JWT 인증 레이어 171
JWT 토큰 171
localhost 47

N O
Node.js 237
npm 5
ORM 98

P
Pool 126
POST 42
Postgres 12, 148
Postman 17
Product 143
PUT 42

R
React 237
Rocket 6
rust-analyzer 11

S
seaography 99
SeaORM 98
SeaQuery 106, 111
SELECT 114
Shuttle 213
SQL 쿼리 106
SSE 211
SSE 엔드포인트 219
State 77

T
tokio 38
tower 159
TypedHeader 67

찾아보기

U V W Y
UPDATE   119
Vite   237
VSCode   10
Warp   6
WSS   205
yarn CLI   237

ㄱ
가변 레퍼런스   26
가비지 컬렉터   3
경로 파라미터   43, 52
공개   30
구분 식별자   112

ㄷ
대여   25
데이터베이스 스키마   100
데이터베이스 연결   126
도커   223, 241
도커 데스크톱   223
도커 이미지   242
동시 접속 웹소켓   193
드롭박스   5
디버깅   86
디스코드   4

ㄹ
라우터   49
라우팅   147
라이브러리 크레이트   29
러스트의 장점   2
런타임   7
레퍼런스   25
로그 레벨   164

로깅   158
로깅 레이어   162
롤백   107
롱 폴링   212

ㅁ
마이그레이션   101
멀티스레딩   37
메모리 안전성   22
메타데이터   65
모듈   29, 31
모듈화   128
미들웨어   7, 158
미들웨어 레이어   160
미들웨어 스택   158

ㅂ
바이너리 크레이트   29, 241
배포   239
버전   9
비공개   30
비동기 프로그래밍   38

ㅅ
상태 관리   76
상태 코드   71
소유권   22
소유권 돌려주기   24
소유권 빌리기   25
소유자   22
스레드 안전성   22
스키마   100
스택오버플로   2
시간 제한 레이어   160
식별자   111

ㅇ
압축 레이어   165
업서트   143
에러 처리   120
엔드투엔드 테스트   17
엔드포인트   141
엔트리포인트   29, 241
역직렬화   61, 123
연결 옵션   127
연결 풀   126
요청 메서드   42
요청 본문   42
요청 본문 길이 제한   65
웹소켓   184
웹소켓 작동 원리   184
의존성   100
인가   158
인증   158, 171
인증 헤더   202
일반 식별자   112

ㅈ ㅊ
직렬화   61, 123
체이닝   147
초기화   101

ㅋ
캐싱   158
컴파일 오류   83, 85
콜백 함수   196
쿼리 빌더   111
쿼리 파라미터   43, 52
크레이트   28
크레이트 루트   29
클로저   2

ㅌ
토큰 171
튜플 73
트레이트 34

ㅍ
패키지 33
폴링 185, 212
폼 61
프런트엔드와 백엔드 연동 237
프로토콜 184
프록시 서버 88
프록시 서버 만들기 88
피그마 4

ㅎ
핸드셰이크 184
핸들러 51
핸들러 디버깅 86
핸들러 함수 196
헤더 65
확장 프로그램 10